小团体动力心理学

林昆辉　著

電子工業出版社
Publishing House of Electronics Industry
北京·BEIJING

图书在版编目（CIP）数据

小团体动力心理学 / 林昆辉著. -- 北京：电子工业出版社，2016.3
ISBN 978-7-121-27798-6

Ⅰ.①小… Ⅱ.①林… Ⅲ.①人际关系学－研究Ⅳ.①C912.1

中国版本图书馆CIP数据核字（2015）第297682号

策划编辑：白　兰
责任编辑：张　铁
印　　刷：中国电影出版社印刷厂
装　　订：中国电影出版社印刷厂
出版发行：电子工业出版社
北京市海淀区万寿路173信箱　　邮编：100036
开　　本：710×1000　1/16　印张：23.5　　字数：380千字
版　　次：2016年3月第1版
印　　次：2020年12月第3次印刷
定　　价：58.00元

凡所购买电子工业出版社图书有缺损问题，请向购买书店调换。若书店售缺，请与本社发行部联系，联系及邮购电话：（010）88254888，88258888。

质量投诉请发邮件至 zlts@phei.com.cn，盗版侵权举报请发邮件至 dbqq@phei.com.cn。

本书咨询联系方式：bailan@phei.com.cn，（010）68250802。

C O N T E N T S

C O N T E N T S

CONTENTS

第三篇 结 论

第四篇 附 录

第一篇

导论

第一章

小团体动力学与社会心理学的论证

定位

理论层次

社会心理学的观点

小团体动力学是指："对于人类潜能的开发以及人格与人际关系之自识与重建的运动。"这个名词的涵义包括：感受力训练、训练团体、会心团体、马拉松团体、成长团体、治疗团体……等。Macolm 和 Hulda Knowles 在《团体动力学导论》一书中，为我们提供了一个较为完整的剖面图，如图 1-1 所示。（注一）

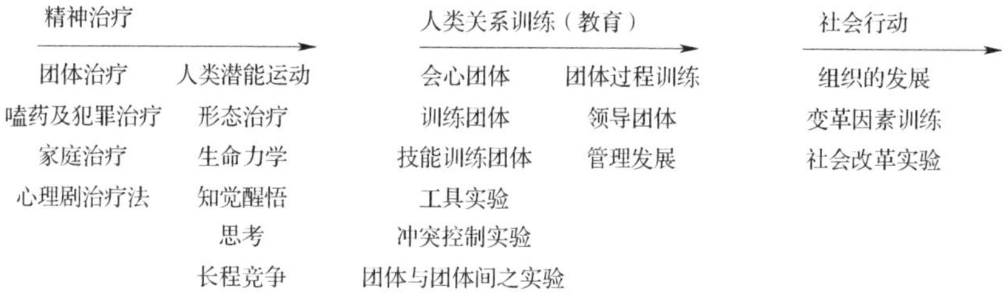

图 1-1　应用团体动力学的现实面

这一运动经由个体在小团体中的力动现象，把"精神治疗—人际关系训练—社会行动"等层面的研究，串联成一个相辅相成的系统。从 1935 年 Krut Lewin 的发现，经 1947 年 NTL(National Training Laboratories) 创立后的努力灌溉和 1963 年伊斯兰机构所代表的蓬勃发展，以至于今天小团体动力学已经成为其发源地——美国的一种"文化"。小团体动力学"文化"所揭露的特色：对自我肯定的重视，对人际关系与人际亲密的需求，对坦诚地自我表达与获得会心（encounter）的企盼，对身体感官经验的重视，对"存在——人文"此一研究与生活取向的青睐等，强烈地反映出：这些个体对于所处文化中，高度的疏离感——强烈的自我疏离与人际疏离的反动，以及"过分理性"，而趋于机械化、形式化的生活反抗。小团体动力学的研究者与其数量庞大的参与者，共同发展出一种企求在小团体经验中，重获"自我—

感性—情爱”的喜悦和真正人之自由——团体中个体基于彼此间相互关怀与了解所绽放的自由，而非个人主义下分离的自由；个体基于自我开放、了解与实现所释放的自由，而非官僚与科技社会中，模式与机械式生活所模塑的自由的“文化”。

因此，当我们接触西方小团体动力学的理论与技术之时，第一个必须有的警觉即——这些小团体动力学的理论与技术，较之其他社会与行为科学而言，更具有其强烈的、本位的文化色彩；甚或可以视之为，在其本位的特定文化需求下，所发展的一门学科。其基本概念、理论与技术的背后，已经将其文化所解答的人是什么？人需要什么？人有哪些难题？人应如何互助？人与人之间应该有什么关联？人与社会的关系？怎样才是好的生活形态等等问题的答案视之为当然（take it for granted），而作为其后设的理论基础。

定位

对于处在“科技—文化—学术”之世界体系的边缘地带的研究者而言，基于我们特定的价值、意义、社会需求及文化处境，小团体理论与技术的发展，应该考虑哪些条件？采取怎样的态度？又如何扣紧本身的文化资源，来开拓中国的小团体本土运动（而非本土化运动）呢？（注二）

首先必须对小团体动力学的本质与其既存困境，有充分的认识与了解。源于理论本质的不明，使得小团体动力学产生了下述三种困境：

• 小团体动力学定位不明

小团体动力学在诸社会行为学科中，其归属与关联，缺乏明确的“定位”。因为定位不明确，导致小团体动力学后设理论与技术的发展缺乏可规范的范畴。

• 小团体动力学后设理论的缺乏

后设理论对于小团体动力学的重要性不明显，再加上缺乏范畴的规范，导致小团体动力学理论与技术的发展，缺乏明确的指引与规范的基础。

• 小团体动力学的理论层次未曾厘清

理论层次不够明朗，不但高估了理论的解释水平，更使得在“评鉴”小团体动力学理论效果时，因为所欲探究的层次不同，而使两者间有脱节的现象。

以下将通过小团体动力学本质的探究，解答上述三个困境，作为研究的起点：

人们虽然过着群居的社会生活，但是人与社会之间，却非一个连接符号“——”所能串联在一起的。社会实体与个人实体本身，都包含了许多的内含变项，而这些内含变项间的因果关联，也就成为社会与人二者间众多的中介变项。就人的社会生活而言，社会这个名词所指涉及的大团体，并不具有实质的意义。因为个体实质上的生活，是由各个不同的小团体结合而成的。人在不同的时间和空间，与其家人、邻居、同学、亲戚、同事或朋友，组成形形色色的家庭团体、同辈团体或……团体，这些团体共同的一个特质，就是它们都是一个小团体。就因为团体之“小”，所以个体可以看得见、摸得着；可以感知、参与，可以理解和控制。人的主体性运作，人的主观意义诠释与实践，人的成熟、成长、工作、娱乐、苦乐与嫌恶，也都只具体地发生在其身边那几堆人所组成的几个小团体中。所以就一般大众而言，只有他周遭的小团体，才具有心理上与生活上直接的价值关联。社会团体或其他大团体，都只具社会学上的意义，二者间的关联不但是间接的，更存有相当大的距离，就好像个体在看报纸的社会版一样，“哼”、“哈”几句而已。即使少数位居政务要身，身系社会历史命脉的精英分子（elites），也因其所生活的各个小团体，与社会团体具有实质的权力关联，所以才能将其自我与社会团体，在意识与行动上相结合。但是不论如何，这些 elites 也仍须经由小团体的中介，才能进行其权力、意志与生活。

对于人之社会生活或社会之人的研究，若只是把“社会 vs. 人”对立起来，直接探索大团体和小个体之间的价值、意义与行动的关联，结果必然是失败的。必须把“社会 vs. 小团体 vs. 个体”对立起来，即把小团体当作人与社会二者的中介变项，这样才有可能掌握人之行动的主观意义与社会人文价值。上文已强烈地暗示出，社会行为科学方法论的整体论与个体论之间，必然存有某种中介的 model（模型）。且此一 model 身兼整体与个体交互变换的性质，而为融通整体论与个体论的枢纽。由此可知，“小团体”在生活与知识范畴中，所占有的重要地位。

小团体动力学以 2 至 12 人为理想人数，聚集在一起的非自然目的团体或自然团体（指家庭团体、同辈团体等）为对象，在结构、半结构或非结构等条件式控制过程中，研究其所发展的动力系统或动力现象，以促成团体中成员的自觉、互觉与成长。期望获得人在团体中行为的通则性知识，以运用到对自然小团体之了解与预测。也就是说，自然的小团体在生活上的实质现象（地位），替小团体动力学的研究，在本体论的范畴中，提供了其方法论的保证。而小团体动力学在方法论所占有的地位，则替自然小团体在知识论的范畴中提供了方法论的保证。小团体可以成为社会学研究的最小单位〔有意义、可观察的社会实体（social facts）〕，同时也可以成为心理学研究的最大单位〔有意义、可观察的心理实体（psycho fact）〕。小团体动力学在本体、知识与方法上，兼具两种极端取向特质，使得小团体动力学既不归属于社会学，也不归属于心理学，而定位于“社会心理学”的学科范畴之中。

小团体动力学的研究，如果不能定位于社会心理学的范畴中，则易造成独立学科的“假象”。而把小团体动力学、社会学、社会心理学与心理学，对立起来而并肩齐立。这种定位上的错误，将比把小团体动力学归属于心理学或社会学更为严重。不仅造成学科间形式关联的混淆，更造成了学科间内容关联的冲突。对小团体动力学而言，因为必须“独立”于社会学、社会心理学与心理学的学科内容之外，导致它本身将无法自我诠释，其后设理论也将更无立足之地而无法建构。若以“小团体动力学是以社会学、社会心理学、心理学三个学科为基础，所发展而成的学科。”此一陈述为其假设，则此三种学科基本概念的混杂运用，将使小团体动力学成为莫衷一是的大杂烩。它将会拥有许多不同的研究观点和定义，而使它没有任何观点甚或定义。且将无法处理基本概念上的冲突，以致无法思考其后设理论，而造成更大的困扰。

理论层次

小团体动力学应该定位在什么理论层次呢？对于这个问题，我们必须后退到“社会科学方法论证”这一层级来探讨。首先必须思考：一个学科的建构，必须“选择性地”满足下列范畴的哪些条件呢？

- 时空论
- 知识论
- 本体论
- 人性论

为什么要强调“选择性”呢？因为，知识之范畴、形式、本质、真假……的讨论，应扣紧此知识之构成者——人的主体，以及被构成者——对象之主体，此二者而论。

知识之建构者——人，是生活于历史文化背景下，具有意向性、七情六欲与人性的个体。知识的对象，可以是人、物或事件，抑或既有的知识，以及知识所建构的世界。至于知识的目的，则在于描述、了解，甚或预测与控制。但是，不同范畴的知识所能达到的层次，则必须视知识的对象及与建构者的关系而定。所以，知识的建构者、对象及目的等，若视之为自变项。那么，成为因变项的知识，则有不同的范畴与判准。

知识建构之后，它就能以自立体（Substanzen）的层级而存在。当人所面对的知识自立体，是属于自然科学之对象时，在以原子为极限的范畴里，世界是“真实”的实体，科学先决条件的“客观性要求”得以满足。但在原子本身的量子世界，却只是某种“可能性”的世界，

“观察者与所观察的现象，再也不能够完全分开”（注三）。于是，以知识论来包含本体论，且又以本体论来验证知识论的自然科学方法论，即于此遭遇了它的困境。

当人所面对的“知识自立体”是属于社会科学的对象时，这些人、事、知识、历史文化所建构的自立体，不但呈现着量子世界的诸多特性，还具有意向性与power可回向于知识之建构者。再加上人具有心理层次之苦乐，与精神层次之价值与意义，以致把对象之本体的接触与掌握，来保证“知识为真”的自然科学方法论，在社会科学的领域里暴露出不足。

基于知识之建构者及对象的特性与关系，社会科学知识之方法论的后设命题，即须基于人性论与时空论的限制下，来完成知识论与本体论的合一。于是，基于人性论的要求，心理学即成为社会科学的基础学科，也成为社会学的预备学科。而文化和人之价值与意义的需求，即构成了社会科学知识论的范畴。基于时空论的要求，历史内涵即成为社会之“实体”。历史脉络之中任一点、线、面、立体切割，则都禀赋“历史性”的特质与要求。此具历史性之社会实体，也就构成了社会科学之本体论的范畴。所以，社会科学方法论的范畴即为：在社会文化之历史脉络中，寻求具有历史性的人之价值与意义（注三）。社会科学知识之为真的保证，也就不再限于本体论之检证或验证，而在于本体论之范畴的周延——对人之可观察、可理解的行为，进行历史性与整体性的批判。但是，人之内在的意义与价值应如何正确地掌握？历史性与整体性如何能正确地获得？而二者交融所诱发之“意义的适当性”，又由什么判准来保障呢？这三个问题已成为社会科学方法论的绝大困境，而且此困境之消解，牵涉了方法论在基本概念与技术层面的一次重大革命。这次的革命负有消解主客对立，消解方法论史上整体论与个体论之长久争议的任务(显然的，即使Weber也未能消解这个困境)。所以，在上述困境尚未解除之下，社会科学知识所能达到的理论层次，也就止于Noam Chomsky所谓之衡量程序(evaluation procedure)(注三)，限于描述、了解与适当性的比率；而无法完成抉择程序(decision procedure)，甚至制律程序(discovery procedure)的层次，故无法拥有可以预测与控制的一般法则性理论。(注三)

依照以上论证可知，小团体动力学的理论只停留于“衡量程序”的层次。但是，当有人对于理论实践做效果“评估”时，或者设计评估程序研究时，总会不知不觉地摆在“制律程序”层次，导致二者之间呈现某种排斥而不相容。因此，不论是国外的大量评估性研究，或者国内零星的评估性研究，其效果总是无法彰显。

小团体动力学定位于社会心理学的范畴之中，它不仅指一“群”人——具有“集体”的形式。更重要的是，它意味着群内“每一个个体”的存在——具有“个体”的内涵本质。小团体中所展露的，不仅止于人际关系形式的变化与发展；更重要的是，每一个个体在这群体里，展露他们行动的价值、感情、意向与生存的尊严，并且彼此交涉融通。若想了解、参与、领导、研究，甚或控制、导引与预测小团体的力动过程，就必须先行深入地把握与体现——小团体的人性论与人文取向。由于研究的本质与对象的特殊性，使得小团体动力学的理论建构与技术的应用，必须与其后设理论相结合，而凸显其特殊时空定位之人本哲学的理论基础。

小团体动力学定位于社会心理学的范畴，小团体动力学的后设理论，也定位于社会心理学后设理论的范畴中。由于小团体动力学与社会心理学在研究的本质、对象与方法上，兼具两极性的特质，我们可以把小团体动力学视为社会心理学的“群中之群”（注四）；把小团体动力学的后设理论，视之为社会心理学后设理论的“自同构”（注五）。由于二者间具有这种关联，所以小团体动力学不但包含于社会心理学中，小团体动力学的研究亦为社会心理学的基础研究；而小团体动力学的后设理论，也将为社会心理学后设理论提供一个具体细致的雏形——社会心理学观点的完成。亦即，小团体动力学的后设理论，必须与社会心理学的后设理论相结合。社会心理学将提供小团体动力学一个知识论的保证，宇宙论、本体论与人性论的基础，以及供其理论驰骋的生命哲学的内涵。

社会心理学的观点

所谓小团体动力学定位于社会心理学中，并以社会心理学的后设理论为其后设理论的范畴，意即小团体动力学是以社会心理学的观点为其理论的基础。亦即，“社会心理学”的观点，在小团体动力学里是被视为当然，是自明而不可置疑的基本概念，也就是小团体动力学的后设基础。“社会心理学的观点”是什么？小团体动力学的后设理论应该包含哪些内容呢？这个问题的解答，将回归于第一节“定位”所提示的版图。我们该如何建构小团体动力学的后设理论—理论—技术？经由前文的讨论，我们知道技术的发展源于理论的指导，理论的特质又源于后设理论的内涵。既有理论与技术的特质、限制和其困境，都可以经由一个新的周延之后设理论，将之消解于无形。所以，一个理想的，具有 Weber 之 idealtypus （理想型）性格的小团体动力学后设理论之形式范畴的建构；以及“如何”建构此一后设系统，即为本文所关心努力的两大课题。后者将揭示整体论与个体论的历史争论，于社会心理学此一学科的创发性反省与尝试。前者则将小团体动力学的后设理论，相结合于社会心理学观点之形式与内容的建构。

研究小团体动力学一定离不开“人际关系”的探讨，要周密地探讨人际关系，就必须拥有人格理论的知识，并对人展露于人际所引发的难题，以及难题的救济方式有充分的体现。事实上，就学术特质的历史性发展过程而言，小团体动力学可以视为咨商理论的延续（注六）。要想对人格理论有基础性的了解，就必须深入人性论的范畴中，对人性论有全盘的认知。但是人性论却又不能隔离于整个形而上学的系统，单独地被了解或思考与运用。而且，以上种种又必须以社会心理学的观点为起始，于社会心理学的范畴中讨论，而成为社会心理学观点的内涵。因此，社会心理学之哲学的建构，亦即小团体动力学之哲学的建构，也就成为小团体动力学后设理论的中坚。

基于以上的论述，小团体动力学之后设理论则有如下的形式结构：以“社会心理学观点之形式建构”发源，经“人类行为的格式塔模式分析”奠基，以“社会心理学”观点之基础论题为续，进入“小团体动力学的哲学”。小团体动力学的哲学则包括：“宇宙论”、“知识论”、“本体论”、“人性论”、“生命论”（生命论包括：爱与家的形而上学和爱的原理）。再继之以“人格理论”与“人际关系”，导引形而上的理论内涵，落实于形而下的现实实务。而后辅以“咨商理论”和“变态理论”，完成小团体动力学整个后设理论的论述，也结构了社会心理学观点的实质内涵。

每一个咨商员、小团体领导者或研究者，以及心理学者、社会学者或社会心理学者的心中，几乎都暗藏着一个零散不全的后设理论，越了解小团体动力学的本质，就越不得不建立其后设理论。在后设理论范畴内，本质一致性的要求下，本书所要展现的，是一个新的思想系统、新的研究取向，并且自限于“评估—实践—理论—后设理论”这组概念层次的后两者。以及后两者间的关联与重要性，并提供一个形式范畴为参考。

本书的内容并不在于既有理论的排列对比，而是提供一个全新的观点，全新的方法论，全新的描述系统的建构。并非在既有理论系统内从事研究分析或验证，而是建构一个更高层次的巨视理论，使得相关之既有理论系统本身或之间，于此巨视理论系统上获得明确的定位与新的诠释，尤其是用一套相同的语言，贯通于不同的学科之间。

本书致力于诠释“小团体动力学—小团体动力学后设理论—社会心理学的观点”，此三者间本质的关联，及其形式范畴的提供。尤其是后设理论所包含的各部分，其间的本质关联，及形式范畴的连贯性。至于各形式范畴内，存有之本质的内容性建构，则非本书所欲完成的。本书仅止于提供某些初步的尝试与概念，并预示继续发展的方向与可能性。所以在大部分的章节里，几乎都可提供相关学科之研究者，在“问题意识—基本概念—基本研究单位—后设理论—理论—技术—实践—评估—修正与回馈”之中获得若干 insight（顿悟或慧见），而发展出若干理论或研究。这种可能性的开放，将成为本书之限制与最大特色，以及预期获得的目标。

注释

注一、引自：Malocolm and Hulda Knowles 著作，郑基慧译，《团体动力学导论》，51 页。

注二、本土运动不同于本土化运动。本土化运动对外来理论的反省，通常只及于技术的改良和理论之适用性的反省。本土运动则从后设理论、方法论以至理论和技术，都经过全盘的反省，以创造新的理论体系为目标，而非在既有的理论范畴内进行改良。身处学术边缘地带之研究者，若采用本土化运动的观点，从事续发性思考与研究，则终将疲于奔命，难有迎头赶上之日。

注三、引自本书附录（一）拙著《Max Weber 社会科学方法论的诠释之一》，3~6 页。未发表。

注四、参见 Irving Adler 著作，吴英格编译，《群论易读》，129 页。

注五、参见前引书，109 页。

注六、个别咨商→团体咨商的发展自不待言，而小团体动力学所处理的对象，较之咨商理论所处理的对象，在心理卫生教育与防治上，即具备连续性的指向，后文会有详论。

第二篇

小团体动力学之后设理论

第二章

社会心理学观点之形式建构

Gestalt

H-G

〔H-G〕

H-G与〔H-G〕的对话

在社会心理学的书架上，可以明显地分成两个部分，一部分是心理学的社会心理学，另一部分就是社会学的社会心理学。也就是说，社会心理学的研究有两种取向：一种是整体论的社会学取向，另一种为个体论的心理学取向。晚期的发展，则兼顾这两种取向，以图 2-1 表示。

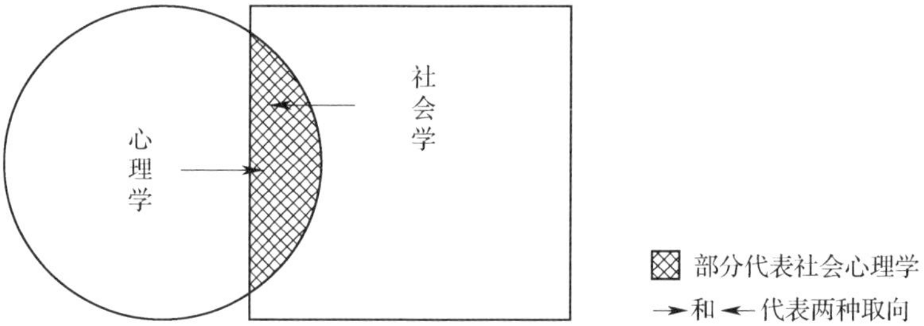

图 2-1　社会心理学的领域与研究取向

这种情形暗示着，所谓的“社会心理学”，就是以社会学和心理学为基础，来研究某些对象。而这些研究对象，是心理学的研究对象，同时也是社会学的研究对象。亦即，社会心理学是指从心理学或社会学的观点，处理这两门学科领域所交集的部分。简言之，社会学与心理学二者较不科学的研究领域的交集，就是社会心理学。

社会心理学的定义、对象与基本观念，到底是什么呢？它可视为一门独立的学科吗？它是和社会学、心理学并肩而立呢？还是归属于社会学与心理学的次级学科？探诸社会心理学史，所能获得的答案是相当悲观的。本书不想辩争社会心理学该如何如何……只意图表达社会心理学可以发展到怎样的地步。所以本书将把社会心理学的观点，予以明确的定位和诠释，并且把它视为当然的基础内涵凸显出来。尤其是把组成此一基础的不同学科在本文所建构的符号系统内，取得其贯通的连续性与一致性。

每一个人都可分成：个体之内及个体之外两个层面。而后，再与其他个体联络，形成个体间的现象与关系。个体之内，是指人之机体结构的总体。在生物学的既存下，肯定了“人类”的存有。在生理学的既存下，肯定了人类生物设计之“生理”层面的存有。在心理学的既存下，肯定了人之“心理”层面的存有。在精神医学与心灵学的既存下，则肯定了“精神”层面的存有。人类的存有，可由个体之现存予以自证。生理、心理与精神现象的普遍展露与运作，更是每个个体最为切身的体验。所以个体之内，可再分成生理、心理与精神三个层面。

任一个心理因子的发生或展露，都配对有其基础的、特定的生理结构。在生理与心理紧密结合的本体现象下，如果我们不能把心理绝对抽离于生理，把每一个配对的生理因子(单位)绝对地舍弃，我们就无法对心理学做独立的研究。生理、心理两者之间，若不能予以明确的处理，生理学与心理学就无法各自独存。精神与心理之间，亦存有上述相同的难题。

个体之外的层面，指的是个体自身之外，其他所有个体及事物所形成的现象总体。它代表着社会、文化、制度、组织、家庭、其他认识与不认识的人、事、物等所组成的形式与关系内涵，可将之归属于社会学的领域。更深一层的所指则是，个体承受且置身于上述状态下，所展露于生活场（可被观察）的现象（理念或行为的形式与内容）。这个领域即为社会学与心理学的交集部分，以及“地盘争霸战”之地。同理，社会学与生理学之间，也同样发生了上述心理学与生理学二者间相同的难题。

个体与环境或其他人的互动，塑造成了人际间的关系形式与内容。尤其涉入于个体之内且又透出于个体之外，二者之间的转化与发生历程，则为社会心理学所关心的主题。因此，心理学与社会学观点的厘清，则为社会心理学研究的起点。

以下，将引进完形心理学派 “Gestalt” (格式塔) 的概念，作为社会心理学研究的基本单位。并把 Gestalt 的特质，当作社会心理学研究的基本运作规则。其次则将 Husserl 现象学中，“存而不论” (Epoché) 的方法，在运作程序上予以逆转，再将此二者与上述的讨论结合，以建构社会心理学的观点。

Gestalt

Gestalt 是格式塔心理学的基本概念，意指具有形式与个性的现象。Kurt Lewin (1936) 解释为：“Gestalt 是一个系统，它的各部分互相联系；致使一部分的变化，引起其他一切部分的变化，这个统一性可因不同种类的变化而异。”格式塔学派自 Max Wertheimer 对 “Schein beweging” 的研究，经 Wolfgang Köhler、Kurt KoffKa 至 Kurt Lewin 集大成。其对 Gestalt 现象的发现与研究，则由自然现象、视觉、感觉、知觉、生理中枢神经系统，以至情绪、意志、思考、人格与心理学的全野 (all of the field)。借着 Lewin 的社会心理学转向，更导致后来之“格式塔治疗学派”的发展茁壮。使得 Gestalt 的现象与概念，存在与适用于复杂的社会心理现象与事物，使得其 psychophysics isomorphism 的信念发挥得淋漓尽致。古典的格式塔学者把 Gestalt 指为于具体事物，本文则摘取其形式的意义 (之所以可如此操作，是因为上述 Gestalt 现象的普遍存在，以及 Gestalt 概念的普遍运作，前者即为后者知识论上的保证。笔者也同意，将此概念视为本书的预设)。把 Gestalt 视为一个可兹操作的概念——一个“单位”。凡符合 Gestalt 的性质者，即可定义为：某某 Gestalt。并将 Gestalt 此一概念所包含的系统特质，与 E. Husserl“存而不论”的概念相结合，发展为本书方法论的运作规则。

Gestalt 概念所指的现象与意涵之性质，列之如下 (注一)：

- Gestalt 指的是单元或组合的现象，是一个整体或系统。
- Gestalt 内各部分之和不等于全体。
- Gestalt 可为其周围事物影响。
- Gestalt 的各部分具有功用上的联络。
- Gestalt 可成为其他 Gestalt 的部分。
- 原有的 Gestalt 的部分可变成其他 Gestalt 的部分。
- 一个 Gestalt 或一个部分，当其为全体与当其为部分时，对外界的关系是大不相同的。
- 同一时空，可有数个 Gestalt 存在。但 Gestalt 彼此间有强弱之分，使得弱的 Gestalt 成为强势 Gestalt 的部分，而凸显出强势 Gestalt.
- 此强势 Gestalt 即为“形” (figure)，其他弱势 Gestalt 则为“基” (ground) 。
- Gestalt 之内的各部分以及各 Gestalt 之间，都具有“形—基”

（figure-ground）的互换性。

- 形—基的互换性，使得 Gestalt 具有力动的性质。
- Gestalt 有种种显著的阶级，由半明半昧的组织，以至极其完备的现象。
- Gestalt 的组织越密切，其各部分之独立性与其显著性越少，而全体之势力越大；反之，则全体之势力越小。
- 如果 Gestalt 含有成形的可能性，就会呈现显著的动态性质，欲把此可能性充分发展出来。
- 实际的 Gestalt 与组织的趋向恰好相符合时，便有一种安定的状态发生。

E. Husserl 现象学“存而不论”的方法，替我们提供了一个重要而有用的概念。但是本书却排除其“本质”与“狭义的现象”的还原程序，而抽离出存而不论的形式历程，并将其逆转而行（或可称为存而不论的纯粹形式逆转）。亦即，现象学采用存而不论程序是由混沌而纯粹，由外而内，由“表象”而“本质”，一层层地予以存而不论，一层层地往内剥，而后于不可再被剥落的“原点”开始重建的工作（流程以图 2-2 表示）。

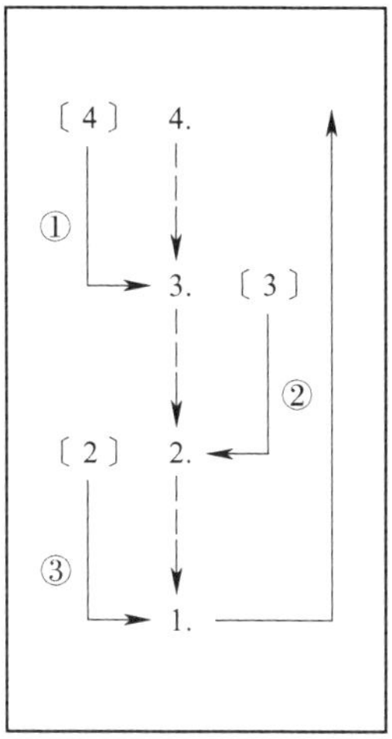

图 2-2　现象学方法论模型

本书所采用的“存而不论”，则顺其理反其道而行。先把研究对象，经由 Gestalt 性质的描述与分类，再把低层次之 Gestalt 予以存而不论，而后于此基础上研究高层次之 Gestalt。如此这般层层而上，建构出社会心理学观点的方法论基础。以图 2-3 表示。

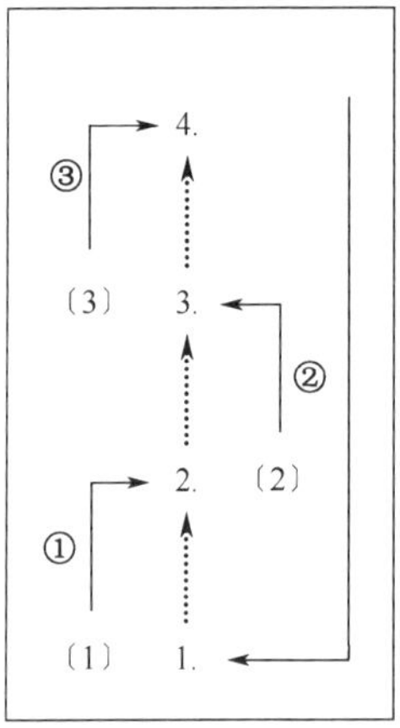

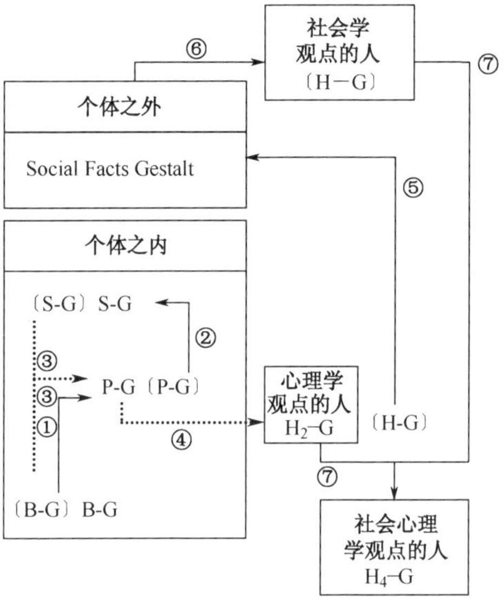

图 2-3 社会心理学的方法论模型 图 2-4 社会心理学观点的模型

现象学的存而不论是应用在“溯本”的过程中，社会心理学的“存而不论”，是应用在“发生”的过程中。当它与 Gestalt 的概念相结合时，“存而不论”当作一种动词使用，“被存而不论者”即后退为“ground”，而领有 Gestalt 的性质——成为背景，而为某“figure” Gestalt 的部分。

H-G

每一个心理因子的发生，都配对有其特定的生理因子为基础，同时亦受对应之特定精神因子的影响。为了解析三者之间的个别性、差异性及紧密的连结性，则将各层面之整体各自视为一个 Gestalt，而有生理 Gestalt（简写为 B-G）、心理 Gestalt（简写为 P-G）和精神 Gestalt（简写为 S-G）出现。B-G 以个体之生存与生命的延续为取向（存在或毁灭），P-G 以避苦趋乐原则为取向，S-G 以个体所建立的价值系统和意义性为取向。在发生次序上，则是 B-G 先于 P-G，P-G 先于 S-G，且前者为后者发生的基础。在功能的运作上，则 S-G，P-G，B-G，且三个 Gestalt 又以部分 Gestalt 的位格，整合展露为人之总体 Gestalt——H-G (Human-Gestalt，此时的 Human 指的是每一个 individual)。

当某心理因子或现象发生时，其所对应之生理因子，即可视之为个体整个 B-G（B-G 本身即为 H-G 之部分 Gestalt）的部分 Gestalt（设为 B_1-G），且为"此时此地"诸部分 Gestalt（设为 B_n-G，n= 1，2，3，……）之最强者，其他的部分 Gestalt 成为此部分 Gestalt 的部分 Gestalt，而后整合为 B-G 凸显而出。因此，任一心理因子或现象的发生，皆可配对以"此时此地"的整个 B-G，而非若干的生理因子。至于心理因子本身，以及对其涵摄（涵摄：包含之意、哲学用语，包含且可控制）、影响的精神因子，亦如上述过程，而以"此时此地"之 P-G 与 S-G 的状态呈现。所以，在每一个 here & now，个体 H-G 之内在历程，皆为此时此地 B-G、P-G 与 S-G 三个"整体"而"独立"之系统交互作用的结果。是以 H-G（本体论意义下的人）= {B-G，P-G，S-G}。

为了心理学观点的建构，必须于整个个体之内，提升出心理层面的主体，亦即必须把生理与精神层面存而不论。当我们把最基础的 B-G 予以存而不论（以中括号〔 〕表示存而不论 _〔B-G〕)，就可凸显出 P-G（参见图 2-4)；再将 P-G 存而不论 _〔P-G〕，就可凸显出 S-G。而后在 here & now（此时此地）之 B-G 与 S-G 都存而不论的基础下，以 here & now 的 P-G 为主体（figure），将此二者整合于 P-G 中，而为其部分 Gestalt（ground），即展露为心理学观点的人之状态——H_2-G。即 H_2-G={ P-G,〔B-G〕,〔S-G〕}。同理，生理学观点为 H_1-G= {B-G,〔P-G〕,〔S-G〕}，精神医学观点为 H_3-G={ S-G,〔P-G〕,〔B-G〕}。

当人之机体结构的总体展露为心理学观点的 H_2-G 时，个体之内的状态是 { P-G，〔B-G〕，〔S-G〕}。这时候我们必须了解：各 Gestalt 在存而不论之前与之后有何区别？P-G 本身和成为 H-G 之主体的 P-G，二者之间有何异同？

〔B-G〕不同于 B-G，〔S-G〕不同于 S-G，而且 { P-G，〔B-G〕，〔S-G〕} 也不同于 P-G。被存而不论〔 〕，代表着转变成其他 Gestalt 的部分 Gestalt，成为“ground”而不再占“figure”的主导位置，它无法完全自主地整个展露，而受其他部分 Gestalt 的影响，尤其是整个 Figure Gestalt 所控制。

{ P-G，〔B-G〕，〔S-G〕} 之不同于 P-G，乃在于 P-G 之 Gestalt 的容量（capacity）增大，P-G 本身的组织越密切，整个 P-G 的势力越强。也就是说，主导力增强，能够包含，甚至影响、控制若干程度的 B-G 与 S-G，而完全自主地整个展露。亦即整个 H_2-G 中，以 P-G 为“形”，以〔B-G〕和〔S-G〕为“基”。

〔H–G〕

“社会”是由所有的个体（H–G）与 Social Facts Gestalt（SF–G），所组成的一个巨型Gestalt。Social facts指的是事物、制度、组织等自立体。所谓社会学的观点即为——把握一凸显 SF–G 为“形”的社会 Gestalt，并将每一个 H–G 的结合体→ H–G′，视之为其部分 Gestalt，而产生了由 SF–G 所主导的，缺乏人之个别性的社会学观点的 Social Gestalt = (SF–G，〔H–G′〕)。以有序对表示——（X，Y)，前者 X 为形，后者 Y 为基。社会学观点下的人即为：〔H–G′〕——person，有别于心理学观点下的人〔H_2–G〕——individual。且上述将个别的 individual，在社会学中结合为一个 unit 的概念，只存在于其学科的观点之内，而非实质的结构。事实上，个体是以“每一个”〔H–G〕的位格，成为 Social Gestalt 的部分 Gestalt。就本体论而言，Social Gestalt = {SF–G，〔H–G〕，〔H–G〕，〔H–G〕，〔……〕}。亦即，SF–G 主导下之人的实存应为：〔H–G〕。所谓人群，只是个体的 join 或 connect，而非 unit。所以在讨论人之行动的主观意义的了解，或客观意义的诠释时，应该扣紧其所定位的层次去研究与量度，以免因为“越位”而导致研究的挫折和理论的混乱。

于是，人之于本体界的存有，以及人之于现象界，尤其是生活场的存在，也就陷于社会学与心理学的吊诡（dilemma）之中。人于心理学观点的 H_2–G 位格，或生理学观点之 H_1–G 位格，或精神医学观点之 H_3–G 位格的存在之时；同时又在社会学观点的〔H–G′〕的集体假象笼罩下，以〔H–G〕的位格存在。在 H–G 之主体性全面展露的同时，不但被 Social Facts Gestalt 所主导，又被〔H–G′〕的集体性所阻断，而成为部分的、限制的、不完全的〔H–G〕。这种入于个体之内而又出于个体之外的处境，个体如何展露其自我呢？这也就成为社会心理学的主题所在。

社会学的观点是存在的，但此存在之于时空架构，却非绝对必然而唯一的。对于整个社会 Gestalt 而言，其任一部分 Gestalt 与主导之强势 Gestalt 间，具备有“形一基”互换的性质。在社会学观点下，可以把 Social Facts Gestalt，视之为强势的、主导的部分 Gestalt，来涵摄包容〔H–G〕以展露其整体。但是，就社会与人存有的本质而言，社会学观点和心理学观点、生理学观点、精神医学观点是并存的，它们可以是并存的两个不同结构层次（〔H–G〕vs. H–G），也可以具备时空上的次序性。对社会 Gestalt 的整体或任一展露的层面而言，Social Facts Gestalt、〔H–G〕以及 H–G，都有可能结构为“形”，而拥有整个社会 Gestalt 。亦即 H–G 与〔H–G〕之间的关系，是功能性的、流动的。纯粹的社会学观点，或纯粹的心理学观点的阐释，对于人之社会生活的全面理解，都是不充分的，且二者之间又呈现“不连续”的状态，而社会心理学的建构也就定位于此。把心理学观点之 H_2–G 所凸显的人之 H–G，及社会学观点之所凸显的人之〔H–G〕，作为两个部分 Gestalt 所结构而成的 H_4–G，即为社会心理学观点下所处理——人之在世存有，H_4–G= {H–G，〔H–G〕}。

H-G 与〔H-G〕的对话

所谓的社会心理学观点，即由 {SF-G} ∪ {H-G} ∪ {〔H-G〕} ∪ {〔H-G〕，〔H-G〕，……} ∪ {H-G，H-G，……} 所结构而成。亦即个体之外的层面，是由社会实体 Gestalt 和其他所有个体所结构而成。其他所有的个体，可以结构为大小不一的各种集合群体。结构为群体后，即相对的具有 SF-G 的性质或位格，且可以和 SF-G 或 SF-G 的部分 Gestalt 相结合，而成为 SF-G 或 SF-G 的部分 Gestalt 相结合。当个体之内外 Gestalt 相接触时，个体之内的 H-G 可成为外界 Gestalt 的部分 Gestalt，而产生〔H-G〕。个体在团体中或与其他个体共处时，一定会产生〔H-G〕；但是在〔H-G〕产生之时，H-G 却不消失而与之共存。或是〔H-G〕为形，H-G 为基，以有序对（〔H-G〕，H-G）表示；或是 H-G 为形，〔H-G〕为基，以有序对（H-G，〔H-G〕）表示。这种人之社会生活的实存状态，即为社会心理学观点之人，表示为 H_4-G= { H-G，〔H-G〕}= { (H-G，〔H-G〕)，(〔H-G〕，H-G) }。也就是说，社会心理学的观点指的是：H_4-G 与其生活场的互动关系，即 H_4-G 之内，H-G 与〔H-G〕两个部分 Gestalt，在什么外在条件下，产生什么样子的内在“形一基”互动，而在小团体中展露出如何的行为。

社会心理学的研究，直接涵盖人之在世存有。在 H-G 与〔H-G〕的对话与转换的历程中，每一个 H-G 的 B-G 均透发出人际间的生物学关联，P-G 透发出人际关系间的心理学关联，S-G 透发出人际间的形上学关联。在 Social Facts Gestalt 社会学关系（社会组织、制度与民俗文化）的外壳下，欲讨论 H_4-G 的社会心理内涵，势必不能忽视上列诸种关系的存在。生物学的关联，结构了人际社会里最原始（基础）的权力体系，以及人格结构间最原始（基础）的同一（此“同一”为本质之自然的共相，而非经由抽象作用产生的共相）。形上学的关联，使得社会中的个人，得以超越生活场中的诸种限制，让P-G所主导之相对性的社会生活，提升于S-G绝对的意向界中，而后返身涵摄所有的其他关系、其他人而与世物为一体。

经由以上的论证，已经完成了“社会心理学观点的形式建构”，成为社会心理学研究最根本的基石。但是，在进入社会心理学的传统论题之前，必须把上述传统社会心理学所未及者，予以确切地处理，以保障社会心理学的建立有其合法的后设基础与保证。而这种努力一方面完成了社会心理学观点的实质内涵，同时也完成了小团体动力学后设理论的建构。社会心理学尤其是小团体动力学，之所以为人本的社会科学，就必须建构其自属的人格理论。而于人格理论之前，更必须建构其自属的形上学，以提供其人性论的基础。社会心理学之小团体动力学的形上学建构，则必须在生物的生理学事实与人本的心理学事实基础上，纳入社会学的观点，而定位于社会心理学的范畴中。经由动物行为学的考察之后（注二），借着第三章“人类行为的格式塔模式分析”为前导，及第四章“社会心理学观点的基础论题”的中介，即将进入“小团体动力学之哲学”的本题。

注释

注一、参见：萧孝嵘著作，《格式塔心理学原理》。即使是一些古典的格式塔学家的著作，也都止于片断描述，未若萧著以全书的篇幅进行系统的讨论。

注二、本文所揭示的社会心理学观点，允许社会心理学的继续发展，可以涵括 Catton & Danlap 所谓 NEP 和 HEP 两个 Paradign 的可能性（NEP 指新环境论范型，HEP 指人类特殊论范型，译文详见：《思与言》19：6，p.539）。但是究竟而言，对于人之整体性与历史性的了解，单纯的社会心理学研究仍有其不足，我们还必须考虑一个以动物行为演化史为中心的范型。在此范型所指导的研究取向下，人之社会行为与社会结构，都可能在动物行为演化史上，获得其整体性的定位与历史性的意义。笔者经由动物与人之社会行为与结构的比较研究，尝试性地向社会心理学的观点，提供一个深具生物学向度之历史意义的参考架构，此即一动物行为演化史的观点。请参见本书附录，笔者未发表之《从动物行为演化史的观点来看几个社会的问题》。希望经由此文以运作实例来阐明，作为社会心理学研究的参考价值。

第三章

人类行为的 Gestalt 模式分析

Gestalt 的种类与运作功能

Gestalt 的形态、强度与 H-G 的势力

G-G vs. H-G vs.〔H-G〕

心理学的“个体行为”（个体独处时的行为，是个体自我意识内真正的自我行为）。取向和社会学的“团体行为”（个体于团体中所表现之行为，如社会行为）取向，暴露了人类行为的两个极端。社会心理学的任务，则包含了两个极端而展露人类行为之全貌。个体行为（H-G）与团体行为（〔H-G〕）的关系，两者互动与转化的过程，正是社会心理学所追求的基本原理。本文将刺激反应（S-R）的外显现象，融入 Gestalt 形态的内在存有，对人类行为作 S-R 的 Gestalt 模式分析，以提供建立社会心理学之小团体动力学基本原理的基本知识。

Gestalt 的种类与运作功能

人之机体结构，包含了生理、心理和精神三个层面。这三个层面整合而成的整体，即展露于行为（包含内显和外显行为）。将各层面之整体视为一个 Gestalt，则有精神 Gestalt（S-G）、心理 Gestalt（P-G）、生理 Gestalt（B-G）。B-G 以个体之存在与生命的延续为取向（存在 vs. 毁灭），P-G 以避苦趋乐原则为取向，S-G 以个体的价值系统和意义性为取向。S-G　P-G　B-G，且三个 Gestalt 又整合为人类行为之整体——H-G。结构图如图 3-1 所示。

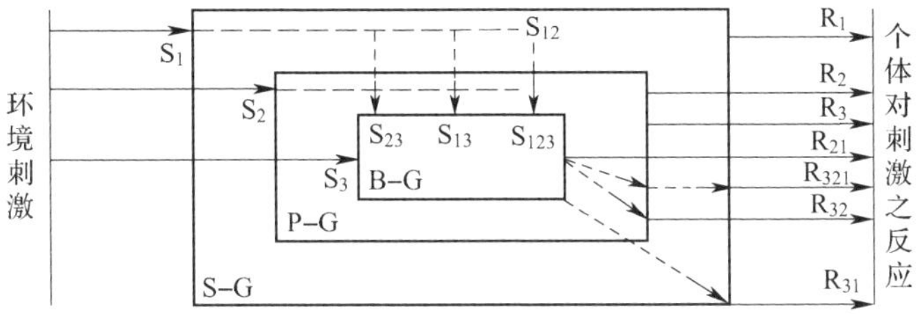

图 3-1　H–G 的 S–R 模式分析

1. 接受刺激

每一 Gestalt 都可自生刺激，或经由其他的 Gestalt 传递刺激，或兼而行之。刺激的接受方式，视刺激本质的不同和个体的主动选择而定。个体的主动选择，则视个体各 Gestalt 的势力而定。

2. 反应

每一 Gestalt 都可自行反应，而为外显现象；或反应于其他 Gestalt，由此 Gestalt 整合之后，再反应为外显现象。至于反应的方式，则视刺激的本质、强度，及每一 Gestalt 势力的强弱和形态来决定。

物种进化的程度不同，其所具备的 Gestalt 种类也不同。例如：人具备 S–G、P–G、B–G。猴子、狗具备 B–G、P–G，植物具备 B–G。又如海星，甚至 B–G 也不存在，因其生理属域内之各种势力（各个部分），至今仍然无法整合为一个 Gestalt。

组成各 Gestalt 的内在元素和能力，经由遗传而存在；外在元素则保存在环境里。进化的阶层越高，整合成 Gestalt 的成功率越高，且在某一进化阶层，即已保障了某 Gestalt 的整合。构入某 Gestalt 的元素越复杂，则“学习”的时间越长。经由练习可组合为 Gestalt，而只需“稍”（稍，亦指一次的练习）做练习者都可称之为“本能”。所以学习一词，于此定义为：Gestalt 的整合与再重组。

Gestalt 的形态、强度与 H-G 的势力

Gestalt 的势力（force）包括了：（1）Gestalt 的强度（strength）；（2）Gestalt 的方向（direction）。Gestalt 的方向由 Gestalt 的形态来决定，是一种功能上的向度或价值上的向度。简言之，就个体自身而言，每一个行为在展露的此时此地，都是 B-G、P-G 和 S-G 三者整个的展露。亦即，行为的意向，同时由 B-G、P-G、S-G 三者共同表现出来。所谓“势力大”，即取得成“形”的几率较大。成“形”则又取得整个 Gestalt 的“动机权”与“操作权”，可运用其他部分 Gestalt 之功能，来配合或完成行动。以 {B-G，〔P-G〕，〔S-G〕} 为例，在其行为展露时，不但由 B-G、P-G 和 S-G 所共同完成，且在心理上与精神上都同时支持，此时此地 B-G 之意向性而彼此不分。

同类的 Gestalt（指 B-G、P-G、S-G 三类 Gestalt），因其形态（内涵）的差异，功能也有相当的出入。故其原则取向也同中有异，而有同根的许多分支。以人为例：人之 B-G 元素几乎相同，但为其部分之各小 Gestalt 的势力，却有所不同。可依人种、残障、神经或肌肉机能的强弱，分成不同形态的 B-G。Gestalt 的形态，随着结构为 Gestalt 时的取舍而定。“取舍”的判准与内容，由组织 Gestalt 时所接触的环境

（Social Facts Gestalt）而定。在个体发展成熟后，则由环境与 H-G 所内涵之意向性的交互作用决定之。

现以 P-G 为例：

设：P-G 元素 = { 1，3，6，1，1，4，2，7，6，9，14，8，11，2，5，……}

则：甲之 P-G={1，3，5，7，9，1，2，4}

乙之 P-G= {1，3，2，4，14}

丙之 P-G = {5，7，6，8}

丁之 P-G = {8，7，6，5}

组成元素之不同，与其元素排列的次序不同，则 Gestalt 的形态也不同。因此在同类之 P-G 的大原则下，随着 P-G 形态的不同，则结构、功能、取向和势力的强度，也有不同的差异。

随着个体的发展和个体间的差异，其所具备之各类型 Gestalt 的势力也有所不同。同一个人于不同的时刻或情境，其各 Gestalt 间势力也不同。于不同的情境之下，个体内各类 Gestalt 的反应取向，某些是相似相辅相成的，某些是相反相抵触的，但总以各类 Gestalt 的势力为最后抉择。H-G 可结合为 B-G，〔P-G〕，〔S-G〕或 P-G，〔B-G〕，〔S-G〕或 S-G，〔B-G〕，〔P-G〕。由于各部分 Gestalt 间功能上的联络，以及成“形”之 Gestalt 的整合（当动词用），使得不论整合为 H_1-G 或 H_2-G 或 H_3-G，其外显行为都由三者所共同结构而成。不同的只是整个 Gestalt 所展露的意向与强度，是源于成“形”之 Gestalt 的“命令”。例如“薛西佛斯”者（注一），其行为于 B-G、P-G 虽为负向，但其 S-G 却视之为正向。且此时 S-G 之势力 >P-G 与 B-G，S-G 之正向包含了 P-G、B-G 之负向。而以 S-G 为形，以〔P-G〕、〔B-G〕为基，反应为外显现象。

个体内各Gestalt势力的强弱，和Gestalt形态的差异，结构了人之整体Gestalt（H-G）的势力。

1. 各类Gestalt间势力的差异越大→H-G越强。故有:

B-G主体的强势H-G。

P-G主体的强势H-G。

S-G主体的强势H-G。

2. 各类Gestalt间的强度差异越小，H-G的势力则随事件的不同，视其各类Gestalt的Gestalt形态（原则取向）是否抵触或和谐而定。

越和谐→H-G越强。

抵触越多→H-G越弱。

3. 优势Gestalt的形态，越庞大、周密，则包容性越广、影响力越大→H-G越强大。

4. 各类Gestalt之内，各部分Gestalt之间的势力差异越大，则此类Gestalt的势力越强。

5. 各类Gestalt之内，各部分Gestalt之间的强度差异越小，则视其结构的功能和取向是否抵触或和谐而定。

越和谐→此类Gestalt越强。

越冲突→此类Gestalt越弱。

H-G势力越强，则其主体性越高，可兹对抗或支配社会环境。H-G越弱，则其主体性越低，易为社会环境所影响或支配。故此三大因素:Gestalt形态、强度和H-G势力，结构了个体的人格、生活样式及其社会行为。

G-G vs. H-G vs.〔H-G〕

同类 Gestalt 相接近时，会引起自然的结合反应（即所谓互动、感动或交感）。一个以上之 Gestalt 接近时，可结合为一大 Gestalt，称为团体 Gestalt（G-G）。（接近一词，可为具象时空之物理场的接近，也可为意向性超越时空的接近，此为 Gestalt 之接近律、相似律、含义律。）

1. 组织入 G-G 之各部分 Gestalt（H-G），势力差异越大，越容易有 leader 产生，则易有极端优越（势）的 Gestalt 存在→ G-G 势力越大。

2. 若强度相接近，形态相同（原则取向一致）→ G-G 势力越大。

3. 若强度相接近，形态相抵触→ G-G 强度越小。

个体独自存在时为 H-G，一旦和他人接近、组成团体或身为群众一员时，随即转化发生〔H-G〕。使其 H-G 转变为 H_4-G，且 H_4G={H-G，〔H-G〕}={（H-G，〔H-G〕），（〔H-G〕，H-G）}。{H-G，〔H-G〕} 为个体独处或思考时，尚未“格式塔化”的混沌状态。（H-G，〔H-G〕）或（〔H-G〕，H-G），则为个体“格式塔化”之思考或抉择的结果，以及其所展露的外显行为。

当个体处于 H-G 或（H-G，〔H-G〕）状态时，其所展露之外显行为，是依个体之主体性要求所指派的。当个体处于（〔H-G〕，H-G）状态时，其所展露之外显行为，则非其主体性所要求的指令，而是经过扭曲或修改的过程，产生适应性（主动的修改其指令）或妥协性（被动的修改其指令）行为。修改的程度越大，或此修改之“被动”（被迫、不得不）的性格越浓，或修改后的指向（意向）与原来指令的指向越相反，则挫折感也越大。亦即〔H-G〕所指令的行为，可能与 H-G 的指令不同甚或相反，可是仍保持主体性的指向。〔H-G〕所指令的行为，也可能与 H-G 的指令差异很小甚或相同，可是却与原来指令的指向相违背（注二）。

一般而言，个体之各类 Gestalt 间的势力与可能发展的形态，在七岁以后即呈现其恒常性。所以，个体之 H-G 的形态与继续发展的可能形态，通常会保持其一致性。H-G 的势力则依继续发展的不同时期，随其形态的发展而有不同的强度。所以，在社会心理学中的意义，H-G 即为所谓自然人的“人格”，而 H_4-G 即所谓社会人的“人格”。

H-G 在团体之中，会随即转化为 H_4-G。此其中之〔H-G〕的形态则为个体之人格——H-G 之形态中，可变的部分或暗藏之底层（某些成“形”几率较小的部分 Gestalt）的形态。其势力的改变，则视 H-G、〔H-G〕和 G-G 的团体效应（group effect）而定，并以“Ge”指谓团体效应系数。G-G 对个体若有正向（取向相同，势力增大）的影响，则 Ge 值为“正数”。G-G 对个体若有负向（取向不同，势力减小）的影响，则 Ge 值为“负数”。所以 H_4-G 只能展露为（H-G，〔H-G〕）或（〔H-G〕，H-G）。亦即个体只能“展露”（展露之意即内涵而表之于行为者）为 H-G（只见于个体发生之初期，以及高层次冥思之个体）或（H-G，〔H-G〕）或（〔H-G〕，H-G）三种位格。若只展露为〔H-G〕，而丧失了 H-G 为“基”的功能上联系，此个体即进入社会心理学观点之临床心理学的领域——此个体则被定义为：精神病患。

当个体不愿接受、认可或肯定其〔H-G〕的存在或展露之时，且对其 H-G 的形态产生了怀疑或不满时，其所表现于情绪上的负向反应，和行为上的困扰，即导引了社会心理学之咨商理论建构的契机。

而 H_4-G 之部分 Gestalt 在何种外在条件下，产生了什么样的形一基关系？尤其是如何导引出个体各种不同的〔H-G〕，而与其 H-G 相对应，以增进个体对自己之 H-G 的了解；H-G 与〔H-G〕各种关系的认识，及与其他 H-G 间的关联。这时候也就在“人类潜能的开发”，及“心理卫生之教育”的层面，经由“H-G vs.（H-G，〔H-G〕）vs.（〔H-G〕，H-G）”的辩证关系，开出了社会心理学之小团体动力学的领域。所以，借着 H_4-G vs. H-G 的对话，即已凸显了一路开出社会心理学之人格理论、咨商理论、变态理论与小团体动力学的轨迹。

〔H-G〕源于 H-G，它代表着 H-G 之重组，或 H-G 之组织的变弱。亦即〔H-G〕之形态本身的势力≤ H-G 形态本身的势力。并且，（〔H-G〕, H-G）之势力 =〔H-G〕之形态的势力 + 团体效应的 Ge 值。（H-G，〔H-G〕）之势力 =H-G 之形态的势力 +Ge 值。

个体处于团体中时，H_4-G 若以（〔H-G〕, H-G）展露，则当（〔H-G〕, H-G）的势力 >H-G 时，个体会处于充满“活力”的状态，而有“充实”或“骄傲”的感觉。但当此个体恢复独处或思考状态时之 {H-G，〔H-G〕}，会由“略带激昂的自勉”趋于“平静”的感受，甚或产生“空虚”的感觉。当（〔H-G〕，H-G）的势力 <H-G 时，个体会处于“无力”状态，而有“疏离”以至“卑微”的感觉。但当此个体恢复独处或思考状态之 {H-G，〔H-G〕} 时，会由“自责”趋于“释然”以至“平静”的感觉，甚或产生“自勉”的心态。当（〔H-G〕，H-G）的势力 =H-G 时，则此个体会有类似获得“自证”或“他证”的感觉。这种自我之“肯定”会使个体于恢复独处或思考状态之 {H-G，〔H-G〕} 时，有“平静”的感受或“轻微的喜悦”与“安定”之感。

H-G vs.〔H-G〕vs. H_4-G vs. G-G 之间，势力的影响与消长可依第

三节“G–G vs. H–G vs.〔H–G〕”所举之三种情境，而有如下的现象：

1. 前文 1. 之情境的 leader，其 H–G 不变，Ge 为正值。〔H–G〕随 G–G 的增大而增强，但〔H–G〕≤ H–G。 H_4–G>H–G，H_4–G ≤ G–G。

前文 1. 之情境的 menber，其 H–G 不变，H_4–G < G–G。Ge 为正值时，H_4–G ≥ H–G。Ge 为负值时，H_4–G <H–G。

2. 前文 2. 之情境的个体其 H–G 不变，Ge 为正值。〔H–G〕≤ H–G，H_4G ≥ H–G，H_4–G<G–G。

3. 前文 3. 之情境的个体其 H–G 不变，Ge 为负值。〔H–G〕<H–G，H_4–G<H–G，G–G>H–G。

H–G、〔H–G〕的势力和 Ge 值，或可表为等比尺度。若于“人格衡鉴”与“团体动力衡鉴”的研究层次上，可以取得量度的方法，则个体于群我之间行为的变化与程序，即可获得“制律程序”的理论层次，完成本章所预期的“社会心理学基本原理”。本研究虽然尚未完成上项的目标，但此研究取向与努力，却开放给所有后继的研究，提供基本的知识与明确的轨迹。

注释

注一、薛西佛斯为西洋神话中的一个神祇，代表面对失败的一种永恒的努力，一种知其不可为而为的精神。详见卡缪著作，《薛西佛斯的神话》，新潮文库。

注二、举例言之，个体于脱离群众或团体情境时，所谓“‘我’不愿是那样的，但当时的‘我’却……”。此句中的第一个“我”所指的是 H–G。第二个“我”，所指即为〔H–G〕。

第四章

社会心理学观点的基础论题

智慧

生理与认知结构

心理与动机

情绪

主体性与精神

理性与情绪力学

智 慧

一、能思

是指发展中的思考能力，尤其是发展中的思考的主体。此思考的主体若从最外层来描述，我们所称谓的是——人的整个机体结构，包括个体的神经、肌肉、器官、腺体……等的成熟、控制与功能。更深一层的描述，如果有“灵魂”有“心灵”的话，那么这个名词所指称之“人之生命活动的主宰”，亦即本文所指称的“能思”。所以，能思在本文中，亦即是人之主体性与精神能力的源头。

二、所思

能思所涵摄的对象，就是所思（或所思的材料）。所思与所思的材料二者，本文于描述时暂不予以分别。狭义而言，所思是指思考的内容。此“内容”则包括，个体所拥有的知性、感性、情绪、行为……等一切知识（本文所讲的人之“知识”，与人类学中所谓社会之“文化”，有相似而对应的意义）。人类固然有某些基本的情绪反应，可是发展中的个体，其情绪之刺激与反应的内容，以及上述二者之选择性接受与反应的样式，却也都经由模仿与学习的历程，成为某种“知识”而摄入（input）个体的认知结构中。故广义言之，所思之内容（材料），即指的是——人类文明史所累积之知识体系的内容。

能思之成长（指其发生），在机体发展上是自然发生的历程。但是，能思之继续成长、成熟，以及潜能的充分发挥，则有待外缘之力。亦即，受到个体所处之环境，所能主动输入和被摄入之知识刺激的质、量、多寡与速度（以及所思之内容）限制。

智慧的本质包括：能思所思二者。能思，是智慧的本体；所思，是智慧结构的内容。能思的能力，在个体之生物设计的限制之下，提供所思的动力（潜力）来源与范围。因此，智慧的评鉴就应该包括：能思之能力的大小（发展与运作的程序），以及所思之内容的精博与周延。可是，在同一生物设计的种别之下，智慧的差异，是因为能思的不同，抑或所思的不同呢？

智慧之生理结构的具体研究，虽然还无法确定所思之生化与神经结构体的发生、组织与发展的历程。但是，把它存而不论之后，却可经由其他层面来探讨。同种之生物设计，即保证或提供了某个程度或阈值我不敢确认，智慧之发展有无上限。但是，生理因子的老化，却是必然发生的事实的能思之能力或潜能。所以，同种之下生理的个别差异，在非异变（病变）的条件下，对每一个新生个体（新生儿）的能思而言，（可能）并不足以造成显著的差距。亦即，每一个体所具备之能思的能力或潜能，都保持着相同的基准。因此，智慧之差异，可能是发生在智慧发展的历程中。亦即，能思之能力或潜能，发展或发挥的程度。

所思的内容，可视为能思之发展所必需的“养料”。养料——所思之供应与摄取不够充分与周延，则能思的发展必然遭受阻滞。所思的内容（材料），即为个体知识体系的内容。由人类所建立的知识体系，本身即有次序的阶段性存在，其结构本身即为一而二、二而三、三而四……的进程（例如：学科之内容由简到繁，由入门到精深的层次划分。感性也伴随语言、文字系统的习得，以及事件的阅历，而越趋细腻、深刻）。所以，摄入为所思的内容以后，所思之内容即有次序地阶级性存在。具备同基准之能思，在所思的阶级性展露下，其发展之结构则被描述为阶级性的成长。因此，能思与所思二者，阶段性交互成长的现象之展露，即称为个体此时此地的“智慧”。而所思之内容（质与量）的差异（环境主动）输入与（个体主动）摄入（由新生儿开始，首先是感性的知识内容，由具体而抽象，由粗而细；而后是知性的知识内容，由具体而抽象，由简而繁）使得能思有差异地发展，而于生活场和智力测验上，有不同向度与程度的表现。此即导致了：个体智慧之发展的差异成长。

上述的智慧发展论，在增进智慧之发展与成熟的课题下，提供了相当正向的基础。如果智慧的高低，完全由天生的能思所控制，势必导致极为残酷的事实。只有在能思与所思交互成长的基础上，我们才能更合理地、更深入地探讨上述的课题。智慧之成长，呈现阶段性的进程。阶级之次序递进，即为智慧之“质”的成长。阶级递变的发生，则遵循阶级之内，知识内容之“量”（同质）的“类全有或全无律”。若是 input（摄入）于某阶级之知识内容的量，已达此阶级的阈值或周延的标准，则可进入更上一层的阶级。否则，外界所提供，超越此阶级之质的刺激，则无法有效地注意（attention）、摄入或活用（譬如：操作四则运算之前，必须先习得 + − × ÷ 的单则运算能力）。

阶级内所思之知识内容，本身即具备层次分明的阶段性。若是代表某智慧阶段之某知识内容，未曾周延的完全摄入；则于推理诊断之时，个体会根据彼时彼地不周延的知识内容为背景和标准，而获得“错误”的判断。若摄入之知识内容已至周延，而达阈的水准，则完成阶段，而有“正确”的判断；亦以之为基础背景，进入更上一层的阶段（故，儿童把四条腿的动物，都当成“狗狗”的现象，是极为正常而合理的）。

摄入知识之质，受到阶级的次第限制。质的增进，则由同质之量，周延的程度所控制。某阶级之质，保证了摄入或输入某种（新）知识的“数量”与“速度”。阶级越高，速度越快，数量也越多。每一阶级的递进，都以其前一阶级为基点。阶级越高，结构越为扩大（以先前的阶级为基础结构），功能越为复杂。因此不同阶的个体，同时去学习某种知识内容时，学习的速度和成就就有某些（明显的）差距出现。愚者越愚，智者越智的现象，也就不足为怪了。

智慧之本体——能思，虽然还未能直接把握，但是经由所思的肯定，却可透入智慧之内容，而把握或促进智慧本体的成长。关键之处即在于：知识内容的 input，不可逾越阶级之质。并且在定焦于阶级之内同质之量是否周延的基础上，寻求阶级的递进——智慧之质的增加。

生理与认知结构

初生的生理结构体，可视为一架“空白”的电脑。个体的认知发展历程，亦即这架电脑接收信号、输入资讯的历程。认知的历程，即为登录的历程。个体所认知的刺激内容，不但登录、保留于个体的生理结构，也使得生理结构发生变化。

每一刺激的认知，都分别登录在下列两个相联系的系统，或只登录于系统一。

一、系统一：脑部的神经与细胞组织中

登录于保留的历程，使得脑部的神经与组织发生累积之生物化学的神经电反应的变化。登录之后的脑部组织，已非登录之前的脑部组织。登录的内容为：理念的生化 model（模型），以及行为—理念的生化—生物 model（模型）。

二、系统二：肢体的神经与肌肉组织中

这是所谓：肌肉筋骨与神经之连结、控制，所发生的各种动作与行为。系统所传来的命令（或反射动作），使得组成动作的各个部分，都由神经冲动下的生化刺激、反应，组织为一个特定的系统。操作之动机或目的完成后，此系统立即消除，可由其他系统任意取代而操作，故以生物物理之神经电反应的 model 描述之。这些粗细繁简各种不同的生物的 model，就登录在动作发生之神经—肌肉的组织体中。动作与行为有生熟之别，练习可使动作更加地熟练，原因就在于此。登录的内容为：动作或行为的生物 model。而此种生物 model 的构成与控制，则登录在系统一相对应的生化 model 之中。

基本生理需求——温饱的满足，即以提供个体之生理结构体的基本发展。这种基本发展，提供了系统一“能思”的能力或潜力。但是，能思发展、运作的程度，以及继续的发展，则需“所思”的内容——系统一所登录之刺激的质与量来促动。这种基本发展，提供系统二直接而具体的发展动力，促成骨骼、肌肉的发达与成熟。若系统二所登录的刺激越多，则神经—骨骼系统的发展越好，身体越强壮、四肢越发达。

因为登录的历程，所发生的生化与生物神经电反应的变化，即为两种系统的发展，以及继续发展的动力和结果。所以，个体于发展过程中，所认知—登录的信号的质与量，就造成了个体的差异性成长（在既有的生理的个别差异的基础上）。

1. 若登录之总量的质偏向于系统一，则系统的发展就会被强化。质越精细、量越多，越符合知识之阶级性，则系统一发展得越快。

2. 若登录之总量的质偏向于系统二，则系统的发展就会被强化。质越精细、量越多，越符合此时此地之生理结构的阈限，则系统二的发展越快。

个体发展历程中，知识 input（输入）到生理结构中，则建立了所思的内容，而成为个体内存的认知体系。事实上，所谓的认知历程，就是一种“符号转换”的历程。由物质与非物质的语言、文字、图像、标记等符号，转换为生理结构的符号（就好比语言信号化为电报，或录于录音带一般），而保留于生理结构中。称为：生理—认知结构。

所以，社会心理学观点下的“生理”一词，已不仅止于：原级的生理结构体——生理结构体。更重要的是：次级生理结构体——输入信息之后的电脑——生理认知结构体。已不仅止于：生理结构体（原级——未输入信息），更重要的是指于：生理认知结构体（次级——

已输入信息）。生理与心理之间，之所以能够密切地联结，而有交互作用发生，也就根基于此。

生理结构体有其结构之功能，其功能的运作，则在于结构体的继续存有——个体的生存。即各器官、组织的联系与维持，以及平衡与发展。个体于此，透发出自发的两个运作原则，亦称“初级的生理动机结构”：

1. 原则一：现状的保持、平衡与生存。

2. 原则二：遵循原则一的结构性指向，继续发展、继续生存。

认知内容“结构”于（转化为）生理结构体之后，个体的认知结构，也遵循 B-G 原则而存在。亦即，个体有联系与维持，以及平衡与发展则有之认知内容的倾向。并且遵循此认知结构的向度为指标，而去认知、过滤、摄入新的刺激而继续发展；此即为 Freud（弗洛伊德）型人格（详见后文；人格理论与人际关系），于生理—认知结构的基础。也因为 Freud 型人格，是由生理因子所模塑，所以 Freud 型人格才会具有泛文化以及泛时空的普遍性。

心理与动机

心理转机是以生理的功能性结构为基础，发展而成的意识 Gestalt。心理 Gestalt（P-G）有四大功能：意识、取码、思考和情绪。意识的能力就是能思，但是能思并不等于心理意识。心理的意识能力，只是能思于心理层面的展露。意识的内容，就是所思。认知—生理结构体，只是某种具有初级向度的存在体。它只是存在，好比一台资讯丰富的电脑(一座仓库)般的存在。至于对此认知结构与内容的意识(自识)，input 和 output（输入与输出）的存提；以及 output(输出)之后的运作（意识的流动过程，即为思考），运作的动机与结果、目的的意识（个体之内的自识或认知），则由 P–G 来负责。由于个体之外一切现象的信号刺激，都必须经由个体之内的生理结构体，转换为个体之内的生理结构信号，而登录于生理认知结构体中。所以，在个体之内，每一个以事件为单位之现象的意识与操作，即为个体之心理机转。

刺激之于生理结构体（B–G），是一种 touch（触摸）的历程。伴随 touch 程度的强弱与深浅，个体之 B–G 有差异的“兴奋”程度。适度的兴奋程度，有益于其存在者，B–G 即发出“正向”的生理结构信号。过度或不足的兴奋程度，足以导致平衡的破坏、解体，而有害于其存在者，B–G 则发出“负向”的生理结构信号。这信号经由 P–G 的意识，即发生“生理的情绪”。而于生理情绪本身，同时具有“避负趋正的动机结构”，即成为 B–G 的初级动机结构。

认知—生理结构与其内容，在 P–G 的意识下，成为个体内在的次级参考架构(初级参考架构为 B–G 的初级动机结构)，并以 Gestalt(格式塔)的形态呈现。它具有整体性的向度，也具有部分性的向度。而各部分之间，则不一定有逻辑关系。更重要的是，P–G 对其认知结构的内容，除了单纯的予以意识之外，还可自由摄取而任意连结、切断或改变。因此，由 P–G 所展露之理念—行为的现存与发展向度，是以 B–G 的初级动机结构为基础，再以认知—生理结构体所透发之知识的次级参考架构为主题，而发生第二级的“心理动机结构”涵摄了初级的动机结构。

个体于现象界与生活场的限制之下，如果他人或自己所展露的行为一理念，与其认知结构的向度与内容相合拍（且不违背初级的生理动机结构），则能满足其心理动机结构，于是有“喜乐”的正向心理—生理结构信号发生。反之，则有“悲苦”的负向心理—生理结构信号发生。不同内容、向度与程度的冲突与和谐，则于苦乐两极，分化出缤纷错杂的各种“心理的情绪”。正向的情绪，保证个体的继续生存与发展。所以，心理情绪本身，同时具备“避负趋正的动机结构”，并与第二级的心理动机结构相结合。

个体之动机的展露，是以语言和行为做媒介。行为所呈现的动作历程，与其说是某知性内容的完成，毋宁说是伴随此知性内容之情绪的展露。而人类对语言的运用，更是以情绪的表达为先，再以知性的表达来完成。例如：“哦——好痛哦！踩我的脚干什么？”也因此，动机与情绪的关系，除了本体结构的连结之外，实际运作和展露的关系更为密切，而有互动的现象发生。

情绪

生理结构自发性（周期性或偶发性或外界刺激所引发）的刺激与反应，所引发的情绪称之为“生理情绪”。源于认知结构与内容的刺激和反应，所引发的情绪称之为“心理情绪”。生理情绪须于P-G展露，心理情绪须以B-G为结构的基础。二者之间具有“循环装置”，有交互动力发生而具有互换性。

生理情绪虽然于 P-G 展露，但其本质为生理因子而非心理因子，故而生活场的认知结构与内容无关。当其展露于 P-G 时，并无特定的对象（事件、理念或某人），而作普遍性的投影（以负向情绪为例，则什么都不对劲，什么都看不顺眼，不知道自己怎样了，也不知道该如何是好，就只是陷身于某情绪中）。

一、情绪丛结的类型

心理情绪，通常都有其特定的对象。此对象即为导生此情绪的事件或理念，以图 4-1 表示。A 事件对应有 a 理念，而有 α 情绪丛结（α-emotion complex）发生。a 理念存于个体的意识层面，但个体却不一定去意识（或认知）它。α 情绪丛结指的是：由 A 事件或 a 理念所引发的情绪。由于这个情绪可为单一的，也可为多数的。不论 α 情绪的成分是单数或复数，皆以 Gestalt 的方式存在与展露，故以 α 情绪丛结称之（这是指情绪 X^2。X^2 之前尚有情绪 X^1，且各情绪成分各自存在，尚未结合为情绪丛结。下文详述，此处不予以区别）。

α 情绪发生后，若个体处于 α 情绪状态下，则会将 α 情绪回馈于 A 事件或 a 理念或能思之主体（o），而有 CαA、Cαa 和 Cαo 等三个循环装置出现。CαA（或 Cαa）是把 α 情绪与 A 事件（或 a 理念），作单纯的直接连结，而表现出——一想起 A 事件（或 a 理念），就产生 α 情绪；或是，一出现 α 情绪，就想起 A 事件（或 a 理念）等两种交互循环作用。Cαo 是把 α 情绪回馈于能思之主体，而表现出——

在 A 事件或 a 理念的刺激下（当然上述二者可为外加的刺激，也可为能思之主体自发的内含刺激），为什么我会有 α 情绪出现？为什么我会必须处于 α 情绪而不处于 b 情绪呢？等正向的状态。或者——在 A 事件或 a 理念下，就我只是这样（α 情绪）！也就只能这样（α 情绪）！我必须是这样（α 情绪）！等负向状态。

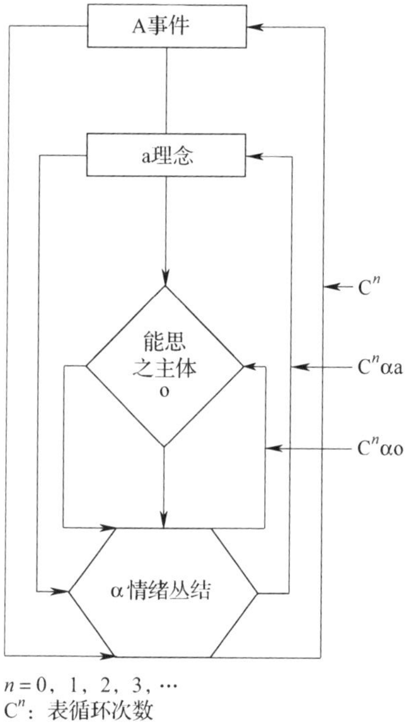

图 4-1　a 认知—情绪单位图

C_{α}^{n}A、C_{α}^{n}a 与C_{α}^{n}o 循环的次数越多（n 值越大），处于 CαA、Cαa 与 Cao 的时间越久，则个体处于 α 情绪的时间也越久。特点是，情绪 α 只指向于 A 事件（a 理念），或处于 A 事件（或 a 理念）之下的能思之主体。而不会指向其他事件、理念或情绪，并与之相连结。更重要的是，n 值的增大，循环次数的增多，只代表情绪 α 对个体本身之时间与空间的继续占有，并不产生累积加深或转化的现象。在上述正常心理情绪历程下，个体有可能发生轻度的情绪困扰（如 sad 悲哀的、糟糕的），却不会发生严重的情绪困扰（如 depression 萎靡不振，沮丧）。

严重的情绪困扰，可源于深度的生理情绪，也可源于深度的心理情绪。深度的生理情绪，除了表现出普遍的对象性之外，更表现出极端强烈的情绪固化。深度的心理情绪，有两类主要的异常情绪历程（参见图 4-2）。

以 d 情绪为例：当 d 情绪呈现自动化的现象，保留其配对的生理结构，却与其特定对象脱离时，$C^n d\alpha$ 的破坏（d 情绪之 CdD、Cdd、Cdo 破坏），$\sum_{n=1}^{\infty} C^n n d\,\bar{a}$（s）建立（d 情绪与其他认知一情绪单位相连结），而与生理情绪一般，呈现了普遍的事件性，不管遇到什么事都连结 d 情绪表出，如：CdA、CdE、CdAE、...，这是第一类第一种形式。甚至而且，更扩充 d 情绪丛结，而与其他情绪丛结（a，b，c，e，f……情绪丛结）直接连结，一出现 d 情绪就跟随着其他情绪混在一起，如：Cda、Cdb、Cdf、Cdaf、Cdbf...，这是第一类的第二种形式（注一）。第一类的第三种形式，则为$\sum_{n=1}^{\infty} C^n d\,\bar{o}$，d 情绪的对象性普遍化，看到任何人都发生 d 情绪，甚至认为别人也处于 d 情绪中。第二类第一种形式是：$C^n da$ 破坏，$\sum_{n=1}^{\infty} C^n d\,\bar{a}$（s）也不建立，但是发生了$\sum_{n=1}^{\infty} C^n d n$（注二）。整个人一直陷于 d 情绪中，情绪历程呈现自我循环的现象，而产生了 d_1，d_2，d_3，...d_n 情绪。

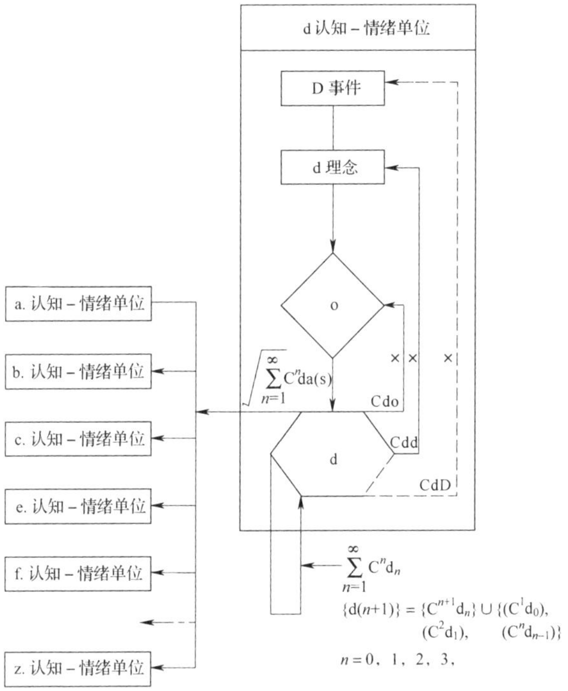

图 4-2　d 情绪的异常情绪历程

举负向情绪言：d 情绪为负向情绪（个体表现痛苦的情绪），个体以 d 情绪为苦则为 d_1 情绪（想到自己是这样的痛苦而感到痛苦）。这时候，d_1 情绪的对象已非 D 事件或 d 理念，而是 d 情绪。对个体言，他现在已拥有了 d 情绪和 d_1 情绪，并且处于 d_1 情绪中。D 事件（或 d 理念或当事者）只带给他 d 情绪，但是，他现在却会以为 d_1 情绪是 D 事件（或 d 理念或当事者）所带来的，而产生了$\sum_{n=1}^{\infty} C^n d_n \alpha$。越以痛苦为痛苦，就越来越痛苦，$d_2$ 比 d_1 更痛苦，d_3 比更 d_2 难挨。每循环一次，情绪就更强烈更深一层，n 值越大，所负荷的情绪就越多越强烈。最值得注意的是，当 n 值大到某个阈值，个体已经痛苦得死去活来之时，他却仍以为这 d_n 的痛苦是 D 事件（或 d 理念或当事者）所带来的。如果 D 事件（或 d 理念或当事者）是外力所加，他就会觉得外界的压力巨大，巨大无比地压迫着他，以至他……如果 D 事件（或 d 理念或当事者）是自发的、自控的，则他又会把 d_n 的痛苦归因于自己的极端无能、自卑……而事实上，D 事件（或 d 理念或当事者）只带给他 d 情绪，其余的一大串 d_2，d_3，……d_n 情绪，都是他自寻烦恼所致。D 事件与当事者，或许个体无法控制，个体或许也无能选择 d 情绪的发生，但是 d_n 情绪的产生，却是他自己所控制引发的。

第二类的第二种形式，则在第一种形式的基础上，与第一类的第二种形式相连结。这时候，个体已经处于 d_n 情绪，然后又把 d_n 情绪与其他情绪（如 b 情绪或 g_n 情绪或 fg_n 情绪）相连结而为 $\sum_{n=1}^{\infty} C^n d_n\ \bar{a}\ n(s)$。他会说：我已经这么痛苦了，为什么还要带给我这些痛苦？为什么我一直生活在痛苦里，一切一切的痛苦都包围着我，都加在我身上……把 a_n 情绪和 b_n，d_n，…g_n 情绪搞成一团，情绪丛结越来越复杂、越巨大，于是……导致了如此凄惨不堪的下场。

上述偏差的情绪历程，所引起的严重情绪困扰，都是对于情绪的缺乏认识，尤其处理情绪时错误而不自知的思考方式所导致。情绪心理卫生教育的重要性，由此可见其必需。

二、情绪发生的层级

能思之主体以初级的生理动机结构为原则，以绝对的自我中心定位为基础，而发生了最原始的情绪 X^1。情绪 X^1 只表现出某种向度，它的内容却是粗糙的。虽然它也配对有其特定的生理结构基础，但是却只有内在的反应，而无外在的行为展露。此时，个体身处某种情绪 X^1，但不一定能意识到。

因为情绪 X^1 发生后，立即经由 S–G 的自动过滤系统予以过滤，如图 4-3 所示。S–G 自动过滤系统的运作，不须经由个体 P–G 的自识，或动机性、目的性、意向性的控制。此系统包含 B–G 和 P–G 的基本原则，于瞬间自动完成过滤的历程。S–G 自动滤过系统，是个体的第二道自动检查与防卫系统（第一道为生理感觉器官）。任何时空之下，个体与自己或外界或其他个体相接触时，立即自动操作而完成。过滤的历程，个体不一定能自识，须于 S–G 理性层面的精神意识有高度的发展，才能意识得到。过滤之后的结果 A~E 等现象，才为 P–G 所意识，而成情绪 X^2。

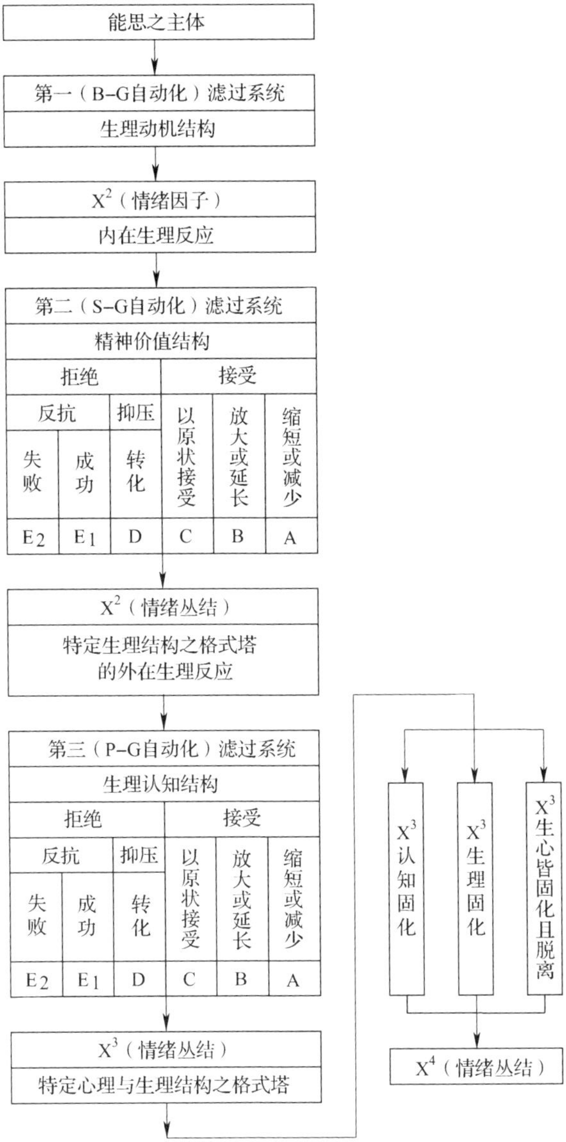

图 4-3　情绪发展与过滤系统模型

除了D之外，情绪X^2和X^1之间，仍保持相当的一致性，但有向度程度的差异。C→保持原状，A与B→顺向的伸缩，E^1→消失，E^2→逆向的扩张（情绪陷得越深），D→隐藏而以其他情绪Y展露。最原始的情绪，是S-G自动滤过机转之前的：情绪X^1。但一般人所自识的情绪，则为滤过之后的情绪X^2。这是因为情绪X^2的内容较为细致，向度也较为具体。情绪X^1只是一个或一个以上的情绪因子，而情绪X^2已经整合为一个整体的情绪丛结，而有明确的外在展露。而且S-G自动滤过系统的非意识性运作过程，使得情绪X^2立即产生，而掩饰了个体对于情绪X^1的意识。

情绪X^2，配对有情绪X^2的生理结构Gestalt。情绪X^2发生而为个体所意识之后，必须再经由P-G的第三滤过系统过滤为情绪X^3。第三滤过系统的结构，与第二滤过系统相同。其间的差别在于：第三滤过系统必须在个体的意识下进行。以生活场此时此地P-G状况（尤其是心理动机结构）为原则，而做动机性、目的性等意向性的控制。情绪X^1为S-G第二滤过系统所排斥的部分，则进入个体的潜意识中。情绪X^2经由P-G第三滤过系统所排斥的部分，则进入个体的前意识领域。

对个体而言，情绪X^2已经内存，而为不可剥夺的存有。故于第三滤过系统运作时，不论是顺向或逆向的转换，不是立生烦恼（A、D、E），就是将生烦恼（B、D）。除了情绪X^3C以外，情绪X^3A、X^3B、X^3C、X^3E都可称为“自寻烦恼”。并且，情绪$X^3_{A.B.D.E}$对个体而言，将此情绪X^2导致更深切的痛苦。例如：以不快乐为痛苦，以痛苦为痛苦，等等。

情绪X^3，配对有情绪X^3的生理结构Gestalt。当情绪X^3极为强烈，或是频率甚为密集时，则有下列现象发生：

1. 对情绪 X^3 的认知固化，而为情绪 X^4。

2. 对情绪 X^3 的认知，已经生理结构的 Gestalt 都固化，而为情绪 X^4。

3. 情绪 X^3 的生理结构 Gestalt 固化，而自动化为情绪 X^4，并与情绪 X^3 脱离。

1、2 与 3，皆以图 4-3 的 model 展露。但 1 → 为纯粹的心理症，2 → 为身心症状，3 → 转化为生理情绪而有较严重的异常现象。

情绪 X^2 发生之后，不论为正向或负向情绪，个体都应该予以积极的肯定和接受。至于深度之情绪困扰的导因：一是上述之生理、心理情绪历程如图 4-2 之现象所致。另一则为：情绪语言之语义成分的错误认知与误用，使得情绪语言的全称语义，代替或掩盖了个体真正的情绪内涵。第一个导因，虽然可经由 S-G 对 P-G 与 B-G 的绝对涵盖，而予以消除。但是，毕竟是 B-G 和 P-G 本体的必然限制。第二个导因源自语言系统本身的混淆，以及认知历程所发生的谬误，且有极度隐晦，而为个体所不察。因为导因二，使得 P-G 之知性与感性的结构受到“不白之冤”，总又令人啼笑皆非。

三、情绪教育

心理卫生教育的情绪教育，第一阶段首在情绪理论的学习。以了解情绪的本质、情绪的发展历程，及情绪历程之思考与处理的正确方法。第二阶段在于，个体之自我情绪状态的观照。在这个阶段里，个体必须时时刻刻地注意自身的情绪状态，而与情绪理论相对照。把各个认知—情绪单位，予以分开处理，而不相互混淆。且正确地运用情绪历程的思考与处理方式，使得每一个认知—情绪单位，都只停留在a情绪、b情绪的状态，而不衍生出 a_n 或 b_n 的情绪状态。

第三个阶段则在于，主体性的情绪选择释义。伴随个体的发展历程，个体学得表达情绪的语言与文字，也习得了各种大小粗细的情绪反应模式。上述的情形可以称之为：客观（社会）情境释义之情绪（与知识）模式的习得和运作。就如上述导因二所言，a情绪语言的语义成分假设有甲、乙、丙三种，可是我们往往在处于语义成分之一（甲或乙或丙）时，就以a情绪语言来表示；而认为自己已经处于a情绪状态中，且展露出a情绪状态的行为模式。这时候不但误导了偏差的情绪，也掩盖了个体自发的真正情绪。客观社会情境与之情绪（与知识）模式的习得与运作，是每个人都无法避免的。虽然个体间的情绪模式相差颇大，可是这些差异的情绪模式，却也是个体在不同的社会情境所习得的。所以在上述的情形下，小孩的情绪表现较之于成人，总是更为真实更具有主体性。

为了脱离上述生活场上的限制，个体必须发展并运作其主体性的个人释义的情绪（与知识）模式。当我们割离了图4–2的种种偏差情绪历程之后，我们就得到了一个完整的认知—情绪单位（如图4–1所示之a认知—情绪单位图）。得到了完整的某认知—情绪单位后，我们就从 $\sum_{n=1}^{\infty} C_{a}^{n}$ o着手。这时候我们可自问：在这种情形，我为什么会有a情绪出现？我喜不喜欢、愿不愿意a情绪出现？如果不喜欢、不愿意的话，可不可以换另外一种情绪并表现？我能思的主体，可否选择b情绪或h情绪？或者不要那么快的，自动地表现出a情绪？再仔细地想想看，这a情绪是受过去习得的情绪模式引发而来，抑或是此时此地我能思的主体所真正要表现的？如果不是的话，哪个才是？哪些情绪可能是？在这些情绪里，我愿意选择哪一个来展露呢？也就是说，让情绪的引发与展露情绪的方式，不再是“习惯性地”、“自自然然地”、“自动”出现。而能经由意识性的抉择，以符合个体主体性的真正需求。

更进一步的，个体还可对何谓某情绪，予以“个人的情绪释义”。在社会文化的情绪释义下，某情况配对某情绪，某情绪又配对某些情绪成分。可是，个体却能凭借本身挫折容忍力的高低，对自己能力与生活形态的理想，对各种情绪的情绪成分重下个人的定义；对情绪事件的配对与情绪的展露形态，重作适宜个人的组配。例如，对别人或以前的自己，某种情况下他会认为已达某情绪（如，痛苦）的阈值。可是，对现在的他而言，却可认为这还不算什么，这还未抵达某情绪的阈值，这根本算不上是痛苦。亦即，对于各种情绪阈值，个人主体性的予以提高或降低以及重新定义；而打破了社会文化的情绪释义，并积极建立起个人主体性的情绪释义。所以经由上述三个阶段的训练，个体对于情绪事件的处理，即可到达越为真实、成熟，以趋近于绝对的情绪控制，享受更美善的情绪生活。

主体性与精神

个体的认知发展，是以“我”为中心，而建构与继续扩大“我世界”的历程。在本体界的生物设计与配置之下，个体必须以“自我中心定位”

为基础（原则），并以个体为中心点去认知与学习。最重要的，是在这整个 B-G 之内，透发出“生理的原级主体性”——我——坚持个体本身的存有（我要活着——求生欲）是不可替代的。

回顾儿童的发展过程，我们可以发现：2 岁的小孩，“我”、“我的”等观念，已经极度强烈，领域行为也极为旺盛。由于初级主体性的展露，在尚未学会某动作与行为，或刚学会某动作与行为之时，他就会“顽固”地要求——我自己做，如自己喝水、自己灌奶瓶、自己吃饭、自己做某动作或完成某行为。别人若抢先替他完成操作（包括说某话与做某事），他就会又嚷又闹地，自己再重新操作一遍。他会把奶瓶的水倒掉，重新再装水，虽然可能溅得到处是水。你把他的衣服脱了，他会自己拉扯又穿回去，然后再脱掉；说话亦同。当其主体要求“我自己操作”时，是绝对不可替代的。此与单纯的模仿有别，应细察之。

个体认知结构的各种向度之间，则于好坏、苦乐之际，透发出“心理的次级主体性”——快乐的寻求——个体的继续存在与发展，是不可剥夺、不容取代的。个体不但要追求快乐，还要求——自己追求快乐。因果的历程间，必须有个体的参与和具体的操作。否则，任何的成果或动机，都将不为个体所接受。因为那不是“我的”；深一层言，那了无“意义”可言。也就于此，个体涉入了“精神（S-G）的三级主体性”。

以 B-G 为 P-G 的部分，再以 P-G 为 S-G 的部分，S-G 就如同四度空间般，“理论”地存有；可以感知甚或操作，却还未能予以计量分析。S-G 以绝对的意义性，作为原则向度。其所透发的第三级主体性，则含了一、二级主体性，使其超越了时空与自我中心定位的限制。换言之，就是在“人”的基点——最高点上，会聚同化每一个个体的——我。

把一个独存个体的“我”（包括了自己和所有人）的生存与继续生存，提升至“人”（普遍的、共存的）的生存与继续生存。从每一个体之主体的发挥与展露，来契入人之主体性的完成。

B-G发展过程中，P-G发生而与之交互地成长。P-G发展过程中，S-G发生而与之交互地成长。B-G为P-G的结构基础，S-G又以P-G和B-G为基础结构。虽然，S-G涵盖了P-G与B-G，但是，三者的势力，却不必B-G小于P-G小于S-G或互等。因为，本体能力的存有，并不一定保证个体之能力的完全操作。存有，自识其存在，以及具体地予以操作或控制，是截然不同的三种层次（或能力）。这三个Gestalt（B-G、P-G与S-G）整体性的运作，而展露于个体之外，则由个体之外显语言与行为的整体性展露——H-G的发生。由于个体之内三种Gestalt之内容、形态与势力的差异，在其主体性的原动力与指导下，也就造成了个体之间行为—理念的差异性。

理性与情绪力学

一、理性

理性一词，是S-G之功能的描述语。S-G的基本运作，是个体之主体性的自动机转，且不须经由个体的自识，以及心理意识的控制。个体于S-G的高度发展，则逐渐扩展对其S-G的意识与控制。一般所谓的意识，只是指P-G的心理意识。S-G的高度发展，则有S-G的精神意识发生。心理意识只是能思的展露，精神意识则直抵能思的本体。

在P-G里，我们可以发现Freud（弗洛伊德）所描述过的——意识、前意识与潜意识三个层面。心理意识的运作只及于意识层面，潜意识层面则无法“意识”到。至于前意识层面，则若即若离而为“过渡区”；必须经由心理意识的积极运作，才能触及其部分。一般而言，并不是每个个体都能完全地发展，运作其心理意识的；也非时刻都保持着心理意识之积极的运作。所以，由于个体的疏忽与无能，许多属于意识层面的，并未获得心理意识的认知（意识），而被个体错误地划归前意识与潜意识层面。上述可以被意识而未获得意识的，可称为“未意识”或“无意识”，以有别于潜（下）意识。心理意识的绝对运作，只能开拓无意识层面，对于真正属于前意识与潜意识的全部，则仍无能为力。精神意识的出现，把P-G所划归于潜意识或前意识的结构、功能与运作过程等非控制的现象（如，第一过滤系统），提升于S-G层面而予以认知和控制。此精神意识仍以其主体性为本质，在现象上则以“理性”一词称谓之。

人们常把理性和感性相对应，而与知性相混淆，这是对三者定义的误解所致。当我言及知性时，所指的并不是纯粹的知识，而是所谓偏向于知识层面的理念认知，以及与此认知理念所交互配生的情绪。感性虽然与知识也有关，但是一般提及时，则较偏于纯粹知识无关的直接感官经验，以及与此认知所交互配生的情绪。知性较偏于富有意义性的情绪，感性则较缺乏意义性，而为较纯粹的感官经验。所以，更深入而言，知性是属于P-G层面，是能思之运作与所思之内容所引发之内心情绪。感性则属于B-G层面，而为机体器官对刺激之形成的自动反应，再转换于P–G层面所形成的生理情绪。感性所涉及的，较偏向于人的“共相”层面。知性则见仁见智，偏向于“殊相”层面。与其说，较高级的感性有待知性的内涵；毋宁说，有待于人之整体性的深度（指修养）。我们也可以注意到，所谓较高级的感性，实际上却是指感性的基础再加上知性的理解。

二、情绪力学

一般所谓感性与知性或理性的冲突，常是指纯粹的知识或理念，其与纯粹的情绪间的冲突。纯粹的知识，固然可以排除于情绪之外；但是，每一个情绪都能配对有其知性的理念或感性的内涵，而成为一个交互连结的整体。二者是共生共死的关联，只有在异常的情绪困扰下，才会脱离而固化或普遍化。

事实上，发生冲突的是两个（或两个以上）向度不同的认知—情绪单位（或Gestalt）。由于同一时空之际，个体无法同时展露两种或两种以上的情绪，所以P–G会将其结合为——整体的情绪丛结，再予以展露。在此情绪丛结中，各认知情绪单位可以“情绪力线”的形式观之，而如同力学求合力的方式，来了解其情绪丛结的情绪合力线。举极端的例子而言，当两个认知—情绪单位向度相对立时，P–G则遵循其中强度大者展露之。展露于个体之外时，是以二者强度之差所得的正负（指正向或负向）值（指强度）为内容；而于个体之内，保留了强度相等而处于对抗状态中的两个单位。这时候，个体所展露的情绪是不完全的，以至无法满足情绪乍起之时的原始要求。另一方面，个体之内势均力敌的拉锯战，若停留于意识层面，个体必将感受矛盾、冲突的煎熬。若已进入前意识与下意识层面，则个体将莫名而无力地处于衰颓与无能的状态。若甲单位以 +7 的情绪力线表示，乙单位以 −9 的情绪力线表示。则个体展露于 H−G 者，为 −2 的情绪合力线；个体之内，则同时仍保留有 +7 的甲情绪力线与 −7 的乙情绪力线相对抗。情绪合力线产生之后，原来折中之情绪力线并未消失而与之共同存在，这是情绪力学相异于物理力学者。

每一个之认知—情绪状态，皆为个体之内既存的存有，若对既存之存有，予以对抗、拒绝或剥夺，则引起个体之内主体性的自动反抗。既存之现象给予绝对肯定与接受之后，则可由上层之 S−G 的理性予以控制。理性于 P−G 的运作，在于对 P−G 之结构、内容与功能，做每一个 here & now 之运作过程的认知与控制，所以，当 P−G 之认知—情绪单位相冲突的时候，理性的运作可以消弭上述 P−G 的困境。先对此时此地，每一认知—情绪单位，予以绝对的接受。在不企图减缩与剥夺双方或某方的条件下，予以绝对的控制、抉择与展露。使得被抉择之（循上例）认知—情绪单位，得以完全的展露 +7 或 −9。且在个体的 P−G 之内，不致发生 +7 与 −7 的对抗。

以上所谓“情绪力学”的讨论，只是一种借喻以作说明。实质上，个体情绪 Gestalt 的运作，绝非此种情绪力线的“加、减”关系所能完全描述。但可惜尚无妥善之符号可以计量的表现其运作过程的现象，故于行文上暂为取代以便于说明。

注释

注一、$\sum_{n=1}^{\infty} C^n d\bar{a}$（s）是表示：d 认知情绪单位的正常情绪运作历程被破坏，d 情绪任意的与其他认知情绪单位连结，上述的连结可为复数，以（s）表之。尤其是不同时间所发生的各个连结的循环，对处于每一个 here & now 的个体而言，都产生了累积的效果。须注意的是，∑ 符号的运用只是权宜之计。事实上，上述情绪历程的累积作用，并不是单纯的相加。而是指谓在此之前的 $C^n d\bar{a}$（s），并不因为此时此地之 $C^n d\bar{a}$（s）的产生而消失。后者存于意识里，前者或处于前意识界，或处于意识界而为后者即形成之 Gestalt 的部分。亦即所谓 d 情绪的容积或负荷量（carrying capacity）任意与无限制地增大，而对个体产生庞大的情绪压力；但是，并未加深 d 情绪本身强度。

注二、$\sum_{n=1}^{\infty} C^n dn$ 只是行文上的方便符号，第二类型的第一种形式应如下表之：$\{d(n+1)\}=\{c^{n+1}d_n\} \cup \{\{c^1d_0\},\{c^2d_1\}\dots\{c^n d_{n-1}\}\}$，$n$=0，1，2，3，…，$n$ 值越大，d 情绪的自我循环越多，d 情绪的强度也越大。∑ 符号的采用，是为了表示累积的效果。但其累积的效用并非单纯的相加，而应如下列新公式所表示的。假设此时此地的个体是处于 d 状态，但 d_1，d_2，d_3 并不因 d_4 的产生而消失。d_1、d_2、d_3 或进入个体之前意识而存在；或保留于意识界中。而在 d_4 Gestalt here & now 的强势状态下，各自成为 d_4 Gestalt 的部分 Gestalt，然后凸显出以 d_4 Gestalt 为主体的 P−G。这时候个体易于形成 $\sum_{n=1}^{\infty} C^n d_n \alpha$，即 $\{d_{(n+1)}\alpha\}=\{c^{n+1}d_n\alpha\}\{\{c^2d_1d\}\{c^2d_1D\}\{c^2d_{10}\}\{c^3d_2d\}\{c^3d_2D\}\{c^3d_{20}\}\{c^4d_3d\}\dots\{c^n d(n-1)\alpha\}\}$，$n$=0，1，2，3，…，$n$ 的假象，d 情绪的强度累积而加深，但其负荷量并未增大。但在第二类的第二种形式时，负荷量的增大与强度的增强，则会共同存在而交互影响。

第五章

小团体动力学的哲学

宇宙论
知识论
本体论
人性论

在此之前的讨论，已为社会心理学的观点提供了一个明确的形式范畴。以下则将在此形式范畴的规范下，建构社会心理学观点，亦即小团体动力学之后设理论的内涵本质。小团体动力学的哲学完成之后，即可以之为基础而继续开出——小团体动力学之人格、人际关系、咨商与变态等四个学科，而得以完成社会心理学观点，及小团体动力学后设理论之内涵本质的建构。小团体动力学的哲学（亦即社会心理学之哲学）的重心在人性论，其后置之于宇宙论、知识论与本体论的讨论，则提供其人性论论证的基础。最后再以生命论压轴，将整个小团体动力学之哲学的实践，归结于爱与家的具体展露，而贯穿了后继之人格、人际、变态与小团体动力学。

宇宙论

宇宙的发生与范围？时间与空间的起源？先有空间抑或先有时间？这些问题，就像人类的起源一样，至今仍是个谜。这些问题的研究，属于物理学、天文学和生物学的范畴，形而上学的讨论理应予以存而不论。许多哲学家不察分际，不站在以人为前提的基础点去研究时空论，而逾越本分与能力去讨论上述课题，以致天文学与物理学发达之后，哲学的宇宙论变成了满纸的荒唐言。

天文学与物理学所建构之宇宙论的知识，取代了哲学之宇宙论的论述。哲学之宇宙论，只沦为神学的“保证”，只剩下宗教的宇宙观，在“唯信论”的坚持下生存。小团体动力学宇宙论的范畴，不再专注于宇宙生成与发展，而在于科学之宇宙论与其知识，相对于人的启示与运用。当科学的宇宙论知识与人对立起来以后，即开展出社会心理学的宇宙论——人在此科学宇宙论中，领有怎样的地位与角色？亦即个人及其生活事件，于宇宙观下的定位。

一、定位

小团体动力学之宇宙观，即于个体的日常生活中，凸显出其重要性。个体若不把“人”的概念和“宇宙”相对立，往往会过度地膨胀人的存在，而忽略了宇宙实体的存在。人之存在的过度膨胀，使得个体以“我”和“生活场”的对立，代替了“人”和“宇宙”的对立。个体的时空范畴，缩减到“我”与“生活场”之中，“我”塞满了整个生活场，而生活场中的事件，也显得庞大无匹。宇宙实体的舍弃，使得个体的语言、行为、观念与思考萎缩、局限在狭小的范畴之中。生活场的挫折，变成世界之敌对；我的失败，变成人生之末路。一切的夸大，都将因误导而显得笨拙、可笑，而造成许许多多不必要的苦痛与疏离。

小团体动力学宇宙观的思考，可以让个体了解——人只是苍莽宇宙中的一个微小的微点。个体将知道，对于苍莽宇宙而言，人所领有的时间与空间，几乎是短促得不具有任何意义。所以个体及其生活场中的事件，也就没有什么可以大呼小叫的了。“天行健，君子以自强不息；地势坤，君子以厚德载物。”人与天地的对立不仅在于感知天大、地大，更在于人大的反躬自勉与启示。有限与无限的对立，在于限制的自识，以及超越无限之可能性的秉持（坚持、信守）。个人及其生活事件，于宇宙观之定位，使得个人与其生活事件之关系，获得一个适度时空意义的空置。使得个体的语言行为、观念、思考、关爱与责任，穿透生活场、超越我世界，而及于现象界甚或本体界。

二、时间与空间

小团体动力学之哲学的宇宙论，以人一时空的关系为内容。时间与空间，是个体对其生命过程的自觉。对个体而言，时空二者是相伴随的存有，个体以自己的时空系统为基础，去认知其他个体的时空系统，并接受客观的时空计量标准（例：钟表式直线形的时间/秒的度量衡器所规定的空间），而确立了时空意识。基于个体生存和人类种族延续的信念，以及自然演化过程之现象的感觉与知觉，个体有了时空无限的概念。

个体死后，其时空系统即随之毁灭。但文字的记载、语言的传诵和剧曲的表演，却保留——停顿了个体的时空体系。当其他的存在体给予认知之后，此时空的体系即又复活，功能性运作并占有（共存）于认知者的时空体系之内。此即所谓“精神不死”的真相与原理。实则，存在体的精神虽可超越时空，却须伴随个体的死亡而消失；不过精神是可以复活的，只要其他存在体给以认知与摄入，已逝个体之精神即可死而复活的，甚至“永垂千秋”。

时间与空间都根源于物质的存在，而物质为能量（energy）的凝聚，是以时间与空间为物质——能——的表现（象）。人的精神、心理、生理 Gestalt，可视为三种不同形式的“能”。能与能之间的交涉互动，则结构了时空。人的主体性的存在，结构了个人的时空系统。时空之于人可分为：主观的时空与客观的时空。以钟表的纯粹时间和度量衡标准，所定义的为客观的时空。主观的时空则以事件之内容的次序连结，作为参考坐标。客观的时间，为一去不复返的单向流动，空间变化较为刻板。主观的空间随纯粹时间的运作，而不断地改变。主观的空间一变，则心理上的情绪、动作，以至对时间的主观认知，也不停地改变。个体之 B-G 运作以客观的时空系统，主观的时空系统则运作于 P-G 与 S-G。人类的生活则由两种时空系统交互作用，并随个体之差异，呈现不同的时空体系。

讨论时空时，不应抽离于空间；讨论空间时，也不可能抽离于时间。因此，人之时空体系可分为三种时空相位——

- 现在时空
- 过去时空
- 未来时空

简称为：现在、过去、未来。传统时空论的研究，把现在、过去、未来三相指称为时间，而脱离了空间，是传统三“时”相观定义上的错误。三时相观三位一体的论法，更为逻辑上的错误。论者把过去、现在、未来三个不同（现在）的时间坐标，于其理念上（P-G）主观地重叠为一，而妄言三个时相的合一。又如柏拉图之以为“瞬间”具有超越性故不属于时间，则忽略了观察者本身之外的时间体系的存在（人之共同存有），是以其所谓：本体界永远的瞬间世界——永恒的现在，当然是错误的推理。

永恒并非无时间，而是超越时间；时间的超越，即为时空体系的自由转换。客观时空所描述的时空系统，存在于现象界。主观时空所描述的时空体系，存在于生活场（S-G）。本质上，除非结构此时空体系的“能”，有了系统性的转变（例如速度），否则时间与空间是不可压缩、膨胀、转化或改变的。人类凭其P-G与S-G所运作的主观时空系统，只能超越时间与空间，而非改变时间与空间。主观时空于P-G与S-G之自由转换，只限存于超越界，这是传统时空论力所未逮（能力做不到）之处。所以，对本体界自身而言，并无所谓“时间”与“空间”。时间与空间存在于现象界，个体对现象界的透视而发现了本体界。故时空以本体界为对象，以现象界为内容，而以生活场和意向界为时空之超越界。

时空三相的合而为一，虽然是否定的。可是时空内容（事件）的三位一体，以及相互交涉的运作，却是肯定的，而且在人类生活中扮演极其重要的角色。也因此，我们必须进入知识论的领域，对人之历史性和整体性作一番深切的探讨。

知识论

小团体动力学的知识论，企图以知识心理学和知识形上学的融通，来开辟哲学之知识论的新领域。知识论史上，知识论与本体论的关系，从洛克起就若即若离分合不定；直到康德才以“物自体”，把本体论完全地割离。胡塞尔现象学——存在和本质的Negation（反面、对立面），则又转出海德格于本体论与时空论之融通的努力。这些历程的启示，使得小团体动力学的知识论，在整个小团体动力学之哲学的系统里，成为小团体动力学宇宙论与本体论汇通的枢纽。

一、定位

知识，是一种描述（语言、文字、图像或符号）或理解，以symbol（象征，标志）指向object（物体、目标）。知识的建构更代表着，本体界可以"指涉"之"结构"的摄得，为"人"所摄得。每一个文明人（相对于初民）刚一出世，即已面对着知识的世界。本体论中人与世界的对立，在知识论中可以转换为人与知识的对立来讨论。

图5-1是知识论的模型，A所讨论的是，契入知识之人的条件与内在历程？如：康德和黑格尔。B所讨论的是，何谓真的知识？条件与历程？如：逻辑实证论者与科学哲学。C所讨论的是，人之条件？知识之条件？如胡塞尔、笛卡尔与洛克。D则代表着，人对知识自立体的发现、重现，及二者关系的探讨，如：马克思与诠释学派。E所讨论的是，知识与社会的交互影响，如：知识社会学。

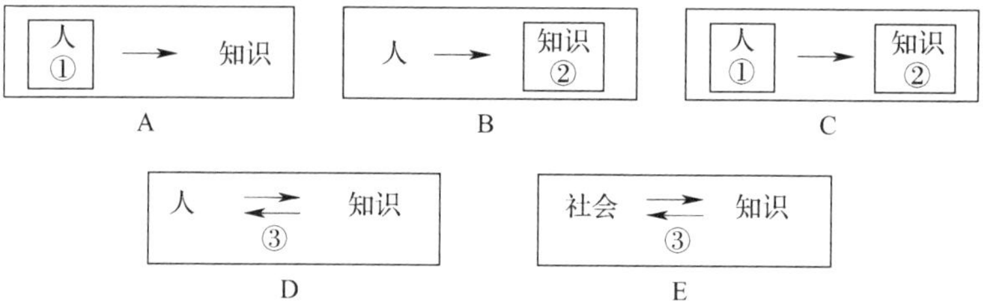

图 5-1 知识论的模型

就小团体动力学的知识论而言，所关切的并非人与世界的对立如何建构出知识？知识如何可能？知识如何为真？而是定焦（关注）于人与知识的关系，和二者交涉的本质，并以本体论和时空论的融通，来回答上述的问题。

知识所指涉的 object（目标、对象），就其本身之整体 Gestalt 而言，自有其 figure-ground（图形背景）的配置，subject（主题）的认知（即知识的建构），则可能发生另种 figure-ground 的配置。且在同一个 here & now，相同的 object 在同一 object 不同的层面，可能产生不同的 Gestalt，并且二者皆为真。例如，认知生理结构体上，所登录的 A 与 B，当心理 Gestalt 将之结构为 AB 此一 unit（单位、单元）时，其认知生理结构体所登录的，却只是 A 与 B 的 join（接合，连接）、connect（连接，联结）；或 combine（使结合；使化合）——A B。亦即，B-G 的 1+1，在 P-G 可能变成 1，在 S-G 更可能变成∞。必须重视的是，这些都是 reality（现实、实际、真实）都是 truth（真理、真相）。也就是说，社会心理学知识论之知识的 reality 并非“唯一”，即 social reality（社会现实）和 psychology reality（心理现实）二者可以并存。有内外表里之分与互动之实，是连贯的但属不同层次，各有不同功能，表象上可为不同的goal（目标、目的）而发生与运作。强求其一致或化约为任一，都是无所谓的。

假设A、B、C三者存在而自我展露，当A自识为A时，则A具认识与内省能力，且此能力随物种而有不同。当B为$\boxed{A}$所摄入而为$\triangle B$（$\boxed{A}\rightarrow\triangle B$）时，则可称$\boxed{A}$为主体，$\triangle B$为客体；且$\triangle B$为客体之现象，B为客体之本质。客体之存有，提供了材料及形式的可能性。主体之存在的材料与形式，则选择或决定了客体的形式（△）。当C自识为$\triangle C$，则$\boxed{A}\rightarrow\triangle C$相对于为不同的认知历程。客体C之现象（◇）不为$\boxed{A}$所决定或选择，而自具主体的位格；且$\boxed{A}\rightarrow\triangle C$可发展互为主体性，来保证其客观性。

主体被选择而成为现象，被摄入为现象而为客体时，其主体本身并未被改变。主动摄入对象之主体，也未曾创造现象；现象仍存在于主体，主体仍包含现象。现象根植于被摄入之主体，且以其部分或某些成分，而存于摄入者之主体。严格而论：并非现象不等于本质，导致无法接触主体，使得知识论无法成立；亦非现象全等于本质，使得知识当然成立。现象之客体是主体之本质的某部分或某些成分，可代表主体却不能说等于本质。所以，社会心理学知识论的建立，互为主体性之“本体”的接触，则在于：通过双方“整体性”和“历史性”的接触。因此，知识论的重点就转移到——个体要以什么方式，认知、诠释与互动对方的历史性与整体性呢？

二、事件与历史

人与物作用于时间与空间，即为——事件。在人类的生活里，“现在”不是指个体于客观时间的现时存有，而指的是个体于主观时间的存在。亦即所谓：个体于当前事件（背景）之同时存在。事件占有时空，事件的运作以客观的时空系统为原则。所以，对事件本体而言，必须遵循客观时间“一去不复返”的单向性和客观时空的刻板变化，见图5-2。

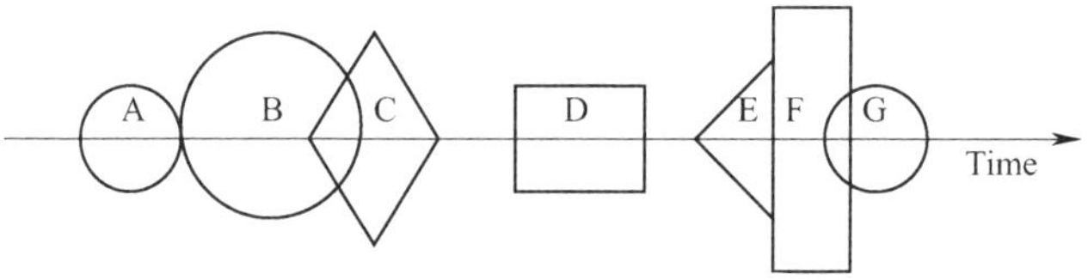

· 横轴为时间
· 事件A、B、C　　G以图形表示并区别
· 事件A、B、C　　G以图形之体积表示占有之空间

图 5-2　时空的事件模型

事件与时空的关系，类似于“串连”。事件之本体，于发生的瞬间随即灭亡。事件本体是无意义的，不可能停滞保存的。事件的意义，是由人之主体的单向性，在事件之前、后或当时所定义的。事件发生之后，就已消失而无法改变，存在的只有人之主体，对于（赋予）事件的“理念”（事件之理念即为知识之内容）。理念的存在，具有历史性，而且贯通于过去、现在、未来三个主观的时空相位。

事件发生之当时，或不能完全掌握于个体；但事件之后，理念的存有形态与内涵，却完全受个体所主宰。前提为：

- 个体对此人——事件之本质的认知。

• 此个体是自己的主人，能运作其主体性。

人之所以可被他人控制或影响，即在于：

1. 事件之控制

2. 理念之控制

这类人往往带有宿命论的色彩，若是人为事件之控制，则易引起个体强烈的反抗；高级的影响力与控制力，都以2.为内涵。也因为2.的存在，理念才可超越时空地“改变”事件，所以人才可能被别人所影响或控制，人与人之间才会有交互作用，团体之内与之间才会有动力产生。

随着个体的成长与客观时间的进行，事件之理念累积而成为历史。历史的形成与塑造，包括有命定的非选择的成分，但是其意义与内涵，却是自由的。人类之伟大，不在于它具有历史，或具有创造力；而是人类能运用创造力，创造了历史又赋予自身的历史性。历史并非由事件所建构，而是由事件之理念所建构。这是历史哲学，更深层的精义所在。人之历史，代表着人存有的证明；因此人不可以抛弃历史，人不可以没有历史性。从变态行为的观察可以发现：当一个健忘症（amnesia）的患者，发现自己的历史消失不见时，他不会承认自己没有历史，而“重新”或“继续”他的生活；他会以焦急的态度，时刻以寻回过去——历史——为念，而孜孜不忘。

众多的哲学派别里，有现在取向者，有过去取向者，也有未来取向者，却从来不曾深入时空三相位的本质。存在主义者，把事件视为独立的，并没有多大的错误；但如同卡缪者，视历史为无意义，以未来存于历史之外为有意义，却错得一塌糊涂。未来取向者，总叫人忘了过去，抛弃历史，甚至把历史切割为各自分离的片断；可他们却忽略了，人不可能以“瞬间存在”的方式呈现而生活。

为什么未来取向论者，那么地惧怕过去？“瞬间存有”的纯粹客观时空切割，是为了杜绝历史（过去）于人的刻板限制。历史之刻板限制的观念，根源于其认定“过去”是不可改变的。论者不明历史的本质，错把事件视为历史的建构者，而不知历史实为事件之理念所建构。当我们了解人之历史性的真意——过去是可以改变的，且其意向性指向于将来。历史于人之刻板限制的观念，以及人之断片式存在的方法论，也就可以自动解除。

三、知识的真相

人又如何能经由历史性，而贯通其整体性呢？人与事件之理念，以及与时空系统的关系，见图 5-3。

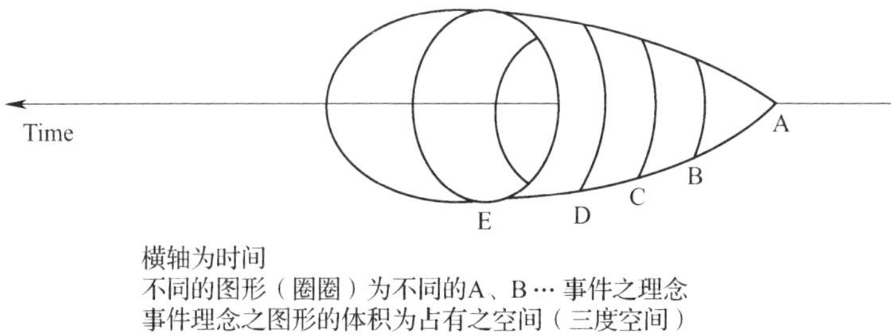

图 5-3 人之历史性的时空模型

在人类的生活里，心理 Gestalt 和精神 Gestalt，使得人之主体具备有意向性。就如胡塞尔所述，意向性是为意识的中心。此意向性的运作，即为意识的功能。事件之本体并非完全的独立，可由过去、现在、未来三时空模塑（雕塑、栽培）。事件之理念则伴随意向性的导引，使得事件成为时间与空间的形式，事件之理念即成为时间与空间的内容。随着客观时间的前进，每一继起的事件理念，都包含了前一事件的理念。使得每一事件理念，都包含了历史性的全部事件的整体。更使得时空体系的三个相位，在每一事件发生之时——here & now——客观地把时空系统的三个相位（过去、现在、未来）融合为一。所以，主观时空系统的三相位合一，经由 here & now 的作用，转化为客观时空系统的三相位合一。

Here & now——即为人之生活意向性的具象展露。Here & now，不但贯通于主、客观时空系统的三个相位，也巧妙完成了人之生活（life & living 生命与生活）中三个时空系统的合一。更把整体性和历史性，在个体的每一个现在（此时此地）贯穿为一，严谨地建构完成了真正的知识论。

人占有主观时空，也占有客观时空。由于客观时空对所有人而言，是一种共相的一致存有。所以，在世存有的每一个体，其存在地位与意义，都不能为任一个体所否定或逃避。人之历史性又以超越时空的方式，整体性地相互作用于 P-G & S-G，而经由 B-G 媒介，致使人与人之间的 Gestalt 有交互与结合作用。这种由在此之内的在世存有，到在此之外的独存，再超升于无内无外共世存有的过程，不仅只孕育了许多美妙的文哲思维，更是奠定人际互动与社会结构之可能的最基础原理。

本体论

小团体动力学本体论所处理的“有”，是定位于人之在世存有的存有。不是抽象的、纯粹的“存有”，而是人的有，在世界中人的存有。也就是说，此“有”如何来面对、建构、自识与运作于世界，以及彼此的关系、方法与形态等。亦即，我们必须宣称，小团体动力学之本体论与宇宙论的合一——人与世界关系的凸显。

一、定位

小团体动力学的本体论，以“人—世界”的关系为重心。人—世界的模式，包含了人—物、人—人和人—事的关系。此模式的“人”，指的是每一个独立个体。每一个独立个体（每个人）刚一出生就领有一个自属的世界。每一个我，都拥有一个真实的“我世界”。随着个体的发展，其自属之世界则逐渐开展。我世界在本质上，是以自我为出发点，并以自我成长为中心。个体发展的过程中，表象上若以他人为我世界的中心，则会导致个体于我世界的本体矛盾与冲突。

“人—世界”，可视为个体的“我—我世界”Gestalt，与其他个体“我—我世界”Gestalt的共同存有，而为现象世界的Gestalt的部分Gestalt。每一个我—我世界Gestalt都是新生的，都重新开始。所以就本体论而言，每一个我—我世界都是独立的。在现象界里，有多少个“我”就有多少个不同的“我世界”。此即宣示了人类之“孤独感”

是必然的存有，是不可逃避的。对待以逃避的态度，或企图剥夺此孤独感，则变成个体对其存有的自我毁灭。必须先允许其存在的必然性，再于P-G与S-G中，以超越的方法论来解决。

生物学与动物行为学的考察，发现人之本质——生理Gestalt的进化，是相当的迟缓。缓慢得以致于人类本身无法觉察，几乎无法捕捉进化的历程而予以利用。每一时代的每一个人，所努力与所能努力的，也只是人的现象——文化的进化。前一代人的现象进化，固然可以凝聚为风俗和文化，而以文字、符号和音乐、戏剧、建筑等艺术形态流传于下一代。当代人的现象的进化，固然可以凝聚为潮流与风尚，而由各种传播媒介影响及于大众。可是，出现于每一个当代的每一个人，其本质都相同而永葆“常新”。文化的进化只能留存于现象界，只能进入人之现象的领域，而无法进入人之本质的内里。若从现象观之，人类行为的历史似乎是进化的，而从本质观之，人类行为的本质却是不变的。

人一世界的关系与相对待的过程，无法经由环境现象、他人的经验或任一个别人所替代的。每一个“我”都只能也必须从个体本身出发，自行建构起自属的我世界。这种本质上不可替代的过程，透发出人的主体性、责任感与自尊心。所以每一个个体，都不甘为他人所塑造、控制或取代，甚至凭借此“不甘”，反抗于世界之本体。

人之本质，是宿命的、命定的。人之现象，是进化的、超越的。人之本质于出生后，必然导向毁灭而不复存在。人之现象于本质灭亡之后，却可超越时空体系，而留存影响及于“永远”。每一个当代，都有奋起之人，力求人之现象的进化——创造更深刻博美的文化。且在人之历史性，以及现象世界的交融之中，自觉其使命与文化传承的责任。但是，当其谆谆致力于自诩的“人之改造”时，却不知其所致力的，只是现象的超越与改造。历史上每一个奋起之人，都只能致力于人之现象的进化，传播现象进化的果实给众生；却不能明示众生，人之本质与人之现象的分际，使得两者混淆为一。又令人类之行为，在妄求“本质之超越”，或“现象之宿命”的迷惘之中，被之蚕茧而不得自由。不但束缚了人一世界 Gestalt 的成长，也迫使人之现象的进化停滞不前，甚至歪曲退返（人之本质——B-G 的改造，实为遗传工程学、生物学、生理学和医学的范畴）。

二、四个场界

人一世界之于本体论中，经由人之 B-G、P-G、S-G 的抉择，可分成四个层面，如图 5-4 所示。

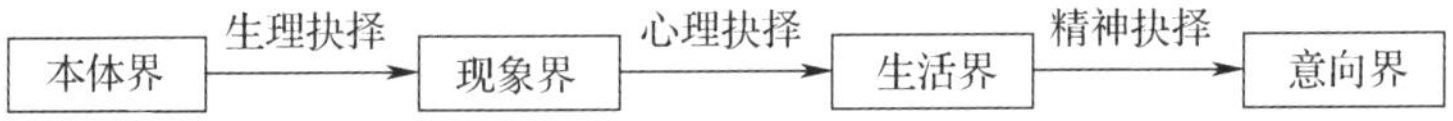

图 5-4　人一世界的抉择模型

对人而言，本体界可思而不可及，可感而不可见。我们只能“知道它在哪里”，而予以存而不论。哲学的任务，在于明了本体界与现象界的相隔与限制。至于本体界的生成之理，则为天文学和物理学的范畴。究竟而言，我们必须承认本体界的存有。不然的话，我们所生活的现象界，即无立足之处。

本体界经由不同物种之生理 Gestalt 的自动抉择，而出现各个不同的现象界。鱼、狗、鸟、人与昆虫的现象界，都各不相同。人之现象界大抵相同，但又随着个体生理 Gestalt 的细微差异，而有若干的不同。例：机体（organization）残障如失聪或失明者，其现象界即与正常人不同。现象虽然受限制于本体界，现象界却可以改变或进化。因为现象界的内容，是由个体之生理结构所决定的。不过，更进一层地深究，现象仍是命定的。当我生而为人之时，我就是拥有人之现象界。除非我自残而为瞎、聋、哑，以之为对命定的反抗。可是，这又何尝脱离了本质的命定呢？

人永远接触不到本体界，本体界的存有，只能被思维。人类的处境就好比“金手指的国王”。这国王（任一个体）以其手指（个体之生理 Gestalt）所接触的一切（本体），都变成了金（现象）。甚至于触及他的女儿——其自体延长之综合，实即国王自己——也变成了金的。这是人类的自省，反身自我观照时发现的一大难题。最值得思维又令人痴迷的是，人类的一个天大的窘境——国王敢不敢直接触摸他自己。这是人类对其自身存有之哲学思维，最大最根本的难题——必然的痛苦。

现象界经由个体（不同的）心理 Gestalt 的自动抉择，而呈现给我世界各个不同的生活场，每个人的生活场，彼此间是差异的，或也有些共相。个体自身之生活场，随着各个苦乐之际的动机、情绪之变化而变化。但是生活场的递变，却仍脱离不了现象界的限制。因此，以心理为 Gestalt 为生活中心者，内心的根本意识仍为——人是被限制的。因此陷身于 P-G 的限制里，只知道逐乐避苦地过其一生。

生活场经由个体（不同的）精神 Gestalt 的主体选择，而呈现给我世界各个不同的意向界。意向界可凝固留存，也具备超越生活场、现象界和本体界的能力。在人之生活中，占有最高级的指导原则。

人于现象界，以个体之生存为原则，并以个体为中心，开展出各自的宇宙观——时空体系。所以自我中心式之我世界，和求生存之本能（因为其本质所命定，故称之为本能），成为人类生活最原始的根本基础。

人之于生活场，以避苦趋乐为原则。避苦，是求生存的衍生伸展开来。趋乐，为延续生命的衍伸。避苦—趋乐之间的行为转化过程，即为心理 Gestalt 的运作功能。弗洛伊德所谓“死之本能”，其实是避苦原则于生活场与现象界的命定，所导致的极端反向行为。“人性本懒”和“工作人生”的指标，可说是讥讽却也是事实。此二者皆为快乐原则，于生活场与现象界之命定限制下，变通式的运作方式。

人之于意向界，以绝对的意义性和创造力为原则。在人的机体功能结构里，S-G ⊃ P-G ⊃ B-G。意义性之所及，苦乐与存在原则都可弃而不顾。S-G 占有时空，又超越时空。冲创意志之所及，即透发出人类的自由性与仁的道德性。

总之，在人—世界的系统里，最重要的前提是——现象于此四个层次的归类定位。不论是物种之间行为的比较，或是物种之内行为的研究，都必须在确实的定位之后，才允许继续探讨。否则的话，把四个场界混淆为一，再把欲讨论之行为放进去“研究”，当然是冲突、矛盾而错误百出了。

三、人与物

中国神话的资料里，诸人的形象都为人兽之混合。例如：女娲为人首蛇身，神农为牛头人身，勾芒为人首鸟身，英招神为人面马身虎纹鸟翼。人与物的关系，有人化为物，例如：女尸化草，涂山女化为石。有物化为物，例如夸父弃杖化为邓林，蚩尤弃桎化为枫林。有物启化于人，例如：禹母吞薏苡生禹，舜母感大虹生舜。都暗示了，人物相通的关系。几乎每个种族，都具有图腾文化的历史。图腾文化所展露的，即为物性→人性的过程。图腾托生神话的普遍存在，所暗示的不仅是物种→人种的演化观，也暗示了物性→人性的摄入历程。就宇宙论和本体论观之，物与心皆为能之展露。就现象界而观之，一为能之凝聚，一为能之凝聚后的功能性运作。“民吾同胞物吾兴也”（人们是我的兄弟，动物（万物）是我的朋友）的理念，即为P-G与S-G于其B-G与时空本体的返身观照。

人与物的关系是极为亲密的，所谓“仰则观象于天，俯则观法于地，观鸟兽之文与地之宜，近取诸身，远取诸物，于是始作八卦，以通神明之德，以类万物之情”（仰头观察天象，低头观察地理，观看鸟兽的斑纹和土地所宜，近处取自于自身，远处取自于万物，于是开始创作八卦，用来领会神明的道德，用来表达万物的情状）。以“天行健”——物的现象，来促动人——“君子以自强不息”，当作人类生活的准绳。人类运作其P-G & S-G，在森罗万物的现象之中，摄取——“天之性”，再与之相合拍。而今，更深入于物的本质之内，一方面增益人类的生活，一方面将人之意向性，指向本体界——“能”的真相。

人与物的相融或对抗，正是中西哲学的分野所在。微视分析和巨视分析的方法论，运作于人之现象（尤其指精神），开发出人之哲学。两种方法差异的分配量和处理对象的重心不同，则有东西方哲学之别。人与物的相融或对抗，谁对谁错呢？以人类的历史为实验过程，实验的结果会告诉我们答案。

物质科学的高度发展，成为今天人类生活的主流（至少表面上是如此，且此表象无法逃避，除非个体逃至深山或原始丛林）。人—物的关系，却逐渐地暴露，而威胁人类的生活。人类可以随心所欲地买他需要的或不需要的任何东西（物），只要他有钱。也可以随心所欲地抛弃或打破任何东西，因为损失的也不过是几个“钱”而已。人—物的关系，已被人—钱的关系所打破并取代。所以才会有“购物狂”、“疏离的消费者”等现象出现。垃圾，其实可以不必那么多的。人与物的疏离，用完即丢的纸杯、纸衣、罐子……，甚或视“物”为“用完”即可“丢”的“废物”，制造了超量的垃圾。人类面对这些垃圾时，除了为处理的问题烦恼之外，还应该想到些什么呢？

用完即丢的方法论，使得物变成了垃圾。更严重的是，特性→人性的主动摄入，是人类 P-G & S-G 的运作功能。于是乎，人与人之间也就产生了用完即丢——人变成垃圾的现象出现。因此，在人—物相对待的基本关系形态上，人—物之对抗已暴露其缺点，或许人类应该在微视分析于物的继续运作下，将人—物的关系修正为“物吾与也”，人—物相融的东方模式。

四、人与自己

人与自己的关系，是本体论自我思考的一大难题。个体凝视镜子时，除了镜外能思的我外，还有镜内形象的我；形象我的瞳孔之内，又有两个无以名之的我（或称为精神我）凝视而回。再又发现，镜外的我以及镜内形象的我，都只是所思的我。我们习用“一”个人，来称呼自己。可是人于自省之际，却又发现B-G、P-G与S-G，都各自领有一个“我”。这三个“我”都各自独立，却又相互交涉结合为一体。

人在本质上，是三位一体的存有。形上学对人之本质的通透认知，是个体自我了解所必经的第一步。所谓“人格解组”，即为人之本质三位一体的破坏。变态行为里“多重人格”的出现，其于人类本质与形上学的基础或在于此。若只把自己（人）看成“一个我”，则于人之展露时，这“一个我”所感受的错综、矛盾、荒谬不解等“事实”，也就不可避免了。在“一个我”的前提之下，除非个体不作深刻的自省，否则个体不得不趋向自我矛盾、自我排斥、自我否定甚或自我毁灭的途径。所以每一个我，于我世界的自省，以及与其他我世界的交涉之时，都必须对人之本质——三位一体的我，有透彻的了解，才不致自误误人，而有害于人之现象的演进。

事件，为生活场中具体的认知内容。事件本身，是没有意义的。“空……因缘所生之法，究竟无实体”。这句话来形容人一事件的关系最恰当不过了。事件之所以有影响力，是个体于事件发生之前、之中与之后，对事件认知时所赋予的意义。人于生活场中对自己的认知，经由时间性与空间性，可分为三个层次，见图5-5。

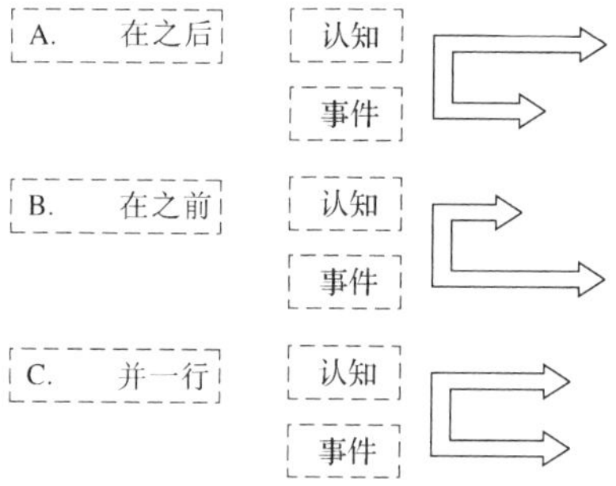

图 5-5 自我认知的时空模型

A 层次的人以过去事件的经验，检查规范现在事件处理的原则与成败的期望。或以未来事件失败的可能性，来规范现在事件的处理原则与价值。A 层次的人，喜欢以过去、未来二相的因果论来活在“虚幻”的现在。

B 层次的人，是归因论者。总在事后，才依成败进行内外在的归因。事件发生的“现在”，却大都懵懂无知而随外力运动。

C 层次的人，不执过去、未来二相，而当下即是的生活在 here & now。了解当下人之 H-G 与“H-G”的对话，才是真实的自己与真正的价值；不先验于过去历史之因果，也不归咎于环境之变迁。C 层次的人，观照与承认每一个当下的我，为自己当下的行为“自负全责”。小团体动力学（例如：T-Group），所能致力之处，首在于三个层次的认知，以及 B 层次的凸显与运作。即 here & now（与现在）的 self awareness（自我意识、自我觉察）上述本体的对话，则为 leader（领导者、领袖）的职责所在。

人性论

古今中外的人性论史，不外性善、性恶、有善有恶和无善无恶四大类。这四种论说不是弊于此，就是失于彼而杂沓混乱。总而言之，则为对人之机体结构，B-G、P-G & S-G 的无知与混淆所致。小团体动力学的人性论，先肯定——人之本质为三位一体的存有，再由 B-G、P-G & S-G 三个层次出发，在人一世界的本体基础上，建立一个完整而具体的真正人性论。

一、定位

遵中庸、易传而生的“天地之性”，循孟子仁义内在而发的“善心之性”，以及由告子而归流于程朱的“气质之性”；就如牟宗三先生所论，代表中国人性论的三大主流。其实，这三种论法分则皆诬，合则全善。天地之性，配对 S-G 而生。善心之性，配对 P-G 而发。气质之性，则配对 B-G 而出，如图 5-6 所示。

人之整体	天地之性	→ S-G< 意义 >< 超越的 >
	善心之性	→ P-G< 苦乐 >< 转换的 >
	气质之性	→ B-G< 生存 >< 基础的 >

图 5-6　人性的格式塔模型

气质之性植根于现象界，善心之性抽芽于生活场，天地之性则于意向界返涵生活场与现象界。“人心不同各如其面”，这个人心指的即为气质之性。天地之性为物质——“能”的普遍原理，不具差别相。但于人之主动摄取过程，天地之性落实于人之机体结构时，却因生理结构、优势 Gestalt 与其型态的差异，使得气质之性各具“殊相”。但这“殊相”之内，又因人之生物设计的共通性——个体于现象界绝对疏离的基本现象，使得气质之性以自我的生存——绝对的自我中心定位——为其基本原则。致使人与气质之性可能相似，却难以相融互通。人与人之相融互通，只能在天地之性与善心之性完成，所以人之向上提升的过程是为必须。

自我中心定位的思考与生活样式，是每个个体必然采取的途径。当自我中心定位消失、混淆或自我扩散于全体时，轻者呈现矛盾、冲突或冷漠、封闭的苦痛；重者则呈现病态异常行为，我世界与人格解组，或人一世界变态地彼此挤压与围迫。真正的爱恋里，个体必然经历“绝对脱离自我”的过程。此时个体会极易被伤害，而有“自己消失了”——“自己在对方之内死去”的感觉：这是我世界之自我中心定位，被对方的自我取代所造成的后果。可见自我中心定位，是人类自我防卫的发源所在。

二、B-G 与自卑

人类最普遍、最根本、最原始、影响深远而又隐藏得最隐密的，也是最初、最后、最内里、最深层的“自卑”，即起源于气质之性——个体对自身“机体状态”（生理机能）之残缺或无能的自识。初民的社会中，人类的 P-G & S-G 还无法功能性地运作，所以也还没有高级的文化出现。此时纯以 B-G 为社会的基质，在争取自我生存的动力之下，使得人与人之间呈现出“优胜劣败、物竞天择”的社会规律。亦即，以 B-G 的强度——肌肉能的强弱，模塑出人之社会最原始的权力体系。这种生理权力体系下的个体，其社会行为的表型，则出于自我防卫和攻击。每个个体都必须向世界（个体本身之外的一切）展露其能力（肌肉能）——I-Can，以证明“我是存在的”及“我有存在的能力”。当个体无法展露其能力，或于生理机能的竞争中处于劣势时，被其他个体所打败而为弱者。此个体的生理 Gestalt 则呈瘫痪或无能状，而于心理 Gestalt 自识为“自卑”——我是不适宜存在的。所以，自卑于形上学而论，实为个体于我世界的破产，以及人—世界关系的瓦解。

只要具备有 B-G，就必然存在生理的权力体系，也必然会拥有自卑。人类虽然运作其 P-G & S-G，而开展出高级的文化，使得人际社会的权力体系，变得五花八门、多彩多姿，例如：金钱、学问、年龄、职级等尊卑长幼的权力体系。但是，这些文明的权力体系，只是超越性的涵盖而已，未曾也不能消灭原始的生理权力体系。

对每个新的生命而言，世界都重新开始，也和他一起成长。只要 B-G 存在个体之内，人永远是自卑的。一个幼儿的成长，必然遵循 B-G → P-G → S-G 次第而进。所以最原始的（生理的）自卑，必然模塑于獐的发展过程。而小孩子发展过程中教育的功能，即在于“文明性”权力体系的有效建立。

个体若在发展过程中，有效地建立起文明的权力体系，此权力体系的美称即价值体系，则个体可将其自卑与生理权力体系，隐蛰于自身的现象界之内。并于生活场中转化为社会形态出现，且以自身所选定的文明的权力体系（价值体系）为对象，而以之为终生追求的目标。一方面以此权力体系的成功（胜利），自证其存在性与能力；一方面又以之为遮盖或补偿其原始的、内存于个体之内秘密的自卑。

自卑的表现形式相当的繁杂，文明权力体系所产生的各种自卑，都只是次级的、表象的自卑。对个体本身而言，这并不是最重要的，这只是借口或掩饰。其所最为关注而不为人知的，还是归结于个体在现象界的原始自卑——生理 Gestalt 的无能。人们所以会卖命地在文明的权力体系中奋斗，原因即在于这是个体存在于世界的最后竞赛与挣扎。

三、竞争

个体若在发展过程中，未能建立文明的权力体系，或于文明权力体系中，遭受现象界或生活场中人为或环境的严酷逼迫，或是文明的权力体系，已无法解决其所面临的困扰，则就如小孩子打架，“不良”成年、青年、少年的暴力行为、黑社会帮派比狠械斗和世界大战中人之现象的展露，一概皆以原始的生理权力体系为运作的原则。也因此，于此现象中的个体或团体，其自卑都暴露得极为明显。更因为此原始自卑的暴露，使得个体或团体间不接触则已，一接触则必然触及双方原始的自卑，直接威胁于个体或团体的存在性、安全感与能力，所以易于（必然）导致紧张状态的崩裂。

对于人类行为的调适与生活难题的解决，专业性或非专业性的援助者，不必对其生活场之行为现象或纯理念逻辑多做探索。而应直接由 here & now 出发，深入其自身机体状态的自我观念和评价，对其原始生理权力体系的发展状态，作历史性和整体性的了解，即可取得“病源”。此病源，通常是个体对“人性中必然的自卑”，无法予以正面肯定和积极地利用（如结合于爱或孤独而巧妙地激发出创造力），而予以否定或逃避所致。当然，于上述的助人过程中，个体之间专业或非专业的助人关系之建立，建立稳固而深切的形上学之助人关系（详述于社会心理学咨商理论），是必需的先决条件。否则的话，甫接触即切入对方的存在本体，助人行为必然遭受强大的抗拒，甚或导致其更深一层的自我否定与逃避。

个体 B-G 求生存的能力，所展露于现象界的基本行为，即为防卫与攻击。人类之表现欲，所要表现的即为个体的能力。个体之 B-G 与 P-G 结合，于 P-G 有表现欲的驱力，使得 B-G 可以不受限制且有助力的表现其能力，以自证其存在。肌肉能和传动器官的强健，为原级表现欲的内涵。人类演化至今，又于文明中发展出次级表现欲——即所谓的自我实现，并以肌肉能和传动器官的健美（例如：选美会、健美先生、体育明星、运动会），或 P-G & S-G 的运作功能（例如角色、道德、工作、才艺……之成就）为内涵。

“竞争”的深层意义，是个体间谁具有“更适宜生存之能力”的比较与证明。肌肉能强弱的比较，是最基层最原始的内涵。个体的发展过程，儿童—少年期首先接触的，即为这种原始的肌肉能竞赛。输赢之间往往影响个体的一生，表象上是面子或自尊，而内里却是“不如人”——我是不适宜存在的→我没有存在的能力→我是不存在的。

文明的权力体系建立之后，原级的肌肉能竞争也隐蛰于个体之内，而以社会所允许的次级文明性来竞争。所以运动会、竞赛性的游戏和种种的比赛，或公开或秘密的存在于人类社会，也为人们所喜好。这也就是面临比赛时，个体会部分或整个兴奋起来，而有极端“异常”之趋避行为反应的原因。

（竞争之后）个体为求继续生存，而以其他个体为榜样，学习自己所没有的或更好的能力，即为——模仿；或者其 P-G & S-G 结合，自行发展新的更有效能的能力，即为——创造。所以，创造与模仿之为人性之本能，实为人之 B-G 为延续其生存的结果。

四、P-G 与苦乐

B-G 只能命定于生存的渴求，而又令生存趋向于必然的毁灭。P-G 以 B-G 为基础发展而成，却于生之本能开出苦乐两个层面，使得个体在苦乐之际得以自由转换，而对生灭的原则（命定性局限）有了若干的主体性涉入。更为重要的是，将苦乐与 S-G 结合，而于意向界与生活场的交涉中，开发出人的善心之性，又在意向界中完成了仁的道德性。

天地之性（S-G）无所谓善恶，气质之性（B-G）也无所谓善恶。但是“天地不仁”、“无善无恶心之体”，本体界的天命通过现象界，而落实于生活场之后，却因为人之要求生命的存在、延续和快乐，使得个体避免或不愿意造成，对生命的存在、快乐与延续有所威胁或破坏的行为或意识。足以威胁或破坏生命的存在，导致痛苦而无法继续繁衍生命的行为或意识，即称之为——恶。个体不愿为恶之心，相对性的道德意识与行为，即为善心之性。善心之性如何在意向界中，完成仁的道德性呢？这个问题留待其与S-G天地之性交涉处论述。先就善心之性所秉，P-G的苦乐原则详细讨论。快乐和痛苦，几乎涵盖了生命的全部历程。几千年来古今中外的哲学史中，人性论的发源和人性修养的方法论，都出自于苦乐二字。也因为对苦乐未能明辨，使得数千年来人类的哲学史，一直蒙着眼、绕着圈子，无法到达人性的彼岸。

个体与母体之内，即有被包容的“子宫感”的诱导性制约学习，此为出生前先于认知的快感经验。个体出生后的快感原则，则经由母亲长期的主动性亲密爱抚、拥抱和哺乳经验制约而成。痛苦，源出于个体产道的“出生经验”。源于出生历程的痛苦，绝非子宫之快乐经验的剥夺，而是对个体生命存在的威胁。如果痛苦只是源于对子宫内快乐经验的剥夺，则痛苦的定义就变成——不是快乐。我问：我们可以讲“不是快乐＝痛苦”或“不是痛苦＝快乐”吗？二者之间还有“不苦不乐”的层次存在，是不容否定的。

人之于现象界，必然要求其于世界的存在与继续存在，这是个体最原始、最根本的动力源头。痛苦，是对个体生命的威胁，不利于个体的生存。快乐，则有益于生命的存在，并使存在得以延伸者。于是二者之间，遂有避苦趋乐的生活场律存在。避苦—趋乐之间的转化过程，即为P-G的运作功能。

我们是为了什么目的，而流转于避苦趋乐之分界呢？

1. 为了追求快乐而追求快乐？

2. 为了追求快乐而逃避痛苦？

3. 为了逃避痛苦而追求快乐？

4. 为了逃避痛苦而逃避痛苦?

循上文的论述而下，避苦趋乐的本质，必然是1和4。但是，某些哲学与宗教思维的人性探讨者，选择了2和3，即以不快乐=痛苦为定义，而使得人性的研究陷于绝境。

避苦趋乐，是人活在生活场的基本设限。人性论的哲学思维，消极上固然在寻求避苦趋乐的真相；却更应积极地提升起苦乐两极的中际，被遗忘、忽略或舍弃的——不苦不乐境界的超升。企求人于生活场的超越，而不自限于避苦趋乐，心为形役的反复追求。

历来的哲学思维，有从生命之正向入手者，有从生命之负向入手者——总而言之皆可称为痛苦哲学。此些哲学的践行者，只能一起“一厢情愿”地，在意向界获取意义性与价值感，而得到“快乐”或“欣慰”。其于生活场中，大抵都须痛苦地过日子。在中国、印度和西方哲学里，都曾出现过少数的快乐学派，只可惜都被当权派的传统势力所铲除。

“幸福不是一切，人还有责任。”这句话堂皇地出自卡缪之口，也代表了传统哲学（有史以来的大多数“正统”）重视人之责任性、意义性与价值性的中心思想。可是，当幸福与责任为双趋冲突的存在时，人又该如何抉择呢？传统哲学把“人之意向性对限制的反抗”，投注在痛苦之上而企图予以剥夺，以为生命力趋向建设性的基础。但是，痛苦是由本体界而现象界而生活场层层而下的，所赋予人的系统性的基本设限。痛苦之必然性以及不可剥夺性，却为论者所未见。对痛苦的反抗与剥夺，就等于对自己本体的反抗与剥夺，必然遭受个体自身主体性的自动反抗，导致更残酷的苦痛或自杀式毁灭。所以论者只能抓到苦痛、抓到荒谬，只能经由精神Gestalt转化为暗含“无奈”的，“知其不可而为”，或是薛西佛斯式的“价值、责任与意义”来加以理由化和自我补偿。快乐与幸福也就与其生活脱离，甚至为所舍弃、唾弃。这种“避苦不趋乐”的思想形态，以没有痛苦＝最大快乐，作为最终目标的哲学思维，正是东西方哲学史上一大传统错误。

五、方法论之一——外字诀

传统的哲学流派，都以“外”字诀为其方法论。庄子，大宗师篇，“……外天下……外物……外生……朝彻……见独……无古今……不生不死”之论，可为代表。不是节欲就是寡欲，不是断欲就是绝欲。这个欲字就是物欲、人欲，即享乐之欲。有史以来的哲学体系，就此暴露其理论的共同错误：论者于理念上，先拒绝快乐，视快乐为短暂、无常，甚或导向堕落的存在。视痛苦为长久、有常，甚且以之为超越价值与意义的唯一途径。个体为求生命的延续，追求更美好的生活，则必须追求快乐，于此却为所阻断。一方面逃避痛苦、拒绝痛苦的存有，另一方面却又以痛苦为生命之反抗的镖靶，视痛苦为意义性的垫脚石。以至于为了完成个体意义性的追求，痛苦就不得不继续存在。对个体而言，痛苦本身是第一层的痛苦；痛苦之不可剥夺，而又拒绝其存在，是第二层的痛苦；一面拒绝痛苦，却又一面抓住痛苦当宝贝不放，是第三层的痛苦；个体面对这些痛苦的交互、结合作用，而以痛苦为痛苦，则为第四层的痛苦。至此，论者才“承认”说，为了追求精神的“最高”满足，人生最高意义与价值的完成——真正的脱离痛苦；则在超升的过程中，必须接受痛苦，而由痛苦的磨砺中超越痛苦，直抵没有痛苦的境界后，方可获取最大的快乐（不痛苦 = 快乐）。于是，又有苦修学派的出现。而这些苦行者的生活，当然并不美满快乐，也当然都成为绝子绝孙的独身者。要谈生命的具体延续（创造宇宙继起的生命），也就无言相对及身而亡了。

传统哲学的快乐是指没有痛苦，却不敢直接去面对痛苦。企求没有痛苦，已经是致命大伤，却又为了拒绝痛苦而死抓住痛苦。始终不敢承认痛苦的必然存有，直到满身巨创不得不面对痛苦了，还不死心地想“最后”将会没有痛苦。在整个生命过程中，舍弃了生活场实质的快乐，却朝夕憧憬着意向界“完全没有痛苦 = 最大的快乐”。于是在世界赋予的人原有苦痛之外，又以苦痛为痛苦，而使个体主动地招惹许多不必要的痛苦。可恨的是，这些痛苦较之原有的痛苦，更令人痛苦（此所谓：自作孽不可活）。

不能接受必然的痛苦，而以痛苦为“苦”的结果，则“自制”了另一层更深的“苦痛”。困扰人类最为深巨的，一直是 P-G 与 S-G 所自制的第 2 ~ n 层苦痛，而非命定的第一层苦痛。但是，人类却一直未能醒悟，自以为是为了命定的苦痛而受苦，一方面继续以苦为苦，而自寻烦恼；另一方面又把责任推诸于已身之外，把本体的自由性与不甘和抗拒，定焦在必然的苦痛与命定之中。于是，以子之矛攻子之盾；使得有史以来，主流哲学思维所引导的人类行为，充满了苦痛和矛盾。

在上述的情况下，快乐之于人，已如冬阳般地珍贵、可爱。可是，却还有人会提醒你“别急”，这快乐有没有意义？没有意义的快乐——嗟来食，不吃。这都是对快乐本质与关系的无知和对人之 B-G 与 P-G 的舍弃所致。必须再强调的是，S-G 只能超越 P-G 与 B-G，绝对无法毁灭 P-G 与 B-G。精神必须落实于肉体之上，而交互于心理之中。当精神舍弃了肉体，兀自盘空而上时，已置人于残缺之境，永远也无法成就人性之美。

人之于生活场，首先要承认痛苦存在的地位与价值。“呵！（老友）你来了！请进请进，坐，别客气！”接受痛苦，不为痛苦而痛苦。而安静地、好奇地、爱怜地，尤其是喜乐地观看、欣赏、抚触、体会和享受痛苦。人之于必然的苦痛，就好比掉入流沙或系满倒刺金钩的罗网一样。千万不可擅动，越动越反抗，则陷入越深受创越剧。老子“无为”之精义，实在是慧见于此啊！

在确立面对苦痛的态度之后，人们就可以把“人之反抗”从痛苦的身上抽回。将此“反抗”直接指向，世界予人之限制的超越，而非指向此限制和（尤其是）造成的“痛苦”，亦即主动性之“冲创意志”直接作用于快乐与幸福的生活。由此，则引申出，“入”字诀的方法论。

六、方法论之二——入字诀

传统人性论所展开的方法论，谈性论由“外”字诀入手，以夺中和之本，概皆无能触及原始的深层自卑。小团体动力学形而上学的人性论，则以“入”字诀切进，入两极之端以得独，入极必反而得中和（已独→谦虚→恭敬→体众独→“群”众独→和）。于意向界完成人之伟大，而与人之深层自卑相应相成。

人具备 P-G & B-G，故展露于现象界与生活场时，不可不着相，也不可无有七情六欲。人之所以为人，即因人有七情六欲，而运作于过、现、未三相。空心绝相与无情断欲的方法论实施之后，即使可能，也不再是个人了。或许，不成人之后，真的有神、佛、基督或天使，诸魔外道等。但小团体动力学之哲学的人性论，奠基于人之B-G引申P-G，再由S-G之主体性返涵B-G与P-G，而结于人—世界自身的超越。所以不做人以外，任何抽象的空泛讨论。

论者所以主张不着相，是惧怕着相之后，为过、现、未三世所拘而执于相。可是人之现象的展露，在时空的坐标之下，却必定有过去相、现在相与未来相。解决的方法，已于知识论中详述，即以here & now之历史性与整体性的运作功能，贯穿三界以求三世俱现。入一切相，显一切相；是以明一切相，着一切相；而不执为现在相，不拘于过去相，不系于未来相（人性必然特化为人格，人格必定再分为角色。不固化于角色和人格，而致力于人性的回归，即为解决之道）。论者所以主张离情寡欲与无情绝欲，是惧怕逐情堕欲而无法自拔。但是，人之有B-G & P-G就不可无情无欲。“外”字诀离情舍欲的方法论，只能激起个体自身主体性的自动反抗。S-G在绝对意义性的高压之下，也只能迫使个体越加矛盾、痛苦。

中庸之道，明示了“执两用中”的方法论。可是历来言中和者，却都舍弃执两。不执两端又怎识得什么是中和之体呢？更遑论运作中和之体了。此中和之体，亦即为苦乐两极之际的中间变项——不苦不乐的境界。个体对于苦乐的本质与关系，有深切的了解之后，不以不乐为苦，且不以苦为苦。故不避苦而深入于苦，不避乐而深入于乐。不离两端而入于两端，身执二相同时并进，则夺得中和之体，以善尽七情六欲而不逐情堕欲。传统的错误在于——偏执一端或两端俱舍，或明执暗舍或暗执明舍，以致中和之道不可得而逐情堕欲。

人性论之方法论“入”、“外”字诀的运作，还须在人 -- 物关系中讨论，天行健→君子以自强不息，物性→人性的摄入过程，是个体P-G与S-G的运作功能。天地之性的成就即由人之S-G的主动摄入而来。天地之性虽然着相于现象界，即由意向界通过生活场的主动摄入而完成。所以天地之性具有永恒性，除了占有时间与空间之外，还能超越时间与空间，更可以返回现象界和生活场于意向界。

中国传统哲学思想里，人与物并非对立存有，而是融会相通的。人生哲学追索的过程中，中国人也一直希冀着天人合一的理想。中庸之学，诚→尽性→尽人性→尽物性→赞化天地→参天地。这种尽人性而后尽物性的论法，代表着数千年来方法论的指导原则。人一世界先二分为：人与物。因为物不迷人，人自迷；人迷于物，为物所损，而毁身于物。所以要“去”（“外”字诀）物欲（物欲→乐），而后才能尽人性。很荒谬的，天人合一、物我相融的绝对哲学，却先从“外”物开始。所“去”的既然是物欲，就该是人之物欲而非物。可是，却又采行去物，以绝物欲的方法。极端者去了物欲也绝了物，流离为孤零零的人，自弃于天地而不知乐为何物。这已不是中国独有的毛病，而是中外哲学思维的传统谬误（当然这里也就自然地发生了，“神一人”、“佛一人”、“仙一人”等模式的——化外之人——宗教与人之接合）。

人与物的关系，绝不可能于人性里隔离。就算必须先绝物欲，也应该在“存物”于人的前提下；弃绝物欲而不离开物，才能说是“尽人性”。假设个体真的能在尽人性后再尽物性，尽物性后又再天人合一。必须考验的是，在其如此这般的物我相融之后，是否仍可保存人的本性与主体性？庄周梦蝶以喻物化，蝶乎？人乎？已交融而不可分。庄周梦蝶的寓言，具体地描绘出传统天人合一的真相。且为所谓的“合一”提供了一个注释，亦即物化的“化”字。人可以尽人性、尽物性而物化，人化为物，而回归自然的本体。至此，答案也就凸显而出了。所谓的人物相通，竟是人化物，人与物齐——于物，相合于物。人呢？别人不知道，庄周自己也不敢承认：蝶乎？庄周乎？这种视人为物，与物相齐而谐通于本体界的哲学观，是抽象的非人本的哲学。本体界于人是不可触摸的，人只能生活在现象界、生活场与意向界。人的哲学必须是人性的，只有发轫并归结于现象界、生活场与意向界的哲学，才是真正的人本哲学。

小团体动力学的人性论，是真正的人本哲学。先肯定人一世界于四个场界的限制和优缺点，再以优点来援救缺点而超越限制。绝非以缺点的割除与限制的毁灭为目标，而自作孽自招苦痛。所以，采取“入”字诀为方法论，不避物欲而深入于物，以人入物而非以物观物（二程之学：明道、伊川，即为以物观物）。不离人性也不离物性，两端同时并进，则可于人欲一物欲相制衡之巅，夺得中和之道而不失人之主体。所以会堕逐于物欲，都是因为弃绝物欲之不得，或是逐物忘人之故。在通透地了悟人一物关系的本质之后，不离人、物同时深入于人、物之内，自可达情逐欲而不逐情堕欲。善执苦乐两端，深入人物两极，以夺中和之礼，是人性方法论的第一步功夫。至于第二步功夫，苦乐两化，人物相感合和的超越境界，则于“爱”里完成。

七、S-G 与自由

人之 B-G 于现象界的运作，使得人之自卑为必然的存在。内存于人的深层自卑，只能给予肯定，而不可予以剥夺。自卑的超越，则由 S-G 于意向界里返身涵摄而完成。尼采所以跻身人性的巅峰，即因其于人性中提升出意向界的内涵——冲创意志（will to power）和“伟大”。冲创意志即为人的创造力本身，就是“自由”。伟大，亦即为天地人三才里，身处天大、地大之中的“人大”。二者总括而言，即为印度奥义书中所谓的“我就是梵”，也就是中国佛象的“禅”，更是儒门孔子的“仁”。

B-G、P-G 与现象界、生活场的相对应，都在本体界的拘限之下，产生了许多的限制，使得每一个人一世界，都无法逃避这些命定的限制。人的 S-G 却于意向界里，经由对物性的摄入，和对现象界及生活场的返身涵摄，而开展出天地之性。天地之性融于意向之流中，则透发出人之主体性的具象展露——冲创意志，即为人之自由性。人就拿这个自由来超越命定的限制。自由并非打破或消除限制，亦非人之不甘与抗拒限制的过程，而是在世界的限制之下，经由其不甘与抗拒（为必要非充分条件）而成就的人之主体性超越——爱——超越了世界赋予人命定的限制。这主体性超越本身，即称之为自由。而这主体性超越本身，唯有也只能落实于“爱”。也因此，我们敢于宣称人类唯一的自由——爱。

人并非盲目地反抗限制，人要求自由更要求限制。因为没有了限制，自由就无从展露了。而自由又必须展露，否则个体无法自证其于世界的存在。因此，人要求控制也要求被控制，要求拥有也要求被拥有。但是，这些理念与行为展露时，却须根基于一个基本的前提——爱（主体性超越本身）。爱，也于此透发出其基本的内涵：绝对的自我与绝对的脱离自我。人之B-G的自我中心定位，于P-G与S-G中透发出人之主体性，在行为与理念的具体表现，则成为“绝对的自我”。为求主体性之超越的自由，人又相反相成地主动寻求自由之限制，而透发出“绝对的脱离自我”。此绝对脱离自我，则以爱的对象为其现象界存在的中心定位；以对象之主体性，取代我之主体性。人之机体结构（B-G、P-G & S-G）展露于爱之中，则凸显为“性”（sex）与“意义性”两大主题。绝对自我与绝对脱离自我，相生而相对的运作——性与意义两个层面，则完成了爱的整个内涵。

人于生活场中，主动要求社会以及他人的限制。他人与社会，也都主动或被动地给予限制。但往往因双方或某方缺乏爱的基质，而使得人际间欲进不得、欲退不能，痛苦矛盾冲突于焉滋生。

对儿童的我世界而言，父母亲就是世界，就是世界之限制本身。所以亲子关系之间，对于人--世界中自由与限制之本质的了解，是不可欠缺的。某些反传统打骂教育的新式教育法，把父（母）—子（女）关系降格而趋于朋友关系，把限制尽量地裁减，已犯了人性本质上的错误。等小孩哭喊出“我恨我爸妈，他们从来不打我骂我，我好想让他们打让他们骂，可是……”，等到小孩子以自由抗拒“自由”的时候，才来瞠目以对，也就太迟了。亲子关系与教育的形上本质，即奠基于此。

天地人三才而人居其中，天大地大人亦大，这是中国传统生命哲学的睿见。在于悟人与时空的宇宙论，以及人与世界的本体论之后，才能够真正的知天、知地。在于悟三位一体之人性论与知识论的本质之后，才能够真正的知人。知天知地而知天大地大，这时候人以自卑相对应而渺小如“鬼”——人小。知人以后，人物相通天人合拍而入于天地之内，再超升于天地（世界）限制之外，才能够真正的知人之大。知人（自己）与天地同大之后，才能展露人之大，人之天大，人之地大和人人之大——每一个不平凡的你。能够展露人人之大的个体，也就是佛家所谓的“成佛”。于是人之伟大，也就在意向界里完成，而落实于生活场的具体运作之中，且与自卑相对应而超越之。

若以神学和宗教的概念观之，则意向界中人之伟大，对应于所谓“神”的位格。现象界之自卑，对应于所谓“鬼”的位格。至于生活场中人之限制与“有所待”，则对应于所谓“人”的位格。“神”、“鬼”、“人”三位合一，而为真正的人之整体，是为宗教于人之本质的完成，所应致力之处与真正的价值。人之P-G运作于生活场，展露为善心之性。从自我中心的我世界，推己及人于每一个我世界，再向上提升摄入于天地之性中。在展露以人人之大和爱的精神之流中，使得个体与天地同心，与物人同命，而开创出绝对超越之“仁”的道德性（牟宗三先生亦言：“以我这几年来的体悟，孔子的仁，就是‘创造性本身’”），此即“我就是梵”与“禅”的奥妙所在。

八、理念与行为

人性内涵之存有，与行为外显之展露，二者之间存有差距。精神Gestalt返身涵摄心理Gestalt和生理Gestalt之后，凝聚于意向之流，而为个体内存与自识的理念（意志）。这个理念或意志，于生活场的具体展露，即是人之行为。但是，人之内存理念与外显行为之间，却有不一致性存在。理念与行为之间，总有部分的差异，甚至有完全相反的现象出现。不但于个体自省时，带来极大的困惑。人际之间更是误解丛生，导致许许多多的冲突。

当个体主诉："我心里是想……是为了要……"另一个则斥责以："你别解释了。你说是这样，可是你表现的行为呢？根本就和你所说的相反，你分明是……"或是"不管你心里怎么想，大家都看到了，这就是事实。你还要怎么解释，还想自圆其说吗？"上述的现象，在人际交涉的过程中，出现几率达百分之百。公说公有理，婆说婆有理。到底谁对了？谁又错了呢？如果都是对的，那么"谁"错了呢？如果都是错的，又是错在哪里？为什么双方都坚持，他是有理的呢？这个难题已困扰了人类几千年，而一直无法解决。我们应该相信对方的理念？或是相信对方的行为呢？人类几千年的行为史，已肯定地证实了：人之理念与行为的不一致性。理念与行为之间，何者才能真正地代表个体呢？这是解开现象之谜的金钥匙。

理念是为人所自识的，行为也是为人所看见的。理念→行为之间，却硬是有差距出现。这个差距的出现，显示了人之展露的过程中，有人所不知的变项存在。这变项可能间接来自环境，但是此变项绝非环境。环境并不直接作用于行为，环境因子仍须进入人之机体结构，在B-G、P-G & S-G的交涉过程中，凝聚为人之理念再外显于行为。所以，这变项可能是存在个体之内，且不为个体之here & now所觉知。

个体here & now所自识的理念，并非控制其行为的全部理念。这个here & now所自识的理念，就是个体之"理念我"或"已知我"。

个体之内的变项，即为“未知我”。展露于行为，则为“行为我”。个体在其行为欲发而未发，或已发而未至之际，理念常有“瞬间”改变、伸缩或转化的现象出现。而此瞬间的迁变，即常不为个体所知觉。因此，未知我涵摄了：

一是不被知的理念我，包括遗漏的、压抑的和不被选择的理念我；二是未知我。

个体自识的理念我，并不全等于人之存有的整个真面目。但对个体而言，却以“其所自识的本体状况”为其“存在”。此“存在”对外界观察者言，或只为部分真相的存在。但对个体而言，此“存在”却是唯一具体而真实的存有。人类于我世界四个场界主体性的运作，即凭借此自识的理念之意志我。这也就是人类能在动物演化史上，卓然独立于巅峰的原因。因此，我们必须尊崇人类，自识之意志力的尊严。只有自识与意志的我，才是真正的我。

理念我是意志的我，未知我是非意志的我。人类应否对其非意志的我负责呢？就个体之内的自省而言，人应该对其非意志我负责，为的是经由此而超越本体的限制。若于个体之间的交涉时（责人），则不应该要求对方为其非意志我负责。尤其是不可以其非意志我，来接触、指责甚或否定其意志我。不然的话，人之意志力的尊严，以及人之主体性的存在，也就毫无价值了。

已知我和未知我，是人之行为的内在本质。外显行为，只是人之本质的表象。行为我并不全等于：已知我＋未知我。行为我是已知我和未知我整合而成的Gestalt，所展露于现象界与生活场的表象。行为我不但不能代表人之本质，更且包含了非意志我（不知我）的成分。理所当然，行为我也该予以“存而不论”，绝不可以行为我来否定理念我。所以在人际交涉时，应将对方之行为我存而不论，而承认对方的理念我，并采信为评估与相对待的标准。

一直存于人际间最大的难题是：个体以理念我自取，而以行为我取人。人之意志力的尊严，是人类巍峨浮起的殿堂，很堂皇也很脆弱。人们一边想尽法子，抬举意志力——存在的象征。却一边以自己的理念我，去摄取他人的行为我，再用他人的非意志力，去否定他人意志力的尊严，否定他人的真实存在（理念我）。于是每个人都是"我是对的"，每个别人都是"你是错的"（只有一个例外：就是爱，生活在爱里的人，即使不知理念——行为的真相，却也能不论对方的行为如何改变，都绝无反顾地相信对方的理念我）。

所谓"从本未有自现迷为境，由无明故执自明为我。"正是人类于此的最佳写照。只要对理念——行为的关系本质，有了通透的了解与认知，人之理念我所犯下的传统错误，也就可迎刃而解。人之现象遭遇的难题，自可消失于无形。必须注意的是，理念我易生偏执，变成经验、刻板的固定模式，而又变成"故执自明"的我。所以，必须把人之意志我，发展为 here & now 的理念我。这样个体的理念我，才可能贯通人的历史性与整体性，才可能察知"瞬间"的理念迁变，而为真正主体性的我。

未知我与已知我的关系，到底怎样子呢？笔者的假设图示见图5-7。

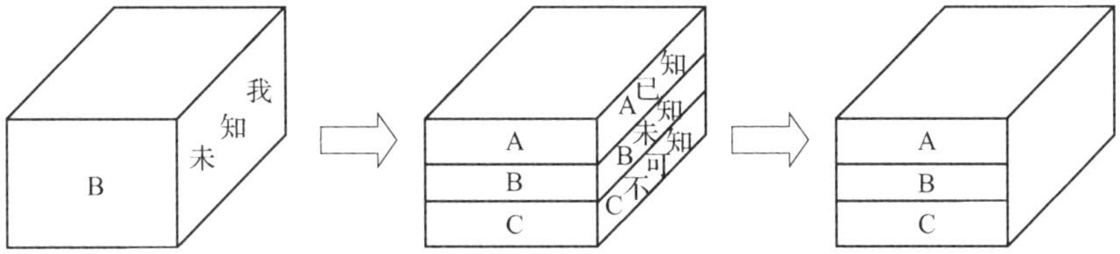

图 5-7　未知我的三合一模型

亦即：个体于人—世界之自我成长，是由未知我趋向已知我的过程。随着个体的成长与人类的进化，已知我越多，未知我越少。但是，每一单位的已知我之内，仍配对有一单位的未知我。或许，可以把未知我分成两种：一种是尚未自识的已知我，一种是不可自识的未知我。人类之自我成长，可及于尚未自识的已知我，但能否及于不可自识的未知（不知）我呢？

个体深入于本体的形上思维时，他不得不承认，理念我并不绝对真实，也不绝对完满。人，还有未知我的存在。他知道不以行为我否定理念我，也不以理念我否定行为我。可是，他要如何把握理念我与行为我的不一致性，而由此透入人之本体的全貌呢？未知我，或许即为“人之秘密”所在。我们唯一肯定的是，对任一个人而言，于此未知我的探索，都是极端痛苦的经验。而此痛苦，即源于对理念我的当然否定。以上所谓理念我，即为 H-G。所谓未知我，即为〔H-G〕。所谓行为我，即为（〔H-G〕，H-G）或（H-G，〔H-G〕）。为了行文的方便，故只在此作为按语，彰明全文的一致性。

为了完成人—世界最真切、最根本的超越，任一深入于人之本体与形上之思维或行动者，都无法自制的，不得不投身于人之秘密的探索。可是人之秘密接触的过程，却是人之存有最根本、最深刻的苦痛——

存在的剥夺。“当下即是”与“here & now”的方法论，可以帮助我们一窥人类本体的全貌。若要深入其内而又贯穿其外，把人之秘密的探索变成喜乐的经验，并真正具体地在人一世界之中，完成绝对的超越的话，“爱”是唯一的法宝。

第六章

小团体动力学哲学的实践

生命论之一：爱与家的形上学

生命论之二：爱的原理

生命论之一：爱与家的形上学

人于我世界中的具体存在，可分为三个位格。第一个位格是“自证”，第二个位格是“他证”，第三个位格是“互证”。“人 -- 世界”的关系中，每个人都必须先“自证其本身的存在”。自证的方法——在B-G层次上，须经由生理的肌肉能的展露。在P-G和S-G层次上，则须通过“给予”和“接受”两种形式，展露其存在的“能力”。我有能力给予，更有能力接受，亦即我有能力存在于世界的保证。

个体“自证其本身的存在”之后，还不足以把人 -- 世界的关系，紧密地结合在日常生活里，他必须再寻求世界的认证。在世界对其给予（能力）的接受，以及主动的回馈之中（回馈于其接受之能力），经由世界的承诺而证明他的存在，以及存在的价值与必然性。（注一）

一、第一位格

第一位格的存在，是个体自我中心定位的自我展露。一种人之主题性——孤独的存在，一种由内而外的挣扎与崛起。低层次者，已经陷身此位格，自我中心定位的限制里；就如所谓“内在引导型”人格，或是所谓“自我中心”的自私自利者。高层次者，可将其意向性定焦于其现象界，使得个体自我展露于其现象界与意向界结合的结合体。高层次者于此位格自我提升的过程，只成就了不假外求的“人大”，而未能成就“人人之大”。不可避免地，必然进入（透入本体之内）

人最深层的——孤独。而此高昂不假外求，毫无所待的孤独的人大，却只能存于个体之现象界一意向界结合体。个体若欲进入生活场展露其人大，立即相对的彰显出人人之小，必然遭受生活场的强烈排斥。

此一位格，虽可超升个体进入人之秘密的内里，自我完成人性中深刻的层面。可是，却无法自如地进出人之秘密，以及整个的我世界。除非个体愿意孤独一生，将我世界凝缩于其现象界意向界结合体；否则如尼采者，这般伟大的心灵一旦展露于生活场，一旦与他人交涉于生活场中，“露才扬己，怨怼沈江”是无法避免的。历史上有许多伟大的人物，都自我完成于此位格之内，可是都不得不孤独终生含恨而去。“天才是寂寞的”，少数人及身而名世，大部分却只能死后扬名。人于我世界的展露，终须落实于生活场之中。所以，第一位格的存在，终究是不完满而“有所待”的。

二、第二位格

第二位格的存在，是人类最普遍也最“具体”的存在。自我落实于生活场之后，才算是自我与我世界的真正结合。为什么那些自证人大的孤独者，不顾、不能、不敢或没必要，踏入第二位格的存在——生活场之中呢？深植于自卑、孤独与人大的苦、难，足以促使人的存在，更真切深刻与肯定。只有美好安乐的生活，才能够真正肯定人存在，而延伸生命于永远。所以，人类必须进入第二位格的存在，于生活场中获得世界（个体之外的一切人、事、物）对其存在的认可与主动回馈。

不被给予而期待接受时是痛苦的，不被接受的给予更令人无以自处。个体本身，尽可能主体性地去包含世界，向世界宣称：我给予世界一切，我也接受世界的一切。可是，谁也无法控制，世界是否会被动或主动的回馈：世界也给予你一切，世界也接受你的一切。

当世界所回馈的答案是否定时，个体遭遇的是无穷的苦难。除非“他逃回”其已凝缩的我世界，否则其存在仍然无法延续，甚至为世界所阻断，而于生活场中带来极大的困扰——这些困扰是多么的荒谬无意义啊！唯有世界给予绝对的肯定，被接受也被给予，个体才能获得生活场中真实而具体的快乐与满足，才能拥有美好安乐的生活，生命才有继续延伸的可能。

“伟大的思想家，总是遭到平凡头脑的反对。”（爱因斯坦）。从来没有一个时代，其在世存有的每一个体，都能成就人大与人人之大。绝大部分的个体，都只停留在人小——自卑之内。而于面对世界之命定限制下，使得天大地大唯人渺小的心态产生，终于坠入宗教中“神”“鬼”对峙的局面。“人大”之人对于“人小”之人而言，是不可思议的、荒谬的，具有魔力、杀灭力、毁伤力，是不可能也是不应该存在的。人小之人面对人大之人的时候，他无法抗拒地想去趋近人大之人，却又“为了感到自己像‘处在奴隶状态’而动怒”。也因此，完成第一位格的人大之人，必然遭受普遍存在于第一位格，尤其第二位格的人小之人所“一起”否定。这些人的否定，虽然不能代表真正的真理；可是，这些人却代表着生活场——世界。所以，“孤独的伟人们”，似乎也只能徒呼负负了。

我，是个体自身可以控制的，个体可于第一位格的存在，完成自控的主体性的我，而为自己真正的主人。可是世界呢？世界的主题，是共世存有的、所有的每一个个体。而每一个体，又在自我中心定位之下，定焦于其“我世界”。其他个体的我世界，是不同、不能也不该被控制的。对于他人我世界的控制，必然遭受他人（自识或未识之）主体性的强烈反抗。只有在爱的关系下，才有可能相互关怀对方的我——我世界，而愿意把对方的我，定位于我之我世界的中心。

此与身处原始或文明权力体系中，不得不交付出自我或我世界，而为对方所控制，是完全不同的。许多人（尤其是女人）受限于文化的影响，常在婚姻中将自己的自我或我世界交付配偶所控制，虚空之代偿性价值关联，终将造成自我之丧失与我世界之破灭。

可是，人际间的爱与关怀，却不是一蹴而可及的。基于人性之必需的异性爱——爱欲之美的成就已相当困难，遑论人人之大、“仁”的展露及民胞物与之爱的完成。更何况，有些个体连自爱都无法成就。“四海之内皆兄弟”，人际间的内涵是友爱。友爱以至民胞物与之爱，必须中介于爱欲之美的完成。而爱欲之美，又能于何处发生与实践呢？答案是——家。

三、第三位格

第一位格的存在与第二位格的存在，都只是“独一”的存有，只具“一身”而有所待。第三位格的存在，则“身外化身”，一化为二，二又成三。一体三位，三位一体而无所待的存有于世界。在爱——爱欲之美（指男女之爱、恋爱）里，双方都以对方为中心，以绝对自我为形，以绝对的脱离自我为基（所以“我的”比“我”更重要），使得对方的主体变成了我的主体。由于相互的主体性，又使得我的主体变成了对方的主体；以我的主体性运作对方的主体，以绝对的自我表现绝对的脱离自我；既化身为对象之主体，而又不失自身的主体性；故“一化而为二”，自由进出于双方的我——我世界，而又主宰之。相互主体性的具体结合（精神之爱与性爱的具体结合），又使得两个相对的“一化为二”，又绝对的“化而为一”。此“一”，不但不等于原来“一化为二”里的一或二，更超越此有所待的一或二之上，而为绝对超越，完满自得，无内无外，无所待的“三”而存有于世界——完成第三位格的存在。

世界之于人，是可思维、可感受、可触摸而不可控制的。世界之于人，似乎相当的真实而具体，却又因太庞大、太真实的命定限制，而无法自由进出其内。个体唯有于人之中抽离出——我，于世界之中抽离出世界的代言人——恋爱的对象（此世界代言人之选择，操之于我，而不失个体之主体性），以爱欲之美结合于家庭之中，而成就第三位格的存在。

四、爱与家

这时候，爱与家于形上学的地位，也就凸现出来了。家成为人--世界的中途站与结晶，爱则为家的主题，如图 6-1 所示。

图 6-1　爱与家的形上学模型

个体于现象界之自我中心定位，透发于生活场中为绝对的权力欲。“国王”与“王后”是权力欲之自我中心定位，于生活场的最高与最佳展露。个体（异性）经由爱欲之美的结合，而把人—世界凝聚于“家”。每一个家里面，每一对夫妻或父母，都成为家里的“国王”或“王后”。家的子民——任一个人子，则在以爱为主体的家里成长。父母不但于家中，满足了绝对的自我中心定位。又因着血缘的亲子之爱（我的孩子——实指“另一个我”，另一个完全是“我的”的我），而将夫妻间的第三位格存在，流注于子女身上。使得一家之内的个体，都存有于第三位格的存在之中——而且人子成长之后又再与另一个人子，结合为一个新的家。

“家”成为人与世界之关联的中介变项，家人成为世界的代理人。家人对其肯定，即为世界给予他的肯定，所以人与家的关系，就成为人与世界关系的指标。个体能力展露，在生活场中，可能因他人的拒绝或否定，而使其与世界的关系产生裂痕。但是，只要个体一回到家，由于家之本质——第三位格的流注，又使个体重于人—家的关系中，获得人—世界关系的满足。因为非常奇妙地，人总是“先天”的预期，家“应该”以第三位格的主流为其本质。倘若家庭中缺乏第三位格的流注则夫妻与亲子间不良的家庭关系，更将导致人—世界间更大的裂痕。

只有在爱与家之内，个体才能不加防御地暴露其最深的内里。也唯有在爱与家之中，个体才有可能深入人性之整体，完成人之秘密的探索。家以爱欲之美为主体，而爱欲之美包含了爱与性。个体于家之内，以爱回绕涵摄其现象界、生后场与意向界，超越本体界与人的命定限制，而超越的肯定生命并延续生命。又以性的结合，而子而孙的将其B-G，以生殖细胞的遗传方式，具体的肯定生命并延续生命（每一个人子，都有一半的人父与人母）。只要后嗣不断，则个体的生命即可超越而又具体地超升于人类自身、时空与本体界的限制之外。“谁不是好人家的孩子嘛！”以家为立足点，于生命之第三位格展露人人之大。推家及家之仁的道德性发扬，世界大同的期望或有可能的一天。

人、物、时间、空间和事件，所塑成的人 -- 世界的形上学系统。也就由宇宙论、知识论、本体论、人性论，而完成于生命论。爱与家的形上学，把有史以来，被抽离于人之生活的哲学，经由爱与家而涵摄与超越本体界、现象界、生活场与意向界，而具体地落实于生活场之中。不论任一个体有否形上思维的能力或经验，更不论个体能否或真正深刻地了解，进出于人一世界的本质。任一个体只要经由爱与家 —— 人性的自然结合。即能真、善、美地完成，人之哲学 —— 形上而又具体之存有的最高、最深刻的永恒境界。所以，真正的人本的生命哲学 —— 小团体动力学（社会心理学）哲学之精义所在 —— 理论与实践的完全合一。

生命论之二：爱的原理

爱……
美学上不解难题
每个人在这儿解剖自身，
融合一切为美，
也只有在这里，

每一个人子才蜕化为，
独特而有意义的个体。
于是传说中，
每一个爱恋，
遂古老而缠绵，
美之又美。

一、爱与美

美就是我，我就是美。

“……美为‘马那’，为古人所信仰的自己所禀的性（所得于图腾的德性），……在民族本源神话中，就是从民族之神所得到的神性。从神羊神话而来的‘美’，在我国古代民族文化中，应该是最古老的。后来又转化为‘物’，如说‘精气为物’（物与美同音）。古人将称为‘美’的图腾画在旗上，以表示自己的族类。……”（注二）。美，存在于物自体本身。每个人、每件事物，都有其自己独特的美。当你发现我时，你就发现了自己。美与美相互契合，相互发现的时候，称之为——爱。

人的美与所有人（或事）的美（无对象性的，普遍的，比较的，绝对的）相发现、契合时，即为博爱（民胞）。人的美与自然万物的美相契合、发现时，即为对自然的爱（物与）。人的美与异性的另一人的美（对象性的，唯一的，相生的）相发现、相互契合时，即为恋爱（爱情）。这时候的美称为爱欲之美，为最高层次的美。仁爱则包括了上述三层次，而以“爱欲之美”为最基础、最重要也最完满。

民胞物与两个层次，通过个体以“意义”的关系相衍而来，都可经由“意义”的高度发展而成就。这两个层次，如超越或舍弃了“意义”，而渗入“性”或以“性”为途径，则呈变态（如恋物狂）。爱欲之美，却须把“意义”和“性”，完全的融合而相生，始可成就。而“性”，人之内里最原始的战栗，却如此地桀傲不驯。性对于我们，就如非洲神秘的大森林之于文明。每当咚咚鼓声自那蛮荒黑暗的内部传出时，终令我们无由地颤抖、勃起而不知如何以对。爱里，意义常为性所吞噬，不仅无法成就爱欲之美，更且流为淫乱、猥亵……亵渎了爱。娼妓制度存在的必然性即在于此。娼妓制度经由→性（交）意义——性（交）的模式（注三）补救了意义丧失和意义与性冲突的危机。当美只成为性的连结时，个体间将呈宣泄的、放松的、趋向满足的短暂关系；虽然触及了美的心，却易于与美脱离。而娼妓制度，这与一夫一妻制并驾齐驱，人类史上最伟大的发明，却巧妙地运用隐藏式的意义连结，以客体的代偿补足了主体的缺漏。爱欲之美由于性的加入，使得意义层面得以刻骨铭心，更为深入内里；也由于意义的加入，使性爱得以延伸，而企求一种永恒的结合。

美是本体性的，恋爱里由于个体做主体性的“投入”，两个美缠绵滋长合而为一（太极式的“一”），两个人美之又美是必然的事实（注四）。这与平时于非爱的情境中，个体与自己的美脱离，也没有投入对方的美，仅以客观的（社会化的）美的标准来评价人、事、物的美丑，当然不可相提并论。所以，并不是“情人眼里出西施”，而是“情人本是西施”；至于“结晶作用”、“种族之灵”、“理性的蒙蔽”、“理想化”等论调，不仅蛇足，且谬误得太大了。

二、爱的追寻

中国的太极图，两鱼相抱，乾坤好合而成就一个“圆”，发挥了性爱最完美的境界。也由此，衍生了天人合一之爱，而感天应地，直索生命的本源。

图 6-2　太极图

由图 6-2 太极图可以看见——阴阳两性，阴中有阳，阳中有阴，同源异质，异质同形。最具特色的是——首尾互衔，首补其尾，尾引其首；其一伸而进（绝对的自我），另一则缩而退（绝对脱离自我）。进不增，退不减，以位格的自由转换完成功能的种种需求。此所以互生互补，一动一静皆为一圆（注五）。

从生理学的基础而言，男性多量的男性性荷尔蒙，是男性阳刚特质的基础。女性多量的女性性荷尔蒙，是女性阴柔特质的基础。并且，男性体内有少量的女性性荷尔蒙，女性体内也有少量的男性性荷尔蒙。此与太极图所示完全吻合（为了行文上的方便，以九阴一阳为女性所涵，九阳一阴为男性所涵）。

在爱里，女性往往要求男性有温柔、体贴的阴柔特质（若无则易被拒，可见九阳一阴里，一阴之重要性，及其扮演之角色），但是，她更要求男性具有阳刚的男子气概。男性虽然欣赏女子某些阳刚特质（常用来赞扬她，以为有别于“一般”女子），但是最为注重的还是其阴柔之美的女性特质。男性之阴柔特质和女性之阳刚特质，在平常的生活里是绝对禁止出现的；只有在爱里，才会表现得如此突出，并且受到赞许和报偿（注六）。因此，我们可以说男、女两性为了追求自己所缺失的阴、阳特质（如男性为了追求另九阴补一阴，另一阳以合九阳；女性反之，以求阴阳交泰）和本身阴阳特质的凸显而“爱”。同时，也经由爱来交泰阴阳，达成完美的提升、种族的延续和天地交融——人之本质的穿透与回归。

角色制度化的社会生活里，社会人根本就没有实质的平等可言。非爱或非恋爱的人际关系里，本赋的阴阳特质被消减、剥夺、压迫，而不能完全地表达，以致焦虑、冷漠、虚无、暴躁和性冷感是必然的事。社会人际关系的折冲、角色地位的争夺，就男人而言，都以挫折对方的阳刚特质为原则。而女子在男性中心社会里埋藏九阴，以其一阳斗男子的九阳，更与自戕相差无几。一个男人的自尊受损，实即其阳刚特质受挫。一个女人的自尊受挫，十九是其阴柔特质受损。完整的爱——太极式的恋爱里，个体不仅不会失掉或压抑本赋的阴阳特质；反而，更能充分而超越地表现出其本身的阴阳禀赋（注七）。所以，爱——异性爱，为自自然然必需。

三、爱的二极性

关尹子，二极篇云：“……以我之精，合彼之精，两精相搏，而神应之，一雌一雄卵生，一牡一牝胎生。形者彼之精，理者彼之神。爱者我之精，观者我之神。爱为水，观为火。爱执而观，因之为木。观存而爱，摄之为金。先想乎一元之气具乎一物。执爱之，以合彼之形。实观之，以合彼之理。则象存焉……”（注八）

在爱里，所执所因的是对方的形，所存所摄的是对方的理，经由性的交融，而精搏神应，又如何能不美之又美呢（这也就是俗称情侣或夫妻会“看起来”越来越“相像”的原因）？这里的“因之”指的是个体“绝对的脱离自我”，“摄之”指的是个体“绝对的自我”（参见人性论）。对爱人的仿同作用（不自觉地学会对方的小动作、声调、语句、行为、想法……），是触目可见的。罗洛·梅“在恋爱中深惧丧失自身之存在”，卡尔·史坦“‘爱’，意谓着‘在另一个人里面死去’，由此才可获得新生”，以及为所盛赞的，爱里“极度的谦抑之感”，都源于此一绝对的脱离自我。

所爱的，必须是属于我的。绝对的爱，必须绝对的自我。在恋爱里，我们会有吞进对方，吃掉对方，把对方拥抱、压到体内的欲望；也会有成为对方一部分的欲望。奇怪的是，我们只会讲，只会希望成为对方的一部分，却难以讲出“把我吞进去”、“把我吃掉”的话来（注九）。《圣经》约拿书中把爱——我的，描绘得极为精确。约拿为什么不爱惜尼尼微上万的人民、牧畜，而只爱惜上帝为他造出来，保他免于日晒的蓖麻呢？因为尼尼微的人畜是上帝的，上帝爱他们而责备约拿是当然。

可是，尼尼微的人畜不是约拿的，而蓖麻，上帝给他了当然是他的。他的蓖麻为他遮荫，上帝剥夺他所爱的——属于他的蓖麻，约拿自然要生气。上帝先前把约拿置身鱼腹——吞掉了约拿——不更明显地表明了“你是我的，你当服从我，爱我，爱我所爱”吗？个体的生活，不但需要绝对的自我，也需要绝对的脱离自我，来提升自我于更高的境界。在爱里，个体所表现的侵略性和顺从性，将衍生为虐待狂和被虐待狂的本质。所以，爱的二极性——绝对的自我和绝对的脱离自我，须经由比较的相对与绝对的相对，而归结于“相生的相对”之太极境界。

誓言，普遍存在于每一个爱恋里。今天的相爱，并不足以保证，也无法要求对方永久地爱恋于你。相爱的条件在于，双方有能力主动地成为美，有能力发现对方的美，且有能力以自己的美来激使对方更美，因着美的主体性，使得爱恋无有止境。誓言的积极意义在于——要求今天的我比昨天的我更美，且明天的我也将比今天的我更美，使得我永远是对方身边最美的个体，最能发现、接受、增进、享受对方之美个体。所以，爱的誓言实即赋予对方——苟日新，日日新，又日新，努力于自我成长（爱欲之美是知性与感性的融一）之实践的要求和保证。

爱里，不容许试探和等待，一有试探或等待，主体性的投入即告脱离，而为客体的旁观。此时，对方如也主体性脱离，除了怪自己外还能怪谁呢？所以，失恋时是错之在己，自己的美契合不住对方的美，而非对方移情别恋。恋爱中人或有不敢开口要求对方者，深怕“说了就没有意思了”，或“看他会不会注意到”等，而陷于试探和等待。其实如果你敢要求、敢讲出来，对方也敢接受，照做出来，且做得比你预期的还要高、还要好（注十），你也敢接受，衷心喜悦地接受；他又由于你心满意足的接受而欣喜若狂，这才是太极境界的提升，这样的爱才会提携个体，互动互生地趋于成熟（注十一）。也因此，在自我探索、自我发现、自我实现和自我提升的行程里，不可避免地必然导向于爱。

四、爱与被爱

爱的本质在于企求被爱，拥抱即要求被拥抱（注十二）。小时候，是如佛洛姆所说“因为我被爱，所以我爱。”没错，成长之后却是——因为我爱“我被爱”，所以我爱。爱是为了被爱——即要求对方的爱。随着年龄的增长，我们所得到的，自动而无条件的爱愈来愈少。为了满足“被爱”，我们必须学习以爱来创造爱。被爱的企求，即为对方主体性投入的保证。唯有在接受到对方投入的爱欲之后（注十三），爱的活动才得以继续。爱的主体性超越（超越被爱的原则）始得滋生，并且经由爱的主体性超越，充实与提升了被爱的内涵。

从生理层面我们发现，“给予”只是形式上表面的障眼法。事实上，爱是“被接受”，被爱是“给予”。经由绝对的自我，“给予”可导致快感。但是，如无“被接受”——经由绝对的脱离自我而来的提升，快感将会萎缩而无法达于巅峰。试问，不被接受的给予，有何快感可言。

男女性交时插入和被插入的瞬间感受，是奇妙而神秘的。但就男性而言，性高潮的巅峰在于射精；正确地讲应该是，阴茎为阴道所包含、接受，且女子的阴道及子宫接受其射精。也就是说，男性高潮的巅峰在于被接受、吸收，而非给予。男性的射精动作并不一定要在阴道中，经由手淫和其他的刺激也可射精。但是，阴道外射精的性兴奋程度（看着精液射在衣物或马桶的那种心情），却与阴道中被包含、被接受的射精有天壤之别。可见，要求性交后再拥抱和再深入，有其来由的。就女性而言，性兴奋的巅峰则在于主体性的，毫无疑虑和阻碍的“接受”。更精确地讲，应该是有被接受者被她接受，被她吸收，被她融合。所以，在企求被爱的基本前提下，女性爱的特质在于接受（着重去爱），男性爱的特质在于被接受（着重被爱）。

给予，必须有愿意接受的对象。接受，必须有愿意被接受的对象。我愿意接受你，也愿意被你接受，这是爱的基本条件。被接受包含着给予，但是，给予并不意味着被接受。给予性的接受与被接受性的给予，才是爱欲之美所需求的。给予之所以会导致快感，并为世人所赞扬，就小团体动力学的观点而言，可分两方面来讨论：

其一是：个体经由给予，展现并传递了知、情、意的认知内容及其精神意向。恋爱中的人，借着所选择的特定对象——代表个体之外的整个世界。个体向此对象，亦即其所生存的世界，发出了“我－能”（I-Can）的信号，而自证——“我有生存的能力”。

其二是：个体所发出的信号被接收和回馈。这个时候，个体经由世界的代言人——个体所选定的对象——接受了他的知、情、意内容，承认了他存在的能力。亦即，因着被接受，个体获得了世界的回音——对象的行为回馈——承认了个体的存在和个体存在的价值。也因着被接受，个体才得以和世界紧密地联系在一起，而“我见青山多妩媚，料青山见我应如是”的有情世界才得以滋生，更进而鸢飞鱼跃地洋溢出鲜美的生命力。

当个体爱而不为所爱时的锥心之痛，失恋者凄寂厌世不自容于世间的丧心之苦。除了绝对自我受挫和绝对脱离自我的顿无所依之外，这世界——其所选定、所爱的对象——否认，拒绝其存在而与其隔离，才是主要的原因（注十四）。

五、爱与性

柏拉图式恋爱，是人类追求意义性之最后悲剧。性是欲最根本的基础。“意义”虽然可以脱离性的控制，但是一切的意义仍指向于性。语言是意义的符号。性的符号是接触。“我了解你的触摸，胜过你无数的语言。”性的存在以“触觉”为主，由子宫→产道→医生→护士→襁褓→母亲→父亲及亲属→同性朋友→异性朋友→妻子→儿女。被窝→衣服→事物→器具→运动。

从出生前到死后，都以触觉为主要的探索关系。而人际间情感的传递，握手→拍肩→牵手→互抱→吻颊→爱抚→做爱，也都以触觉为主要形式。

我们怀疑，母性行为并没有生理内分泌基础（注十五）。在猴子的实验里，除了小猴子主动的信号刺激外，经由触摸而来，性关系的连接，很可能是母性行为发展的基础（注十六）。人类的母性行为，当然还有意义层面的延伸和角色扮演的影响，可是那种亲昵的拥吻、爱抚和绝对自我式的拥有对方，会没有性的色彩和生理上的感动吗？各种爱选择着不同的性模式来表现，性是爱的兴奋剂、强壮剂，性不但是表达爱的最具体形式，更强烈地推动着爱、控制着爱。叔本华所以把生殖器官看成意志的焦点，是很正确的启示。

“男性比女性易起性反应”，是错误的说法。对于同样的刺激，尤其触觉刺激，女性较男性易于接受刺激也易于反应（受刺激并不一定要反应，且反应又可分为神经内分泌和心理的反应以及外显行为的反应）。女性由接受刺激起至性高潮间，其性兴奋程度增加幅度极小，且须长时间的连续刺激，激发全面性的性反应（注十七），才会有性高潮。男性接受刺激和反应的敏感度虽逊于女性，但是男性由接受刺激起至性高潮间，其性兴奋程度的增加幅度却极大，且只须局部性短暂刺激，即可迅速导致性高潮的出现。男、女之间性反应的差异，在性爱的过程中扮演了重要的角色，也导致了相当的难题。

爱，必须爱得具体。对生命而言，爱不是进入而是穿透。只爱对方的灵魂，而不爱对方的肉体是极其荒谬的。只有经由性爱，才有爱欲之美的可能。

性交，不但满足了生理的欲求，且可保健、强身和延寿。弗洛伊德、艾里士和索罗金所代表的文化系统，其对性交所持的态度和认识，若站在中国人的立场，绝对是无法苟同的。中国人对性交——房中术的探讨，以《素女经》和《玄女经》为代表；其他又有洞房子、喇嘛双修法、肉蒲团等。这两本性学医典不但把性爱的技巧、男女间性生理的和性心理的配合，做了详细的剖白。且以五常——仁、义、礼、智、信来解释性，使得性的延伸——成就了道德。把呼吸法、行为对生理的回馈，融合于性交的姿态里，更把性行为和医哲的学理配合，发展为疗疾和养生的方便法门。因此，不把性交看成单纯泄欲，而推广正确美好的观念，对于爱欲之美而言，是具有重大意义的。

六、人类唯一的自由——爱

人类最初始的挣扎——恋爱，人类最后一次的挣扎——发疯。人只有成为爱，才能成为自由、享有自由（参见人性论）。成为爱之后，爱与生，爱与忧思，爱与死，人的有限性和世间的无常，时时刻刻地爬行你心。攫住而又攫住，被包容而又包容。快乐是如此的甜蜜，苦痛是如此的亲切。只有在堕入情网之后，我们才面对面地抓住了世界予人的一切限制。爱里，我们终于抚触了生命的颤栗。

“意义乃是一种心灵的意向”（胡赛尔），“每一种意向皆是一种注意力，而此种注意力乃是我一能”（P. P. Ricoear）。存在不仅是选择，还必须参与。唯有经由我实现的超越，才有自由的可能。当“意义”萌芽时，个体不但作了意向性的选择，且已整个地投身，而与生命的本体交融。

意义是对象性的，意义是绝对的自我。“你打我、骂我，我绝对不吭声；可是，绝对不可动我所爱的人一根汗毛、一句粗话，否则我与你拼命。”爱里我们把对方的生命当成我们的意义，以绝对的自我来表现（巩固）绝对的脱离自我，把绝对的脱离自我变成绝对的自我的内涵。对方本体变成了我的本体，我的本体变成了对方的本体，企求被爱的本质也因此而提升，水乳交融为对象性的、对方取向的（即己方取向的）、主体性的爱。

爱里我们所面对的是死亡，必然的死亡。主体性的爱，却要求无限的延伸。爱不但面对死亡，抉择了与死亡的关系，更以“知其不可而为之”之勇，超越死亡于永恒的境界。经由爱，我们超越了生物的基本限制。经由爱欲之美，我们更在人与世界之间，建立起一个进退自如（进于“世界”，退于“人”）的中途站，一个活生生的，具体而可触摸、掌握的——家。中国人的永恒为“传宗接代”以及“扬宗耀祖”。“祭祖”和“宗祖牌”名位的联系，充分而优美地刻画出中国人的睿智——永恒的性爱。

七、性与意义的交融

爱欲之美交融了生理层面的“性”和心理层面的“意义”，以相生而相对方式存在。爱虽然以性为中心，以意义为其外延；但是，必须再强调的是——对生命而言，爱不是进入而是穿透。只有“穿透”之后，爱才有自由，才可称为爱欲之美，见图 6-3。

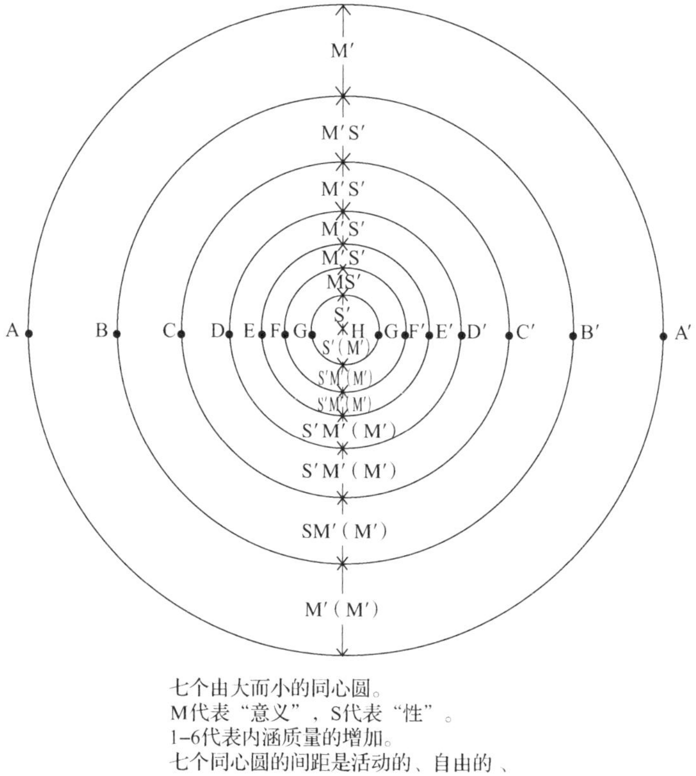

图 6-3　性与意义的互动模型

个体进入对方的 M6 时，二者的关系纯属意义上的连结，进入 M5S 时，二者的关系由五单位的意义和一个单位的性连结。依次累进。

如果把 S 代表手和肩的接触（牵手、搭肩），S2 →腰部的接触（揽腰），S3 →嘴部的接触（接吻），S4 →胸、腿的接触（手、嘴对乳房、大腿的吻抚），S5 →性器官的爱抚，S6 →性交。则，M3S3 为友情与爱情的分界。随着 S 的增加，双方越趋近对方主体的中心，两个人的关系也越紧密。

M6，M6+M5S，M6+M5S+M4S2为友情的领域。友情虽然位于个体的外延，却占有个体极大的区域。由A点以直线的方式进入B点，进入C点，到达D点的友情是浅薄的。由A点绕经A′点再回到A点，把整个M6绕行一周、二周……直到双方的M6都已完全接触、契合之后，才可进入B点接触M5S的领域；这样子而抵达D点者始称之为挚友，才是我们所盛赞的芬芳永远的友谊。

M3S3到MS5这段区间是所谓的热恋期。一旦跨入D点，两人的感情会如火般地燃烧，两情浓密缱绻，进展迅速。两个人感情很深很好没错，意义性很高也没错；可是这时候的激情，这时候的爱——强烈得绝对自我和强烈得绝对脱离自我，却完全是以性为主体而衍生的。

就如运用语言、文字一般，语言和文字都有它本具的内涵性质。经由语言、文字表达出来的思想，必与运用语言、文字者的原意有若干的差异。为了深入而穿透生命的中心，爱必须以性为其途径；性，却也有它本具的形质与基本设限。在性里，你只能进不能退。在性交之前的肉体接触，必须越来越频繁，越深入。

我们以肉体接触的行为方式来表达感情。感情越深，情绪越激动，越需要更紧密的肉体接触。平泛的感情可以握手表达（握手和紧握双手即有明显差距）。大难归来，拥抱亲人，拥抱大地的心情，却是握握手和摸摸沙土所无法传达的。

当双方接过吻以后，握握手，抱抱腰都已无法尽意。欲表达自己的爱和意义性的需要时，只有接吻、拥吻为最低的欲求；并蠢蠢而动，带领个体进入S4的接触。而后M2产生，双方进入M2S4的领域。也因此，个体常会直线地切入E、F、G点，却不对M3S3，M2S4，MS5

做整体性的契合，终而种下了祸根。

性交——双方暴露、经验了自己和对方最奥秘的本体之后，彼此都赋予；要求对方执行（M6）——“绝对的意义”（注十八）。此绝对的意义，以高度超越的意义包含了爱的二极性。既赋予对方绝对的自我包容自己的绝对脱离自我，也要求对方绝对的脱离自我来完成自己的绝对自我。

性交是爆裂、征伐、柔密与酥软的综合体，它有如狂涛巨瀑，又有如蜿蜒长流，“抵死缠绵”最是入味之语。欲望（性与意义）满足后，虽会食髓知味再三地从事，可是“性”本身亦有其限，盘缠过久不但会淡烦，而且身体也受不了。双方不能永远停留在S6，必然要重新进入其他的领域；可是，才一跨步（甫一下床），却发现彼此的世界都变了，不仅只MS5→变成S5M（M6）（注十九），M2S4 → S4M2(M6)，M3S3 → S3M3(M6)，M4S2 → S2M4(M6)，M5S → SM5(M6)，M6 → M6(M6)，再回首S6也已变为S6（M6）。双方的惊愕和惊喜是可想而知的。芳香、浓蜜有如糖蜜，如胶似漆有似水乳，确是比以前更快乐。可是相对相生的痛苦，却雕心镂骨得更令人心碎。

经历过S6之后，S5、S4、S3、S2、S都已失去了吸引力，此与S → S2 → S6的探索过程比较起来，所带来的快感和意义性的赋予，相差不可以里计。并且，S6 → S5……→ S倒退式的性关系形态，已违反了性本质。更何况，（M6）的强烈诱导下，爱的二极性已达极端。如果，双方于性交前，未曾整体地契合M3S3，M2S4，MS5和M6。那么，在（M6）产生以至完成M6(M6)之前，恋爱和婚姻的破裂、失调、双方主体性的脱离，是不可避免的（注二十）。

爱欲之美，进入H点更穿透H点，而包含：

M6+M5S+M4+S2+M3S3+M2S4+MS5+S6+S6(M6)+S5M(M6)+S4M2(M6)+S3M3(M6)+S2M4(M6)+SM5(M6)+M6(M6)。我们无法逃避“性”本体规律的必然性，唯有经由爱欲之美，由M6至M6(M6)之后，才能超越“性”的规律，自由出入于自己和对方的本体，上达相生而相对的太极境界。

八、爱的角色扮演

模式的认知，是个体主要的基本学习形式。模式的累积学习，塑造了个体的思想形态。个体行为的现在取向和未来取向，都受到过去模式的影响。在家里，个体经历了爱的原型（注二十一）。可是，在社会化的过程中，经由所听、所看、所读与所感，却常常歪曲了爱的本质。以至于个体跨入爱的领域时，往往不是自身成为爱，而仅是扮演了爱的角色。

从小到大，在尚未恋爱以前，我们不知听了多少情歌，唱了多少恋曲。尤其是经由书、报、电影、杂志所灌输的，爱是……，爱不是……，爱应该……，爱不应该……。许许多多的“爱的偶像”，其行为方式都已模式化于我们的脑海。于是，当我们惊叫出一声“我谈恋爱了”之后，对所爱对象的行为预期和自己的行为反应，都一一嵌进所认知的“爱的模式”里。我们只要把正在谈恋爱的友人，比较他的行为反应和他最为推崇的爱情小说、电影主角、书籍，或日常爱的偶像的行为反应，即可获得极高相关的实例。

爱陷于角色扮演时，爱还有何自由可言呢！所以，净化一切的传播内涵，启发个体正确的生活态度——改变过去——不自限个体于过去的认知经验，以人的主体性来创造爱、成为爱、实为恋爱中人的当务之急。

九、爱的原型

家庭里的亲子之情和手足之情，正是爱的原型。原型的塑造并非以对象为对象，而是以对象的内涵——对象与个体之相对的内涵形质（包括情绪模式和行为模式）为对象。以下分为友情、爱情（异性恋）、同性恋、恋物狂和对神的爱来探讨。

（一）友情

同性间的友谊，是从姐—妹和兄—弟的原型关系发展而来的（见图6-4）。以女性为例，一方以姐姐的角色内涵存在，另一方则以妹妹的角色内涵存在。异性间的友谊，是从兄—妹和姐—弟的原型关系发展而来的。一方以兄长的角色内涵存在，另一方则以妹妹的角色内涵存在。一方以弟弟的角色内涵存在，另一方则以姐姐的角色内涵存在。两方相对的存在内涵，是自由而非固定的。以异性间的友谊为例，某一个时空，男方以兄长的角色内涵存在，女方以妹妹的角色内涵存在；另个时空里，男方则变为以弟弟的角色内涵而存在，女方变为以姐姐的角色内涵而存在。随着时空的转换，双方的存在内涵也作相对的转换。所以，就意义性而言，友情是以对等的关系而存在的。

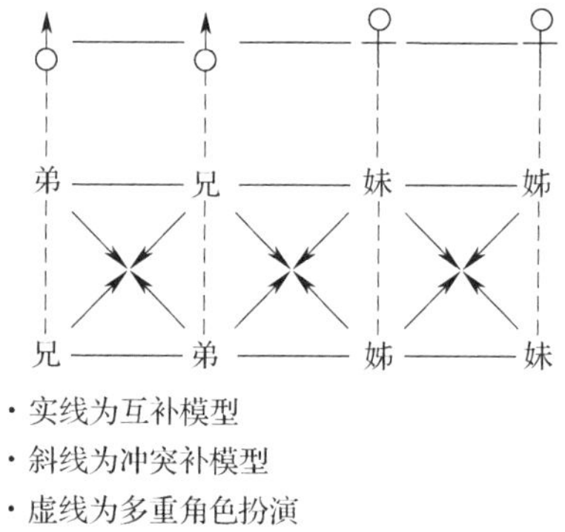

图 6-4　友情的家庭角色原型

家庭的原型关系如相处得不好，势必影响将来的友伴关系。家中如无兄弟姐妹，则以家族中的亲友或邻居来扮演缺漏的角色。所以，独生子人际关系的普遍不良，父母的养育方式并非充分的原因，友情的原型未能塑造才是主要的因素。“结义金兰”的仪式，和“情同手足”的赞赏，实在是有来由的啊！

社会人际关系中，人与人之间的相处，是以绝对自我式的对话为主。对话，是原始生命的呐喊，是自我的表出方式。“你和我一样”，“我和你一样”，“我们都一样”，对话以语言和文字的精灵，暴露了人际间绝对的自我。你讲你的，我讲我的，对方只是用来表现自我、发泄自我的对象而已。友谊的高贵即在于，透过手足原型本具的血亲关怀和爱，替社会人际关系植入绝对脱离自我式的对话，社会（人类）方得以进化于爱与和谐之中。

咨商、辅导层面若不注入手足原型的内涵，仅以咨商关系而做“绝对的倾听”、“无条件的关怀”和“以对方为主体的对话”，甚至把这些原则直接移植到人际关系里，可预期的对方变成对对方（或双方）主体的试探，后果是不堪设想的。

（二）爱情（异性恋）

异性间的爱情，是从父—女和母—子的原型关系发展而来的（见图6-5）。男方以父亲的角色内涵而存在，女方则以女儿的角色内涵而存在。女儿的角色内涵还包含了妹妹的角色内涵，父亲的角色内涵则包含了兄长的角色内涵。另个时空，男女的角色内涵存在时，女方则变为母亲的角色内涵而存在。而且，母亲的角色内涵，包含了姐姐的角色内涵；相对的，儿子的角色内涵，则包含了弟弟的角色内涵。

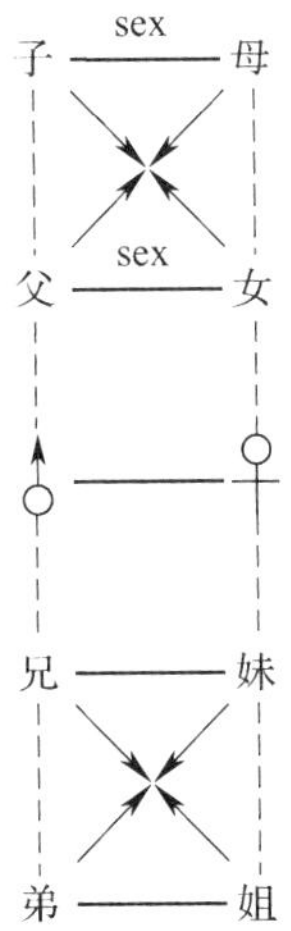

图 6-5　爱情的家庭角色原型

异性间是有友情存在的，当双方以兄—妹、姐—弟的原型关系存在即是。如果，兄—妹角色内涵发展为父—女角色内涵；姐—弟的角色内涵发展为母—子的角色内涵，则两人的友情已发展为爱情。

某些人以父—女，母—子关系的原型关系，直接进入爱情，某些人则经由友情进入爱情。父—女和母—子的原型关系里，隐伏且显示了强烈的性关系。当发现或商议决定由友情进入爱情的时候，双方都会有若干程度的惊惶和畏惧。这种惊惶和畏惧，即源于兄—妹和姐—弟原型的乱伦畏惧。我国的“创（再）生神话”里，伏羲与女娲以亲兄妹结为夫妇，而成为再造人类的始祖——暗喻着永恒的延伸（注二十二）。不但提示了由兄—妹、姐—弟发展为父—女、母—子的爱的原型，似乎还把由友情而爱情的原型关系，摆在直接进入爱情的原型关系之前！

个体于家庭中之父—女和母—子原型若发展不良，势必影响到日后的爱情，使得角色内涵的自由转换受到阻碍。就轻的一面而言，则偏于父—女原型关系，或偏于母—子原型关系而存在。如果双方皆有同一偏向，爱情的关系虽然已不完全，但因原型的满足，仍可维持良好。如果双方有不同的偏向，或有一方要求角色内涵的自由转换，则爱情的关系将难以延续。就重的一面而言，则有导致同性恋与恋物狂的可能。

（三）同性恋

女同性恋是因母—女原型关系的内涵固着，转化为父—女的原型内涵而存在的。母—女原型的性色彩极低，转化为父—女原型后，其内涵的性色彩变得极为浓厚（见图6-6）。

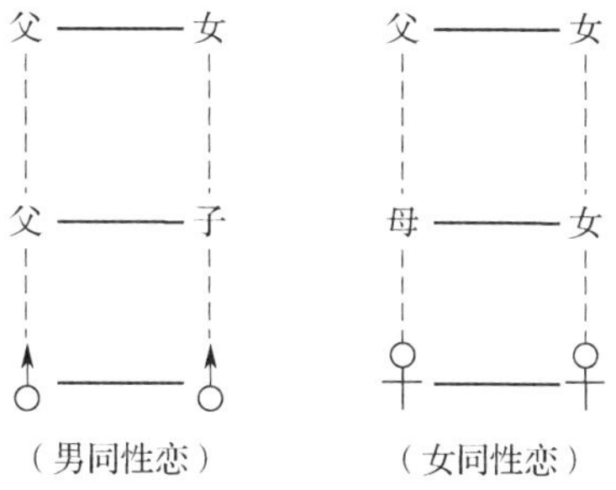

图 6-6　同性恋的家庭角色原型

虽然，“猴子在子宫期之雌性胎儿，若给予雄性激素，分泌之促性腺激素虽亦为雌性型(有周期性)，但成熟后常会出现异常的性行为”，“且人类女性如在早期施以雄性激素，长大后，并不改变其促性腺激素的分泌型。但其行为却会出现男性化的表征”，这只可当做 Ionism 的生理基础，艾里士把同性恋行为当做“先天的倾向迟延表现的结果”，不足为证但仍应保留。

我们发现，“睾固酮及动情激素可增加男性性欲”，“以睾固酮给予同性恋者，只可增加其对同性的性冲动，而不改变其对异性的性冲动，因此，只是加强其治疗前的行为而已，并不能改变之。”且人类脑部两侧杏仁核的刺激和病变，也只造成性活动的过度（注二十三）。所以，同性恋可能与内分泌腺素和神经系统无关。

Rosenbatt (1965) 的性实验发现：“雄猫阉割手术前有过性经验，手术后仍有性反应（性行为）。不然即使注射睾丸素，也不会起反应。”，又 Dennen Berg（1964）实验结果：“幼鼠由其异类之鼠养大，成年后求爱于异类鼠的异性”。Mainard，Marsan & Pasguali(1965) 实验结果：幼鼠由带有异臭之鼠养大，成年后雌鼠选择带有该类异臭的雄鼠求爱”（注二十四）。因此，同性恋行为受到出生后经验的影响，可能超过生理、内分泌的影响。

变态行为里，为了表现“变态”的属性，往往极为强烈地暴露了其他层面的某些属性。但是值得怀疑的是，我们所称之为变态的行为属性，其所以变成“变态”的原因在于：个体对于另一方面的属性，即所暴露出来的另一方面的属性，有极其强烈的要求。一般的正常行为模式，对此属性所提供的表达程度，无法满足个体的欲求。于是，个体就改变用以界定正常行为的某些属性（例如：对象的改变），而以另外的一种行为模式出现。这另外的一种行为模式，由于用以定义的属性已经改变，所以被人们称之为“变态”。但是，这种变态的行为模式，允许个体充分、明显而有自由的，表达出已在正常行为模式里被限制的属性。由于大众的眼光，已定焦于“变态”的行为属性。所以，个体欲求的那些属性，虽然强烈到以暴露和表出（acting-out）的方式来满足自我，却不会受到非议和禁止。

健康的人际关系中，由于角色内涵对等的自由转换，所以“强”和“弱”，“保护者”和“被保护者”间的形态，并不显著且为所平衡。同性恋里，不但表出了“保护者”和“被保护者”的特质，且必然以“保护者”和“被保护者”的关系而存在。

比较同性恋和异性恋间的角色内涵，如图 6-7 所示。

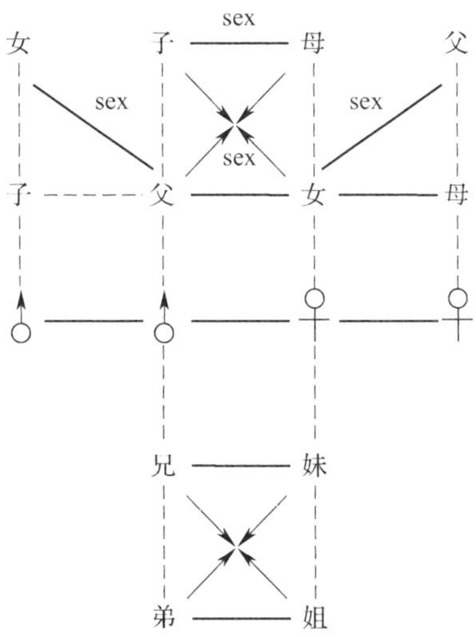

图 6-7　同、异性恋的家庭角色原型

同性恋之间，已无兄弟姐妹的对等关系，又由于性的加入，所以并无兄弟姐妹的原型存在。同性恋者间是以（保护者）父（母）—女（子）（被保护者）关系存在的。

以男同性恋者为例，若某♂是保护者，则以父→子的角色内涵，取代父→母的角色内涵。性的凸显，又使得父→子的角色内涵转化为父→女的角色内涵。若某♂是被保护者，则以子→父的角色内涵，取代子→母的角色内涵。性的凸显，又使得子→父的角色内涵，转化为女→父的角色内涵。

同性恋者以其H–G势力的差异，决定保护者与被保护者关系之后。此父→女的角色内涵即呈固化，而不会转换成女→父的角色内涵。除非又与其他个体产生新关系，否则在一对同性恋者之间，其角色内涵是刻板的。

以下，经由原型内涵的详析（见图6–8），来说明同性恋的转化过程。

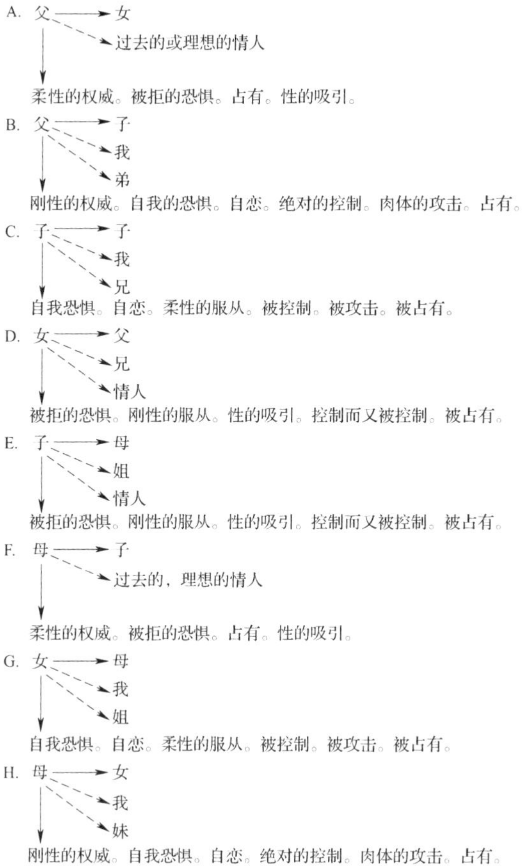

图 6-8　同性恋的家庭角色原型

♂：若 E 固化发展为 {F、E}。

♀：如 D 固化发展为 {A、D}。

二者日后所发展之爱的原型，F、E 和 A、D 都还在异性恋的领域。

如果：（对象为同性）

♂：固化于 C → {B、C}。且 C ≌ G。∴ △ ∴ B ≌ A，且 G ≌ D。故 {B、C} → {A、D}。

♀：固化于 G → {H、G}。且 H ≌ B。∴ △ ∴ B ≌ A，且 G ≌ D。故 {H、G} → {A、D}

个体出生之后，男性必以 C 和 E 两种原型内涵而存在，女性必以 D 和 G 两种原型内涵而存在。C、E 和 D、G 的平衡发展，造就了健康的个体。如果：（对象为异性）男性一直是保护者的象征，女性也一直是被保护者的象征。所以，经由内涵的转化，保护者有男性化的倾向（注二十五），被保护者有女性化的倾向。所以，男同性恋者：C ≌ G，女同性恋者：H ≌ B“性”。（△）的渗入遂使 B ≌ A，G ≌ D，而产生：{A、D}。

同性恋者固着在 A、D 的原型内涵，且固着对象的不同可做 A 或 D 的原型转换。所以，C、G 内涵的固着以至对 A、D 内涵需求，才是同性恋的肇因。

由于某属性的固着，导致同性恋倾向，又经由同性恋不完全的性关系和意义性的高度满足，竟然又以角色的扮演和内涵的转换，弥补完全了另一个属性。人类自求完满的奥秘，于此展露无遗。

图腾制把家庭血亲系统，巧妙地转换为社会人际的系统。并以此最早的社会角色——图腾的类别，控制家族的乱伦畏惧。图腾制严密地防范母—子、兄弟—姐妹的乱伦，却没有防范父—女间的乱伦。于某些神话、传说中，常可发现，以父—女的乱伦而为后嗣承传的原型。同性恋以父—女原型，是不是单纯的巧合呢？自古以来，同性恋的盛行不衰，是有它深厚的原型基础的！

（四）恋物狂

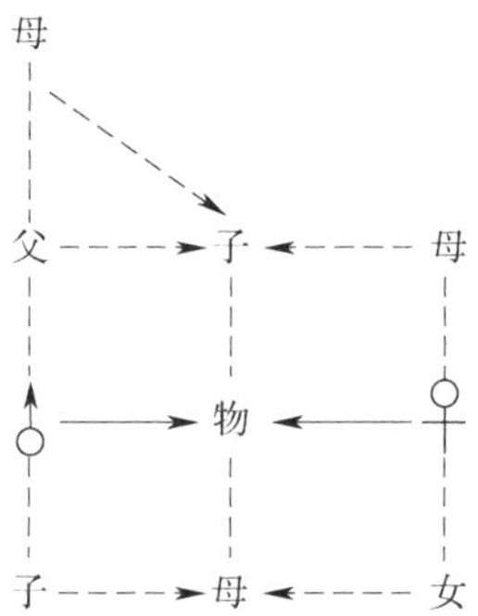

图 6-9　恋物狂家庭角色原型

恋物狂是自我满足的。由于 C、E 或 D、G 原型内涵的混淆，原型对象的混乱和对象的取代。个体经由共同的子宫经验，以性的途径，用 F 或 E 的原型内涵连结了物我间的关系。F 型较多，E 型较少。E 型与种族的图腾崇拜——被包容的子宫感，发生极强烈的连结。F 型则成为图腾的搜集者，或自身变成图腾。

（五）对神的爱

宗教爱是人类对本体的自我追寻，宗教爱实即自恋。范应元说："鬼神，阴阳中之灵也。'鬼'，归也；'神'，伸也。张子曰：'鬼神者，二气之良能也。'朱文公曰：'以二气言，则鬼者，阴之灵也；神者，阳之灵也。以一气言，则至而伸者神，反而归者为鬼，其实一物而已。'……。"（见图 6-10）（注二十六）

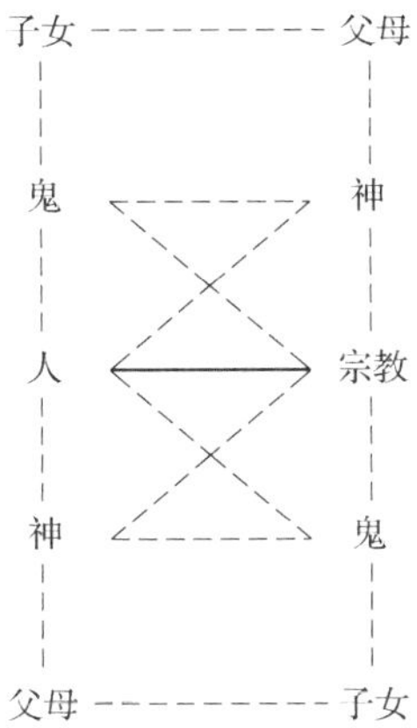

图 6-10　宗教的家庭角色原型

不论“以二气言”或“以一气言”，阴阳之灵都必须汇聚于人的身上，才可运作而有所谓鬼神。“人”、“鬼”、“神”是人与世界相对待之下，所产生之三种内化的人性模式（参见人性论）。不论所谓的鬼神是否存在，这三种人性模式都已刻板式地模塑而成，而由各种传播媒介以之为“文化”的内涵之一，承传于当代与后代。每一个当代之人的出生，每一个人一世界的发展，都无法逃避此“文化”先验的制约，使得这三种人性模式外塑而入于人格之中。更严重的是反溯而上，又先验的模塑为宗教的宇宙观、本体论与“人”性论。使得人本世界变质、破灭，并以之为个体生活的指导原则。

“人”、“鬼”、“神”三位一体，犹如天、地、人“三才”不可独存。三才而人居中，“人、鬼、神”也以人为主体而相生。人不仅为“人”，他是“神”也是“鬼”。“人”脱离了“神、鬼”，则“神”变成绝对的神，“鬼”变成绝对的“鬼”，而人也变成了“人”。人孤立于神、鬼之外，除了“人”，人已经什么都不是。人不仅和神鬼脱离，也和天地割离为被弃的幼子（注二十七）。

宗教太美了，美得让人晕眩。宗教的创起，是为了结合“神鬼”，完成人的整体。不幸的是，宗教的后继者将宗教变成绝对的宗教，以绝对的神和绝对的鬼排斥人于天地之外。以其神来对应人的鬼，又以父母的原型内涵包含了人的子女原型内涵。于是，人就不断地堕落为“人”了。只有在秘教里，才容许人以父母的原型内涵而存在。人不甘为“人”，他必须寻回本具的“神、鬼”。于是，宗教成为必需。一般的宗教，所以会那么地吸引人而又被人抗拒；秘教之所以存在，是必然现象。

宗教的存在已久，人的孤立已久。当个体开始经历认知过程、社会化过程之时；“神、鬼”即告脱离，附身宗教而为绝对的神鬼。今天，一个人若要寻得完整的本体，很荒谬地他不得不踏入宗教的殿堂（注二十八）。为了人的完成，人必须爱宗教。如何从绝对的神鬼里，寻回本具的“神、鬼”，与“人”结合成为生命本身，这是宗教之爱所必须完成的。

十、结论

爱欲：宇宙中最可怕的，也是最美丽的。在这里，灵与肉根本毫无立足之地。这里没有德性，没有罪恶，没有欢乐，也没有苦痛。可是，偏偏这里却是一切美德、苦果的源头。所有的欢乐与苦痛从这里生、这里长、这里灭。一切的苦乐物我之分，都在此相生相化融合为一，而又超越于所有命定限制之外。这里什么都有，也什么都没有。令人惧怕的，或许这里即为最最完美的圣洁之域呢？而令人惊慌欣喜的，这里的确就是。

爱欲之美与种族图腾，是密切而不可分割的。借着爱欲之美，个体不仅投身于生之本源，也超越了生物性的限制——死，而延续生命、种族于永远、永远。可是，人只成为“人”之后，他仅剩下刻板地绝对自我（注二十九）。“他妈的，如果我一辈子都得是我，我不憋死才怪！”——这个“我”即为绝对的自我。我以我为中心，你以你为中心，他以他为中心，每个人都以每个人的“我”为中心。看向自己，是数也数不尽的“我”，各形各色杀之不灭的“我”。看向世界又是一大堆，一个个孤零零的“我”。个体于“人”的领域里自我追寻，得到的、抚触到的，完全是绝对的自我。可是，我们忍受得了多少绝对的自我呢？精神病患者是活生生的例子。——他们锐变，痛苦地锐变为刻板地绝对脱离自我。精神病病床的增多，也明示了这一个时代——追寻自我的危机。

每一种爱，都包容有宗教爱的内涵。只有求爱和变态行为里，才有绝对脱离自我的存在。爱之所以是个体的重生和再创造，即因为经由爱，我们寻回了本具的“神、鬼”，深入而完成人性中的人人之大，以及命定的深层自卑。可是又有多少人能真正成为爱，在爱里寻回本具的“神、鬼”呢？神、鬼卓然而立于宗教，人们根本就忘了“神鬼”。不知己身为“神”，就不敢承认自己的“伟大”；不敢承认自己的“伟大”，也就不愿承认别人的“伟大”。不能承认自己和别人“伟大”，就会自绝绝人而阻断了“人之成长”。不知自身为“鬼”，就不敢承认自己深层的“自卑”；不能承认自己的“自卑”，就无法蕴现出对生命的“敬”意，以及生命的高贵之感（参见人性论）。人失去了“神鬼”，爱里的“神鬼”隐伏不见，面对着爱时，人只剩一脸茫然!

爱里，人们必然经历二重危机：一为角色扮演的危机，二为性与意义契合的危机。爱的角色扮演在先，把自发的生命之美局限一隅。性与意义失调在后，意义过度伸张而陷于等待、停滞，抑或性的恣肆横行而吞噬了意义。强暴、离婚、未婚妈妈和层出不穷的怨偶，已严重地影响个人、社会的存在状态。原因何在呢？对于爱，人们实在太轻率了。我们只在爱情和婚姻爆裂后才来补救（也一直补救不了），而不知事前的预防。大多数人都在未具备爱的能力之前，即闯入恋爱的殿堂，又在身历险境而不预知不自知的情境下，陷身于爱的二重危机。并非想爱就去爱，而必须在自己具备了爱与被爱的能力之后，才可以去寻求爱、给予爱或接受爱。只有在双方都具备有爱与被爱的能力之后，才可以携手踏入恋爱的殿堂去追寻生命的本源——人之秘密的探索，及生命之我的真正完成——新的完满自足的人——世界的建立。所以，在恋爱之前，男女之间友情的中介是必需的。至于友情的重心，则须回向于家庭，并消除爱的角色扮演。

在属人的“新宗教”尚未创起之时，当艺术激起我们生命之爱的自觉之际，请让我们先回到——每个人的家庭。让我们从爱的原型出发，在家庭里父母兄弟姐妹间，用心地学习、细细地品味爱的一切艰辛与甜蜜。只有感受得到、接受得了父母兄弟姐妹之间，每一丝毫的爱与关怀，并且能够在日常生活中，“具体地”、“主体性地”施爱于父母兄弟姐妹之后，才算是一个成熟的、具备有爱的能力的个体。他才能坦坦荡荡地进入爱欲之美，与二重危机搏斗，而成为爱欲之美。

异性爱的追寻与完成，是必需而充满魅力的。但请让我们时刻反省：一个不愿或不能主动或被动地给予其至亲父母手足，完整的爱与关怀的人，他有可能真正完全地去爱一个“陌生”男子或女子吗？一个不愿或不能主动或被动，完全地接受其至亲父母手足之爱与关怀的人，他有可能真正而完全地，接受一个“陌生”女子或男子的爱吗？所以，家庭生活中“孝”、“悌”两种德行的完成，也就成为每一个人是否具有谈恋爱资格的指标。

契约式的“假象”恋爱认为：今天我既已相恋，则不管日后有何变化，是我契合不住你的美也罢，或是另有人更能激发、享受你的美也罢，你都不可以离开我。否则，对方即为不忠、移情别恋，自己即为失恋、被弃。于是委屈于虚幻的意义性，自以为不忠，自以为失恋，而自迷自苦，妨碍了人人之美的完成与人之现象的进化。

爱不是契约，爱是生命之美永恒的追求。在你的我世界中，我必须是最能激发你的美，也最能挖掘、享受你的美的人。在我的我世界中，你也必须是最能享受、最能激发我的美的人。也唯有如此，才称得上是真正的爱恋。若有一方不能达到这个标准，则将抑制对方的成长，而使得爱欲之美立即消失。所以究竟而言，并无所谓移情别恋，亦无所谓失恋。个体于真正的爱欲之美破产之后，他不是自怨怨人，也不是迷恋地拘执于过去的爱恋；而应该更为积极地观照他自已，返身投入自已家中，继续修持他未尽的德业——孝悌。因此，由孝悌之道所透发的，爱欲之美的可能性，即可凸显、连结于仁民爱物的理想之中。

注释

注一、1983年5月2日，台湾地区《联合报》第8版，以《寂寞的浅酌》为题的“扬子专栏”，即于文末把此一论述，以优美、深切而普遍的形式表达了出来——“常常有一种冲动，把某一意义投向一个人而博取回响，正如小时捧着学校奖品跑回来高喊……‘妈，妈……’可是众神默默……。”

注二、印顺法师著作，《中国古代民族神话与文化研究》，华冈出版公司，1975年10月，401页。

注三、表面上，嫖客和妓女虽以“性交”为其连结形态；但嫖客之所以“嫖”妓，却有若干的心理需求。Rollo May在其《Love and Will》一书中指出，“就某种程度而言，性是克服隔离感的自然而正常的方式，是解决问题的答案之一”，“性交以避免绝望的空虚”。嫖客把生活上对家庭、对权威、对别人、对自己的挫折和不满，转化于银货两讫式的性交。就积极层面言，嫖妓行为已成嫖客的自我防御机制。嫖妓不只是性交，更重要的是，还包含了意义上的满足和发展。

注四、参见后文——爱的二极性。

注五、项维新、刘增福主编，《中国哲学思想论集》，宋明篇，谢扶雅著作，邵雍先天学新译，附注（6），牧童出版社，1976年8月1日初版，115页。

注六、台湾地区《中国时报》1978年6月1日第7版所载：“林怀民是个男人，编出来的舞深具阴柔之美，林丽珍是一个女孩子，编出来的舞却具有阳刚之美。”这种现象绝非偶然，而是理所当然的。爱，是生命的完成。艺术所带予人的，即是生命之爱的自觉。Ivan Pavlov和B.

F. Skinner 所领导的行为学派，缺乏人文的素养。对人类“行为”的研究，应注入人文精神更深入于“动作”的基础，对戏剧尤其是舞蹈，做科学而深入的探讨。

舞者以肌肉松紧的行为溶身于时空之中，借着角色扮演的身份（我在扮演一个角色，不是我），以其行为泄露了舞者——人——的秘密。舞者（艺术家）经由舞蹈——各种动作夸张、细腻的延伸（其艺术形态），经验了生之秘密而进入生命之爱，如玛莎葛兰姆有如神的感觉是极其自然的。

注七、阴阳本能的表现，是个体生存的基本原则，也是逃避痛苦和追求快感原则的基础。阴阳本能若处处受挫，不得自由展现，个体即呈萎缩状态，生活不能调适，甚至演变为病态。又，阴阳本能包含神经、内分泌和社会化学习的整体观念。

注八、尹喜撰，《关尹子》，台湾地区商务印书馆，1973 年 11 月台 1 版，13 页。

注九、个体于母体“子宫”内，即受“被包容”的诱导性制约学习，为出生前先于认知的快感经验。个体出生后的快感原则，则经由母亲长期的主动性亲密爱抚、拥抱和哺乳经验制约而成。母亲的亲密拥抱，塑造了个体“企求被拥抱”的快感原则。被对方抚摸时肉体上所感受的快感，远胜于抚摸对方时肉体上所感受的快感。婴儿把母亲的乳头含于嘴里吸吮、咬，所制约成的快感原则，“显然”是恋爱时，想吞进、吃掉对方的间接诱因，直接诱因则在于绝对自我的企求绝对拥有。

注十、被爱是给予，而非让步。爱里要求的是，对等的层次及对等层次的提升。“让步”不但是本末倒置，且造成了高低层次的对立，给予和接受的本质也会被歪曲。

注十一、“尊敬”源于绝对的脱离自我，爱与敬是不可分的。开口要求必须心存敬意。试探，已无敬意可言。《旧约》中，上帝对亚伯拉罕开口要求式的试探，绝不可取。

注十二、拥抱，不仅是抓住，且要求被包容。两人相拥时，低吟而起的一声“抱紧我”，是最佳的说明。如果不要求被拥抱的话，就不会有人被责成为“冷感”、“木头人”了。参见注九。

注十三、爱欲是包含生理和心理层面的爱。生理层面为性的需求，心理层面为意义性的需求。

注十四、最明显的例子，莫过于结婚数十年的老夫老妻了。只要其一的老伴逝世，另一位必也将不久人世。维系其世界数十年的桥梁——老伴，一旦间突然或渐渐地毁灭、塌倒，整个世界变成了一片空白，独存的他也只能孤零零地蜷曲而消失了。

注十五、W.F.Ganong著作，杨文动等编译，《医用生理学，母性行为》，杏林出版社，1977年2月出版。198页。

注十六、根据H.Harlow and M.Harlow，“Learning to Love”。Amer，Scientist，Autumn，1966，54，No.3，351。我们发现：早年欠缺母性依附（身体的接触，性指向的）的母猴，成年后有性行为的困扰，也不能正常地育婴，有两只原先不尽责的母猴到了养育第二只猴时，情形就好多了，亦即有了母性行为。事实上，这些母性行为却又是夸张的，她过分地保护小猴子，在正常的猴子已与小猴子断绝了身体接触时，她依旧不让小猴离开。

变态行为常扮演泄密者的角色。母猴与小猴间夸张的身体接触，表现出了“性抚触”被唤醒后（恢复后）的过度补偿。抚触是母性行为的基础。母性行为的抚触则源于母亲的绝对自我。抚触行为在小孩渐长时，成为一种赞赏的工具，如拥抱和亲吻。小孩越长，母性行为的抚触越趋于意义的、抽象性表现。越为文明的社会，性抚触脱离得越彻底。而母亲为成年的孩子理理领子，拉拉袖子，则为母性行为性抚触的遗迹。

生理上我们又发现：“在授乳的妇人，有时会因性器或情绪的刺激而释放出催产素，使得乳汁大量涌出。”

注十七、《素女经》云：“夫欲交接之道男候四至及乃致女九气”。男性只要和、趴、骨、神四气齐备，即已完成性交前的准备，可进行交接。且此四候都集中表现在男性器官。女性却须肺、心、脾、肾、骨、筋、血、肉九气齐备，才能完成性交前的生理准备。且此九气包含了躯首四肢和内分泌的整体反应。

注十八、绝对的意义相当于所谓的精神世界，隶属爱欲之美。包含了叔本华所谓的“种族之灵”，及弗洛姆为之敬礼有加的“人之秘密”。

（M6）的产生代表着爱的另一个境界。（M6）之前如以低电压的“场”表示，则（M6）之后的“场”即充满了超高电压。在此充分展现人之本体秘密的“场”，如未经周全准备即贸然进入，在尝到甜头之后，即有粉身碎骨之危。而婚姻关系试图以意义的约束——（M6）和允许随时进入 S6 两条途径，来做若干程度的有效补偿和挽救。

注十九、MS5 表示，这时候的爱是以性为主体，而以意义统合。S5M 表示，此时的爱是以意义为主体，而以性来统合。

S5M（M6）表示，此时的爱以意义为主体，而以性统合，且二者又为绝对的意义所包含。

注二十、爱里，性与意义两层面必须并行发展。任一层面遭受阻扰、压抑，或任一层面超前的过度发展，都将导致当事人双方的苦楚和爱的破产。在M3S3至S6间由于性的导引，使得意义层面附身于性本体之上。而此萎缩的意义，却以夸张的假象和性并行于爱的行程，这是吾人所应戒慎恐惧的。为了弥补与发展萎缩的意义，唯有扩大双方的接触面，对M6，M5S，M4S2，M3S3，M2S4，MS5做整体的契合，深入对方生活的每一个点、线、面，才能保持意义真正的与性平行而进。

注二十一、Aflred Adler说：“原型与生活方式间的区别，就像一个未成熟的与成熟的水果之间的区别。”

注二十二、《中国神话故事》，洛河图书出版社，1976年8月台湾地区初版，13~21页。

事实上，创生神话应再细分出一支“再生神话”。像我国的盘古开天而尸化，盘古以泥造人，女娲以手捏、绳甩、搏泥为人等，都可视之为创生神话。世界各民族的创生神，不是自然神、人神就是物或动物神，不是雌的就是雄的，或者是没有性别的。在创生神话里，虽然已有性别出现，但都只是单性的独存，还没有两性一块儿出现的场面。所以，创生神话里，最重要的是暗示了人与物或动物之间的关系。这一点不在本文的范畴之内，先予以搁置，可参见本体论。世界各民族在创生后，不是火烧就是水淹，都经历了大灾难、大毁灭。人们都死光了，东西也都毁坏了。而描述或记录大毁灭后，人类再生和种族延续的过程，即为“再生神话”。

在再生神话里，两性就一块儿出现了。更奇特的共同点是，这仅存的两个异性竟然是兄—妹或姐—弟关系（大抵而言，没有哪一个民族的神话例外）。不成其为例外的例外是，西方的神话里有少数的父—女关系的存在。这经由性而结婚、延续生命种族的两性，为什么偏偏要兄—妹，姐—弟或父—女关系呢？这遍存各民族的再生神话，是在暗示些什么呢？婚姻——性——爱情的原型基础，已隐秘而含蓄地展露在各民族的再生神话里。

注二十三、前引书，《医用生理学》，197—198 页。

注二十四、余昭著，《人格性理学》，1977 年 2 月初版，359~360 页。

注二十五、前引书，《人格性理学》，362—363 页。

Bandura(1963) 的实验指出，不论性别是否一样，小孩向有权力的大人模仿得较多，不过女性模仿男性权威者的情形，比男孩模仿女性权威者为多。Hetherington(1965) 的实验结果亦如此。

注二十六、王云五主编，陈鼓应注释，《老子今注今译及评介》，台湾地区商务印书馆，1977 年 1 月修订 3 版，198 页。

注二十七、神教以“神”为教，则“鬼”相应而出，信徒为“鬼”，可以基督、天主教为代表。

鬼教以“鬼”为教，则“神”相应而出，信徒为“神”，可以佛教为代表。

人教以“人”为教，则“神”、“鬼”趋于隐没，而神教、鬼教得以立，可以儒教为代表。人、鬼、神三教合而为一，则以“人、鬼、神”并存。可以道教为代表。至于融合“人、鬼、神”而为一体人的重视，则有待于道教的再出发，一个“新宗教”的诞生。小团体动力学的形上学——真正的人本哲学，即为“新宗教”奠立优美的哲学基础。

注二十八、齐克果之所以高呼“个人在神面前才能真正找到自己的存在”，即为生命于“神鬼”的自觉。

注二十九、刻板的绝对自我，必然导致主体的自动反抗。反动的结果则为，刻板的绝对脱离自我。

第七章

小团体动力学的人格理论

人格的发生与定义

人格结构与类型

人格动力

人格发展与人性的回归

人格理论是在古老的本质论与因果论的思考下，所孕育于科学世界的产物。一方面用以描述个体所可被观察的言行整体，而以之为个体之整体的表征。一方面认为，个体可被观察的言行，只是个体展露于生活场的表象。这些外显的言行，以及这些言行高度的一致性与特殊的歧异性，皆有其位于个体之内的“本质因”。此内存于个体之内，掌理个体各种言行之形式与内容的本质因，即为个体之“人格”。

通常我们是经由内省、观察或测验量表，对外显言行给予归因的解释，以推测个体的本质因——人格。那么，这个被视为本质因的人格，是否为“实体”（reality）呢？或只为互动过程之formal的指标呢？是个体与环境互动的过程？或为终极产物（end-product）呢？如果把人格视为实体，那么人格一词所指称的对象，也就非大脑莫属了。

人格的发生与定义

随着婴儿的成长，大脑细胞逐渐地分化。在不同的区域，分化为不同的结构，而有不同的功能。这些分化后的结构即称为大脑之部分生理的Gestalt。这些部分生理Gestalt，各有其不同的功能。这些不同的功能，即为大脑部分的功能。这些部分的功能，因其所属部分生理Gestalt的成熟，而成为部分的功能Gestalt。形成Gestalt之后的部分功能，即具自立体的位格，而有其自身之整体性与运作力。此部分的功能Gestalt与外界交互作用，使其所属之部分的生理Gestalt，接受更多的刺激并做更多的反应，而使得此部分的生理Gestalt之capacity越大。

部分生理 Gestalt 的 capacity 越大，则其部分的功能 Gestalt 越安定，功能越成熟。不同部分之生理 Gestalt，因个体早期的生活经验，其所接受刺激及所进行的内外交互作用，会对不同部分的生理 Gestalt，产生不同的安定性与成熟度。不同个体差异的早期生活经验，使得相同部分的功能 Gestalt，也有不同程度的发展，而有不同的规模。不同的规模部分功能 Gestalt，则整合为全部的大脑功能 Gestalt。但是，因为各部分 Gestalt 的规模仍在发展中，所以大脑的功能 Gestalt，稳定度不大，形态也不断变动。

一、第一个关键期

当个体发展到三至四岁的时候，其部分的生理 Gestalt 之 capacity 继续扩充的可能性（注一）已大概决定。所以各部分功能 Gestalt 之间的势力，在不断地整合为大脑功能 Gestalt 的历程中，终于第一次获得了稳定性的形一基关系，这是人格发展的第一个关键期。这个获得首度安定性的大脑功能 Gestalt，就是人类的心理 Gestalt，上述各部分的功能的 Gestalt，即为此心理 Gestalt 的部分 Gestalt。

个体于出生后，中枢神经系统即已取得全身各部分的控制权，所以其生理 Gestalt 早已出现，只是其各部分的生理 Gestalt 之 capacity 仍在扩大中。虽然早在 1 岁时，即有许多由心理 Gestalt 所引发的行为。但其中有许多行为，都是心理 Gestalt 或其部分 Gestalt，在“练习”其对生理 Gestalt 或其部分 Gestalt 的配合与控制能力。由于个体在 2 岁左右，即已充分地展露出初级的主体性行为，所以可将S-G的首度形构定在2岁。至于S-G本身capacity的发展以及对P-G与B-G的涵摄能力，尤其是其于H-G中成“形”的能力，则视个体的不同而有差异的发展。只有在三四岁时心理Gestalt首度保有其稳定性。这时候，个体人格的原型——H-G已经形成，此即所谓：生理的气质之性。此人格原型Gestalt之“figure-ground”的结构方式，影响了其后人格Gestalt的发展。亦即，影响了往后结构为人格之元素的取舍，尤其是人性元素于人格Gestalt中结构的方式。它允许相同或相似之部分Gestalt，以相同或相似的关系来结构，不同或歧异者则较受排斥。但是个体在7岁以前，上述的影响力并不是绝对的。因为在这段期间，某部分Gestalt虽然取得暂时性优势，但是各部分Gestalt之势力仍在改变之中。各部分Gestalt忙着增大自己的capacity，熟悉与运作自己的功能，以及与别的部分Gestalt发展关系。

3岁以前H-G的发展，完全由外界环境所提供之刺激的质与量来决定。此时的个体仅能依其H-G之各部分Gestalt不同的成熟度，来加以选择吸收和反应。3岁以后，个体各类Gestalt之部分Gestalt的势力已取得较稳定的形一基关系。所以H-G也才有初步的稳定性：也就是说，在稳定的形一基结构下，个体已较能主动地去接触或制造或接受外界的环境刺激。

虽然3至7岁之间，个体可以接触得到的刺激，仍由外界其他个体所控制。但是，此时的个体却已拥有一个较明确的参考坐标，一个代表B-G气质之性的H-G人格原型，去抉择与对其“我世界”。在这种较具模式化的选择性接受与反应的过程中，个体之内三类Gestalt的势力，终于在个体6至7岁左右，获得了安定的形一基结构，而塑造了个体的人格——H-G，这是人格发展的第一个关键期的后关键期。

二、第二个关键期

H-G 在小团体动力学的观点里，即称之为自然人的人格。往后，亦即 7 岁以后，个体的发展即依此 H-G 之内，各部分 Gestalt 间形—基关系的分配，来摄取各种资讯（包括知识与行动），以继续充实各 Gestalt 的 capacity。所谓的人格，尤其是人格的一致性，就是指 H-G 内各部分 Gestalt 差异的势力所结构的形—基关系。由于整个 H-G 的势力已经固定，虽然强度随年龄有所改变，但其指向度已经固定。所以各部分 Gestalt 随 capacity 的增大，虽然其形态也会有若干的变动，但其作用所及却只能对 H-G 的强度有若干的影响。

必须注意的是，个体在 15 至 16 岁以前，虽然有其人格——“我”存在，可是这个“我”在实质上，却在早年已被其外界环境所塑造。个体发展过程的前期，个体知识的内容，以及我—我世界的建立，都是一个外塑的过程。在此外塑的过程中，个体之人性结构 B-G、P-G 或 S-G，成为内在的动力。人性所内涵的本质，则为整合成人格 Gestalt 之元素的“题库”。

但选取哪些人性元素，以哪种方式整合而成人格 Gestalt，则视其所处环境而定。父母、家庭、朋友，伙伴、学校以及社会文化，所主动（或存在）提供的差异刺激或反应形态，使得个体因其 B-G 的不同，而被动或主动地在其（几乎 one to one 的）限制下，摄取某些人性元素而发展，并整合成差异的人格 Gestalt。个体所有内发的行动，几乎都是早年环境外塑之下的继发现象与结果。究竟而言，此 H-G 是由早期的 B-G 和环境 Gestalt 所塑造的。个体将其视之为当然，视之为我，而依照我的意向来继续发展自我。

一直到 15 至 16 岁左右，个体处于 Piaget 所谓的“形式运思期”，其逻辑抽象思维能力的成熟，使个体集齐全力去观照、反省、批判其各部分 Gestalt 形态间的冲突，而使得个体开始长时间持续地怀疑其 H-G，进而可能影响到 H-G 之形一基间关系的改变。

从 6 岁到 15 岁，个体 H-G 的发展可看成新瓶装旧酒，或不同 data 于同一程序的重复运作。雪球越滚越大，表象上也是形形色色，可是骨子里的东西还是没变。这种人格发展的形式即为 Freud 所描述的人格决定论，以下将此种人格称之“Freud 型人格”（注二）。个体若于 15 至 16 岁（人格的第二关键期），未能突破其特定之 Freud 型人格，则此 Freud 型人格将继续发展，其结构人格的形式也将越为稳固。在 Freud 型人格的运作下，虽然个体仍会断断续续地自我反省与批评，但是往往只造成个体大大小小的心理困扰。最多只能对某些部分 Gestalt 的形态予以修正，所获得的结果往往只是自我冲突，或成为一个 helpless man。

人格的第二个关键期就是：谈恋爱。恋爱的本质即为，个体不断地突破其人格限制与成长。此时，个体把整个生命力，凝结于自我的体验、锻炼与提升，若是未完成孝悌之道即跃身爱欲之流，而不是懵懵懂懂地进行爱的角色扮演，就在性与意义交融上爆裂。不但未能突破自身之 Freud 型人格，反而强化了 Freud 型人格，或者自陷于痛苦的自我困境中。

三、人性的发展

人格，是以人性基础，特化而成的指导性 Gestalt。此动力结构内存于个体之中，而又展露于行为之外，导引个体各种的反应与态度。人格于不同时空的分化，则称之为角色，如图 7-1 所示。

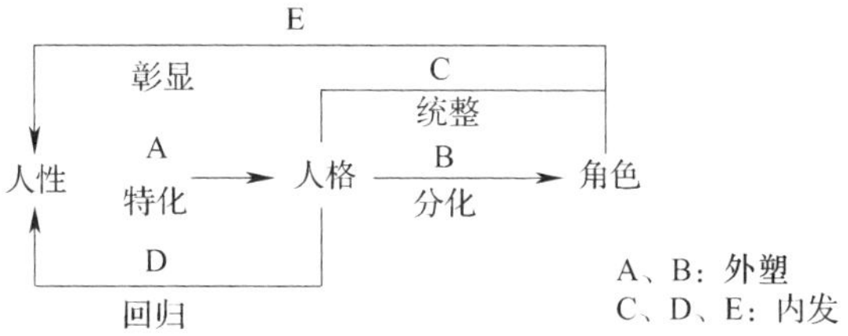

图 7-1　人格发生与发展模式

人性特化为人格的历程，以及人格分化为角色的历程，是以环境的“外塑”（或称外塑，均是“从外而内的影响与改变的历程”）为主。角色统整于人格与人格回归于人性，则以个体“内发”的动力为主。不同角色的展露，无害于人格的统一整合。不同人格的差异，其内涵都有着共同的人性。

Freud 所描述的并没错，Freud 型人格普遍地存在于每一个时代每一个体。但是，Freud 型人格所描绘的只触及（也完整地触及了）人之现象历史性的普遍的病态，而未触及人之现象的本质。外塑而为人格是不可避免的；但是，人之主体性的真正运作，指向于人性之完成——D 的内发过程，却更为重要。所以，应该把人格的塑成，视为过渡的形态，而致力于人格→人性的完成。

由人性而人格，再由人格而回归于人性整体的完成，才是人格理论真正而完整的内容。历来人格理论只涉及于A和B，而涉及于C、D和E的过程。这些病态人格观的普遍传播与承认，使得Freud型人格取代了人性的地位。个体不是固化于人格，就是固化于角色。而当触及自身或他人不同的人格，或人性的另一些层面时，个体总是惊慌而不知所措的自误误人。

有史以来，大多数的人终其一生，都只完成A（包含B或C）。少数完成D（包含E）者，都成为伟人或历史上的佼佼者。人一生中有三大关键期，一于A，一于C，一于D。三者皆为必然的进程，但前者为强制性的外塑，后二者为内发性的超越。C、D的完成，有赖于（1）重大的事件或启示；（2）父母师长的指引；（3）得自知识或艺术的启发；（4）爱欲之美的完成。（1）（2）和（3）仍须外缘所待，（4）则为人人自发的进程。所以，人格而至人性的回归与完成，最自然也最健康的方式，即在于爱欲之美的完成。

为什么个体总是拘执于A或B，而不能完成C或D呢？难题在于传统谬误的人格观，以及爱的理论之误导与压迫，亦即无知与不能行。解决之法在于:

- 有赖于正确人格理论的建立与传播，以及旧势力的打倒。
- 有赖于谈恋爱，故正确爱情原理的建立与传播至为重要。（由于异性爱——爱欲之美的追求与完成是人类的本能，故使得个体于外塑为人格之后，又得以巧妙的自动回归而完成于人性）。
- 人格发展之正确结构法则的提出。一方面可助个体由A转化为B，另一方面可融入于儿童教育和育儿方法之中，尽量地消除A之限制。

人格结构与类型

人格奠基于人性，故由三位一体之人性论，导引出三位一体的人格理论。人性与人格的关系可视人性为母全体，人格为其样本与样本的特化。人格结构源于人性的结构，由生理 Gestalt（B-G）、心理 Gestalt（P-G）和精神 Gestalt（S-G）所结构而成。且 S-G ⊃ P-G ⊃ B-G，并以 B-G 为基础组织；由 B-G 而 P-G 而 S-G，随个体之发展依序整合而成。

一、B-G

由于 Freud 型人格的普遍存在，人格最基础的主要结构，是 B-G 的气质之性。人类虽拥有同类的 B-G，但其 B-G 形态、强度与发展，都有大大小小的差异而各个不同。所谓“集合潜意识”，即以同类生理 Gestalt 形态为基础。在人类的→种族血源的→家族血统的→个体的 B-G 承传的系统之下，个体对自身 B-G 的自识—— body feeling or body-image（体感），导致了同类相聚和不同形态、层次的认同水平。B-G 受生物性本能推动，以求生存为原则取向。在个体发展前期，个体的生理状态以及对其 B-G 的自识，在外塑为人格的过程中，成为主要的动力、内容与关键。不可避免的，在人格之内的核心，灌注了人之“自卑”。

生理的、肌肉能的争斗方式与权力体系，是人类最原始也最基础的生活形态。在人类出生→婴儿→幼儿→儿童→少年→青年→壮年→中年→老年→死亡的过程中，B-G逐渐地发展、强壮，再趋于衰弱、毁灭。在个体发展前期，尤其是模塑的人格（第一）关键期——婴儿至儿童（或至少年）的阶段，其B-G一直是处于“无能”的状态。在此关键期内，其B-G尚未强壮，个体必须依赖他人才得以生存。任何关键期之外的个体，都可随心所欲地施予肉体（对其B-G）压迫与攻击。且终其一生，总有B-G较其强壮者存在，而予以有形或无形的压迫。所以，由肉体之无能、无助，而导致最原始、最基本body-feeling的自卑——个体不适宜存在的、生之剥夺的威胁。

这种生理的原始自卑，必然存于每一个体身上。即使个体发展出以B-G为主体的强势H-G，也无法抹除这根源的自卑。随着个体的发展，以及社会文化教育的熏陶。这种生理的自卑，会转化为心理的、精神的、工作职级等文化形态的自卑。而于各种文化形态之权力体系的竞争与能力展露中，试图来战胜或掩盖自卑。转化后的自卑可能消除，却也易使个体终身役于是而不能自拔。生理的自卑无法消除，人类只能承认其存在而不可与之对立，也不可企图掩饰。生理的根源自卑，只能经由S-G开发出人性之“伟大”予以超越，而不可毁灭（参见小团体动力学的哲学：人性论）。

儿童体格（B-G）的发育，与其同辈朋友的比较，和家庭内外父母或成人的对待方式（态度）——亦即对儿童肉体的惩罚、玩弄（随意的对儿童身体这儿拍拍，那儿捏捏）或任何指向其肉体（B-G）的威胁，将严重地影响儿童人格的发展。在关键期内，幼儿或儿童的生活是以B-G为中心；亲子关系、幼儿教育或儿童教育也应以B-G为重心，着重于安全感的给予，避免任何指向于B-G的威胁（参见附录二）。

二、P–G

P–G于人格发展之第一关键期中，是依附于B–G而成长发展的。在个体继续发展的过程中，P–G获取大量的知识与经验，而储存于其“生理一认知结构体”中。更由于意识与思考功能的充分运作。使得P–G之capacity庞大无比，其部分Gestalt的形态也包罗万象。童年期P–G各部分Gestalt间的势力，即已取得安定的“形一基”关系，使整个P–G势力的发展过程趋于一致的方向。但随P–G之继续发展，其他个体之B–G、P–G、S–G与H–G的诸种形态与强度，也以知识或经验的形式，主动或被动地摄入于（或成为）个体之各部分Gestalt。这些新旧不同的部分Gestalt的交互作用，则又影响了新的部分Gestalt的发生。

当个体之Freud型人格的“形一基”关系，不能满足个体社会生活的需求时，各类Gestalt本身的“形一基”结构，即呈现某种程度的“紧张”与不安定。这些部分Gestalt尤其是P–G的各部分Gestalt，依其形态与强度的不同则会产生新的“格式塔化”的趋向。但是能否成功却须视情况而定。而且，纵使各类Gestalt本身能够产生新的“形一基”结构，各类Gestalt间之“形一基”结构是否再重组，却是更大的一个问题。所以，在Freud型人格的限制中，P–G的功能性运作，虽然自陷恶性循环的困境，却也是打破Freud型人格的契机所在。

三、S-G

B-G 提供 S-G 初级的主体性，P-G 提供 S-G 次级的主体性， S-G 本身则可发出第三级的主体性。主体性之于生活场的展露，则表现出某种“我要……”或“我正在……”或“……是我所做出来的”或“……是我”等，对所展露言行之自我归属（不管是否合乎我的意向，但我是执行者）的监察系统。初级的主体性，展露以“自我中心定位”的、利己的、绝对的执著。次级的主体性展露出“人—我交互中心定位”的，相对性利益与意义的绝对性执著。三级主体性展露，以“互为主体性”的，绝对性价值与意义的绝对执著。初级与次级主体性，是每个人都可以获得与运作的。第三级的主体性却只具有发展的可能性，并不是每个人都能够拥有或运作的。在亲情与爱情的流注中，或可自发性地展露，却不是每个个体皆可于意识中运作与完全控制的。想要发展与自如地运作第三级主体性，就必须打破 Freud 型人格的基限，而致力于人性层次的提升。

四、H-G

H-G={B-G, P-G, S-G}={B-G〔P-G〕〔S-G〕, P-G〔B-G〕〔S-G〕, S-G〔B-G〕〔P-G〕}。自然人之人格呈混沌状态时，H-G= {B-G, P-G，S-G}。当其三个部分 Gestalt“格式塔化”后，即生成 H-G=B-G〔P-G〕〔S-G〕或 H-G=P-G〔B-G〕〔S-G〕或 H-G=S-G〔B-G〕

〔P-G〕三种 Freud 型人格。所以，人格类型学第一层次的分类，即可分为“Freud 型人格”与“非 Freud 型人格”两种。Freud 型人格必然出现，且普遍地（泛文化地）出现于每一个个体的生活史中。非 Freud 型人格则只有少数人，通过文、史、哲、艺术与宗教，或知识、思考、家庭与恋爱生活中，经过不懈的努力才可能获得。Freud 型人格又可分成三大类，每大类又因不同个体与不同发展阶段，可再细分成无数差异类别的诸种 Freud 型人格，这是两层次的分类。对于每一层次之每一类别的人格，进行成分分析再制定项目，而编成明确的人格类别的衡量鉴别测量或指标，是必要却也是本书所未能完成的。但是以上的论述，却足以提供咨商员充分的知识，共同与当事人一起对其人格结构，获得相当程度的深层了解。

每一个人从小到大都必须拥有一个属于他个人的，可以完全控制的特定空间，以及置身于此特定空间的时间。这个可控制的特定空间可以是摇篮、小床或房间的某个角落，也可以是某建筑物的某一房间、某一角落，或某一自然环境的某处。个体面对此特定时空（或事物），他可以纯粹地展露（思想、语言或行动）他的 H-G（这是指可能性，而非一定要如此）。但当他离开此特定空间时，身为一社会人，只要和外界其他人、事、物相接，则其 H-G 立刻转生〔H-G〕。而自然人之人格也就蜕变为社会人之人格 H4-G= {H-G，〔H-G〕}（此为人格之混沌状态）。

〔H-G〕对于 H-G 而言，是一种不同于既存之 Freud 型人格的，“异常”的“形一基”结构。H-G 与〔H-G〕的交互作用下，H4-G= {（H-G，〔H-G〕），（〔H-G〕，H-G）}。这是二者在“格式塔化”之后，展露于思想或行为的结果。个体有时展露以（H-G，〔H-G〕），有时展露以（〔H-G〕，H-G）。当个体展露（〔H-G〕，H-G）的时候，H4-G 以前者为“形”后者为“基”。虽然在意向与强度上有了改变，但是个体之主体性仍然保存，只是主体性的运作受到挫折而已。因而 H-G 成为〔H-G〕的背景、参考架构与监察系统，而具备意识的监察和思考与反省之功能。

个体之 H-G 只有一个，可是〔H-G〕却可能有无限个。以时间为轴，则个体于不同时段，所展露之不同的 H-G 以 H4-Gf(*n*) 表之（*n* 代表不同 H4-G 的展露，*n* 以自然数表之）。H4-Gf(*n*) 展露之后，此 H4-Gf(*n*)，立即消失于现象界中，而储存于个体的“生理—认知结构体”内。H4-Gf(*n*) 展露而消失之后，个体又即回复于 {H-G，〔H-G〕} 混沌状态。此尚未“格式塔化”之混沌状态，即为个体的“非思考行动”状态。所有曾经出现过的〔H-G〕，及其与 H-G 的诸种“形—基”结构关系，就成为个体之部分的 Gestalt，或不再为个体所记起，或进入前意识与潜意识中，或于意识界中成为个体的参考架构；甚至盘踞整个意识界，左右个体的生活，而为新的一种 Freud 型人格。

Freud 型人格，是人类于人格层面的基本限制。但是随着个体的发展，Freud 型人格可以有不同的形态，以适应不同的生活需求。经由以上的讨论可知，人格于第二层次之后的分类，可说是多如天星。分类之于本文而言，技术层面的研究尚未成熟。若就小团体动力学之后设理论而言，则无此需要。笔者认为，我们只需要一套开放式的鉴定程序，用以鉴定某一组理念—行为的 Gestalt，是否为个体之 Freud 型人格即可。因此，人格被视为一套包括若干子程序的程序。这套程序若在某个期间内，由个体反复的一再运作于其生活环境，而产生某些固定而刻板的结果（包括：思想、言语和行为），则这套程序——这组理念—

行为 Gestalt，即可视之为个体独特的 Freud 型人格。这个鉴定的程度，将于社会心理学的咨商理论中描述。

五、人格类型

不管如何，人格类型学之建构仍属必需。本文之所以未能完成人格类型学之理论的形式推衍，可能的原因有三：一是本文的理论系统根本就不对；二是笔者学力不足，无法穷究此系统之全理；三是人格类型学根本不可能建构。当然笔者期望的答案是二，可是答案也可能是三尤其是一，这是读者必须明鉴的。

为了弥补这个缺憾，也为了让更多的人，共同来解决上述的难题，笔者将把中国医学领域中拥有二千年历史的一套人格类型学呈现如下。一方面可提供一个完整之人格类型学的理想形式，另一方面则让我们共同思考，如何通过某种转译的程序，而获得一套社会心理学的人格类型学。以下所要描述的人格类型学，是取自中国医学的经典名作《黄帝内经》一书中，灵枢九卷里的“通天第七十二”和“阴阳二十五人第六十四”（见表 7-1、表 7-2）。

“通天第七十二”篇中以“阴阳”——中国固有的模型思考方式——将人分成五类而描述其特性、体质、外态及治疗的原则。“阴阳二十五人第六十四”篇中，则以“五行”——中国固有的模型思考方式——将人分为金、木、水、火、土五类，再依五音和阴阳的属性，同中求异而得二十五种不同的类型。不但详细地区分各类人的肤色、体型与生理特征，以及禀性和态度等心理特征，也指出了各类人在地理上的分布以及时令的适应特性。尤其是此类型，更可提供各类人之气血盛衰与脏腑内在的变化，而又分析了各类人之针刺原理、取穴标准和操作手法等。以一套人格类型涵盖贯通人之生理、心理、行为、疾病、医疗等领域，实在羡煞了当今的人格学者。针灸医学依此而得的疗效及其临床的经验，提供了相当正向的支持。如果心理学、医学和社会心理学者，能以更科学的方法予以逐一检验、测量和研究，未必就不能研究出一套科学的中国人格类型论！（注三）

表 7-1 阴阳二十五人分类表

禀赋特点类型	典型					分类		
	地区	肤色	体型	禀性	时令适应	五音	阴阳属性	态度
木型	像东方地区的人们	苍色	小头、长面、大肩、背直、身小、手足好	有才、劳心、少力多忧劳于事	能春夏，不能秋冬，秋冬感而病生	上角 大角 钛角 左角 判角	足厥阴 左足少阳之上 右足少阳之上 右足少阳之下 左足少阳之下	佗佗然 遗遗然 推推然 随随然 枯枯然

续表

禀赋特点类型	典型					分类		
	地区	肤色	体型	禀性	时令适应	五音	阴阳属性	态度
火型	像南方地区的人们	赤色	广月引、脱面、小头、好肩痛、髀腹、小手足、行安地、疾心、行摇、肩背肉满	有气、轻财、少信、多虑、见事明、好颜急心	能春夏，不能秋冬，秋冬感而病生	上征 质征 又征 少征 质判	手少阴 左手太阳之上 右手太阳之上 右手太阳之下 左手太阳之下	核核然 肌肌然 鲛鲛然 慆慆然 支支颐颐然
土型	像中央地区的人们	黄色	圆面、大头、美肩背、大腹、美股轻、小手、足多肉、上下相称、行安地、举足浮	安心、好利人、不喜权势、善附人也	能秋冬，不能春夏，春夏感而病生	上宫 大宫 少宫 左宫 加宫	足太阴 左足阳明之上 右足阳明之上 右足阳明之下 左足阳明之下	敦敦然 婉婉然 枢枢然 兀兀然 坎坎然
金型	像西方地区的人们	白色	方面、小头、小肩背、小腹、小手足、如骨发肿外、骨轻	身清廉、急心、静悍、善为吏	能秋冬，不能春夏，春夏感而病生	上商 钛商 左商 少商 右商	手太阴 左手阳明之上 右手阳明之上 右手阳明之下 左手阳明之下	敦敦然 廉廉然 监监然 严严然 脱脱然

续表

禀赋特点类型	典型					分类		
	地区	肤色	体型	禀性	时令适应	五音	阴阳属性	态度
水型	像北方地区的人们	黑色	面不平、大头、廉颐、小肩、大腹、动手足、发行摇身、下尻长、背延延然	不敬畏、善欺、绍人	能秋冬，不能春夏，春夏感而病生	上羽 桎羽 大羽 众羽 少羽	足少阴 左足太阳之上 右足太阳之上 右足太阳之下 左足太阳之下	汗汗然 安安然 颊颊然 温温然 纡纡然

表 7-2　阴阳五种类型之人的特征及治则简表

类别	特　性	体　质	外　态	治　则
太阴之人	贪而不仁，下齐湛湛，好内而恶出，心和而不发，不务于时，动而后之	多阴而无阳，其阴血浊，其卫气涩，阴阳不和，缓筋而厚皮	黮黮然黑色，念然下意，临临然长大，腘然为偻	不之疾泻，不能移之
少阴之人	小贪而贼心，见人有亡，常若有得，好伤好害，见人有荣，乃反愠怒，心疾而无恩	多阴少阳，小胃而大肠	清然窃然，固以阴贼，立而躁崚，行而似伏	六腑不调，其阳明脉小，而太阳脉大，必审调之，其血易脱，其气易败也

续表

类别	特　性	体　质	外　态	治　则
太阳之人	居处于于，好言大事，无能而虚说，恚发于四野，举措不顾是非，为事如常自用，事虽败而常无悔	多阳而少阴	轩轩储储，反身折腘	必谨调之，无脱其阴，而泻其阳，阳重脱者易狂，阴阳皆脱者，暴死，不知人
少阳之人	諟谛好自贵，有小小官，则高自宜，好为外交，而不内附	多阳少阴，经小而络，血在中而气外，实阴而虚阳	立即好仰，行则好摇，其两臂两肘，则常出于背	独泻其络脉，则强气脱而病。中气不足，病不起也
阴阳平和之人	居处安静，无为惧惧，无为欣欣，婉然从物，或与不争，与时变化，尊则谦谦，谭而不治，是谓至治	阴阳气和血脉调	委委然，随随然，颙颙然，愉愉然，暶暶然，豆豆然，众人皆曰君子	谨察其阴阳，视其邪正，安容仪，审有余不足，盛则泻之，虚则补之，不盛不虚，以经取之

人格动力

个体之B-G自求生存的本能，是人格结构最基本的动力。个体对其B-G的自识，而有body-image延伸于P-G，并于P-G中承受文化的形态和影响，再展露为避苦趋乐之生活场欲求的次级动力（例如:各形态的动机名利追求，以及刻板式意义性的完成）。S-G创造（自由）的意义性本质，则反涵B-G与P-G之动力结构，蕴发对人之秘密的追求与完成的强大趋力，而成为人格回归于人性的动力来源。

各种家庭、社会文化的刺激与反应模式，都作用于生活场中，进而影响个体。个体为求生存，必得落实于生活场中，展露其能力以自证其存在。一般所谓“自我实现”，实指个体能力之自我展露（亦即表现欲）。能力之自我展露，是以 B-G 肌肉能的形态为最基础。个体（人类）于发展的过程中，经由正式或非正式的教育形态，而模塑了社会文化的诸种权力体系，及能力的展露方式。例如：各种艺术与工技的成就水平，即为文化性之 P-G 生活场欲求 (动机性) 的人格动力。因此，个体之自我展露，即由 B-G 能力过渡向 P-G 的能力过渡向 S-G 能力，而于爱里完成（“能力”一词，以 B-G 能力为例，即指谓而成 B-G 功能性机能所需之能力）。总括而言，人类为求生存与继续生存，而将 B-G 和 P-G 涵摄于 S-G 之后，又返身落实于 P-G 之生活场中，自我展露其能力。此能力之自我发展，即为个体人格之内在动力。

个体对其人格结构、内涵与形态的自识，塑成个体的“自我影像”（self-image）。自我影像是个体“所识”（所思）的内容，而个体之“能识”（能思）——自我影像所描绘的主体，即为“自我”。故以，人性特化为人格，人格再自识为自我之后，自我影像即为自我的本质。自我一词指谓三个“我”——B-G 我 (生理我)、P-G 我 (心理我)、S-G 我（精神我）。这三个“我”结构了人格，也结构了自我。所以，自我之内有三种体系一贯，却又具不同强度与取向的势力，相互交涉而发展。不明三位一体的理论，而以自我为单纯的“一”，不但无法自我了解，更将矛盾百出而自误误人。

个体的自我影像是以其 B-G 的体感为中心，而以 P-G 生活场能力之展露为外延表象。个体之体感的深层自卑，总是深藏于自身之内，不欲为人所知，却总无心地暴露于 H–G 的展露中，不自觉也不为大多数的他人所察知。通过个体的自我意识（self–consciousness），其人格具象化为自我影像，而铸成个体的自我观念（self–concept），并以之为自我实现（self–actualization）的张本。自我实现于生活场之后，外界（他人）的批评裁判（正式的、非正式的，暴露的、隐藏的，对的、错的，真的、假的）。即蜂拥而至，视个体 H–G 的强弱，而有不同程度的影响。轻者，个体修改其自我观念；重者，可令个体的自我观念摧毁或重铸。于此，即引发出人格动力的外在因子——环境（世界：即他人）。

个体于我一世界的交涉中，为求世界对其存在和生存能力的认可，他必须于生活场中寻求他人正向或负向的回馈。个体自我展露之后回馈的寻求，包含了能力的、技巧的、情爱的，及知性、感性各种层面。不仅结构了社会和人际的交涉互动，更使得这种互动以及互动的寻求，返身涵摄了个体的人格，影响之而为人格的外在动力。

个体为求生存与继续生存，由内迸发而出的创造力，通过人类“善”之本体，则产生了意义性与仁的道德性。这种超越的意义与道德力的寻求和发挥，把人格超升于生理和心理的内外动力之上，而于精神层面凝铸了绝对超越的人格动力——仁之道德性的原创力。

人格发展与人性的回归

人格有其发展性，也有其不变性。由于人格以 Gestalt 的整体形态存在，故于发展的变动之中，又呈现某种稳定的特性。重要的是，这发展性必须继续趋向人性的完成。而其不变性亦应超升，而涵摄于S-G层面的包融之中。

人性特化为人格的过程，即为建立“自我”的过程。自我的再重组——向上提升，即为人格回归人性的过程，是以人格的发展，可以具象化为自我来讨论。个体出生之后，其自我即开始形成，而以五岁至七岁前为关键期。此期间以至自我的定型，是一个外塑的过程。其生活场中家庭、朋友、环境等参考群的刺激与反应形态，都扮演了主要的角色。当个体有了习惯化的思维动作、刻板化的行为反应模式与生活处事的固定原则之后，不论个体是否能够完全地自识，其自我皆已塑造完成。亦即，其人性已特化为人格。这中间个体对其主体性的透出和运作，渐渐地因能感知而予以运用。人格塑成后，个体即运作其主体性，主动地朝其人格所指向的方向发展。于是以考古式的历史性结构，滚雪球般的层层累积而发展为Freud型人格。

当个体之主体性或内发的成长或外缘的诱导，足以穿透固化的自我人格之时，个体即开始迈向自我的提升与重塑，而回归于人性的完成。这时候，自我的功能已不止于只是行为一致性的统整，而要求于一致性中力求更新的发展。其自省与自我评量的发展，也由自我的模塑趋向于自我的创造。个体的H4-G不但强迫自己去面对H-G，更要去面对〔H-G〕。一般人可以发展出更具实效的H4-G。努力修习者，更可能借着对〔H-G〕的全面探索，获得整体的H-G。使其于H4-G消弭了〔H-G〕的殊相，而提升于纯粹的H-G中。

人性回归与提升的过程中，以爱欲之美的追求为最大的关键。此期间，人之主体性可积极地指向于人性的本质，而自动地朝向人性层次的提高。于是，每个人性出落生活场而着相（人格），再破相化相在红尘中成佛——人性的提升与完成。这种从宿命的有所依执的人格，再蜕化为自由的无所待的圆满人性，即为人本小团体动力学之人格理论的精义所在。

注释

注一、参见刘修吉编著《零岁教育的秘诀》，24 页：“人类的行为举止、思想、生活等，主要受大脑皮质的控制。大脑皮质约有一百四十亿个至一百五十亿个脑细胞，这些脑细胞并不行分裂作用。而且这一百四十亿个脑细胞当中，实际上在活动的只有四十亿个左右。既然这些细胞不会分裂，为什么婴儿的头部会逐渐发育而变大呢？这是因为这些细胞会长出神经元，每个脑细胞约可长出四十至一百条神经元，这些神经元会彼此缠结在一起，这种缠结现象就是脑部的组织发育。”

28 页：“脑细胞的形状很像海盘车，中央部分有个核，若受到外界的刺激，核就会产生像嫩芽般的东西，而与邻近的核所生出来的芽缠结在一起，这就是脑细胞的组织。若是婴儿反复得到同样的刺激，这些配线就会变粗而更牢固，若是再有新的刺激，就会再产生别的配线。配线与配线连结的地方叫做神经键，新的刺激越多配线就越增加，神经键也会增加。单独一个优秀的脑细胞差不多有八千个神经键，而人脑有一百四十亿个脑细胞，也就可以有八千倍惊人数量的神经键。因此若能给婴儿丰富良好的刺激，就能使婴儿的神经增加，而成长得很顺利了。”

24页：“这些神经元的缠结现象，在零岁到两岁之间进行得最快，其速度与两岁到二十四岁的缠结速度几乎相等。婴儿在幼小时虽不会说话，也不会有充分的表达能力。但是在零岁到两岁这两年中，所接受的外在刺激会一丝不漏地存留在脑中，而被记录下来，且照着所得到的情报加以缠结。一般的儿童一个脑细胞约可长出四十至五十条神经元，可是若给最大限度的发达，神经元能增至一百条。”

48页：“人的头脑可粗分为‘旧皮质’与‘新皮质’两部分，旧皮质约在出生后三四个月至半年，最迟一年之内会发育完成，这个旧皮质是掌管人的本能性希望及情感的。现在意识则支配情绪方面的精神活动。新皮质的完成比较慢，差不多八岁时才全部完成，至此脑部就算全部发育完成了，而一个人的个性也差不多在此时定型了。”

49页：“以计算机来比喻人脑，八岁时hard ware部分已经完成了，这部分的好坏关系到以后soft ware之机能。Hard ware部分就是才能的基础，而八岁以后的学习是训练soft ware的操作。虽然操作会越操作会越好，可是才能的基础部分已经完成，所以hard ware的好坏，才是决定能力如何的主要关键。”

49页：“因此，最重要的教育时期，还是零岁到八岁这段hard ware形成的时候，其中又以三岁前为最重要。因为零岁至三岁，脑部发育占全部的百分之六十，而四岁到六岁则占百分之二十，六岁到九岁百分之十，最后十岁到二十岁也占百分之十。但是虽然这样算，八岁以后脑部的发育就会逐渐慢下来，而十岁以后发育的可能性是极小的。所以还是零岁到三岁这段期间最重要，而越接近零岁，幼儿的吸收能力越高。因为脑细胞受刺激后会产生复杂的枝状物互相缠绕，在脑细胞还没有任何机能又尚未产生枝状物时，婴儿的学习能力最高。

到八岁以后，就会突然减退。”

注二、Freud 于其《心理分析论》书中说“每一个体经由天生自然性情，以及发生在童年时期事件的影响，都拥有一个人独特的、一定的生活方式。如此，个体发展了一种‘铅版模子’，这种铅版模子在生存的历程中，不断重复着自已……”。笔者认为，Freud 于人格理论之伟大贡献，在于揭示：童年经验对人格建构与发展的决定性影响，故以 Freud 型人格一词，指称 H-G 在童年即已固定之形一基结构下，其部分 Gestalt 的继续发展。

注三、以上表列之人格类型学的白话注译，请参见：杨维杰编著，《黄帝内经灵枢译解》，p.5oof，p.4oof。

第八章

小团体动力学的人际关系理论

人际关系的本质与功能结构

人际关系的危机

人际关系的新方向

人际间的冲突，存在于古今的每一个时代里，而社会变迁快速的今天，“人际关系”四字更为人们所注目。人类对于个体间交涉互动的本体需求并未消失，可是随着工业科技的进步，所伴随的社会结构的改变，却抑制了人际交往的转换。或许，人类精神文明的进化，仍赶不上物质文明的进步。但是，人类本体需求的自发性反抗，却让当代的人们更汲汲于更美好亲密的人际关系。于是乎，人际关系的研究，也就在21世纪的今天脱颖而出。

目前对于人际关系的研究，偏重在方法上技巧的改进，而忽略了人际关系本质上的研究与传播。在“沟通”（communication）技巧的大肆传播下，人际关系的难题，变成只是沟通技巧的问题，这是谬误之一。谬误之二是，只知其然而不知其所以然。只知技巧而不知本质原理，当然就易于流为技巧的误用与滥用。

沟通的方法与技巧，是因地而异，与时俱化，随人而异的。把技巧公式化地罗列出来，却易忽略每种技巧背后，所蕴涵的人性内涵本质。因此，人际沟通技巧的运用，就变成“搞人际关系”，成为人际权力获取的手段。因而，人际间爱的内涵本质，也就被抛到九霄云外了。

人性特化为人格之后，人格再分化为角色。虽然角色的分化，并无害于人格的统整；人格的特化，也无害于人性的完成。但是，存在于生活场的角色人，要如何由角色透过人格，而深入于人性呢？为求互为主体性的、整体性与历史性的穿透，人际间密切的沟通和交涉，也就成为必然的需求。

本章所致力之处，即透彻领悟心形上学的人性论而下，经由人格理论的前导，企图对人际的本质作真切的发扬。一以救济目前人际关系之研究与现象的偏废，二以启开咨商理论的大门。

人际关系的本质与功能结构

为了求生存，个体必须展露其能力于生活场中，为了求继续生存以及生命的延续，个体必须获取“我世界”中其他个体的回馈。在此展露与回馈之际，即结构了人际（互动）关系的必然性（内发的）。

角色制度化和社会控制之下，个体于生活场中各种能力的各种展露，仍然配对以各种不同的角色。而此角色在制度化的结构下，必然产生结构性的交涉（外塑的）人际间为什么可以“互动”呢？由于事件于发生之后随即消失，以“事件之理念”的方式存在，而受到个体的 P-G & S-G 的绝对控制。因此，事件之理念所凝聚的意义性，以及个体其所抉择的态度，不仅内控于个体之内也外控于个体之外，因而熔铸了个体间交涉、互动的可能性。

人际互动既然成为可能，于是人际关系在内发与外塑两种必然性的导引之下。一方面透发出人际（互动）关系的功能，以及社会得以结构的可能；另方面则蕴发了人际关系的功能结构——爱与权力（体系）。

人类最基础的“肌肉能”强胜弱败的“原始权力体系”，已在文明进化的过程中转化。各种工商制度职级的权力体系，道德的、家庭（族）的、金钱的、才能的、艺术的、学问的、军队的……等权力体系，都以肌肉能的 B-G 权力体系为原型所转化而来，试称之为“文明的权力体系”。为了求生存，生活场中的个体不但要在原始的权力体系中争胜，更须在文明的权力体系中争胜。而于胜负之际，这些权力体系也就展示了它另一个面貌——亦即价值体系。

我世界中与个体相披靡的权力体系，有些是命定的，有些是抉择的。人际关系里，有无“既定”权力体系的相披，对个体间的相处有很大的影响。即使没有既定的权力体系存在，个体间刚一接触，个人 H-G 的强弱型态会自然地相互作用，而在个体间产生一种 here & now 的权力体系。不论是既定（永久）或临时性团体，成员皆处于权力体系的定位，也不论有形、无形、自识或不自识，这些力动性的定位必然产生。因此，个体于生活场中的生活，几乎可以说是一场无止境的权力争夺战，没有人逃离得了价值权力的体系之外。所以，以权力体系为两轴之一的人际关系中，“利害关系”的抬头自然是不可避免的现象。

“哼！摆什么臭架子嘛！”，“看上不看下，狗眼看人低”，“不会做人，一点人情味都没有……”，这是既定权力体系里（如工商职级的体系里）个体对地位较高者常见的批评。而相对的身居既定权力体系之最高位者，往往也会以“大家长”的角色出现，好像“忘”了他显赫的权势和地位似的，与下位者握手寒暄、嘘寒问暖、不摆架子、亲切可人。这些对立角色间所展露的角色行为，以及角色期待——等一下，再想想，为什么对于我们所钟爱的人，我们愿意不计较地输给他/她，让他/她赢，而心甘情愿地贬抑自己呢？这也就使得人际关系的另一个主轴——爱，极其明确地凸现而出。亦即一般的团体，以其“权力系统”当作角色行为的表象；而以“感情（人性、人情味）系统”，作为角色行为之期待与评鉴的主流。

人际互动的内发必然性，导引出爱的需要；外塑的必然性，则导引出权力体系的相披。个体为求生存而于权力体系中争强夺霸的本性，使得人人不甘于以弱者自居。但是，权力体系里的高低定位，却又是必然的事实。因此，以爱为内涵的本质期待，也就自然地引发而出。

不仅只平衡、消弭了人际间利害的冲突，也使得人际互动关系，得以顺遂于人性的本质。所以，人际关系可以分成——人情、友情、亲情（爱情）等三个层面，而以权力体系贯穿于三者之间。友情与亲情（爱情）的论述请参见：第六章："小团体动力学哲学之实践"，以及附录三"20世纪末的儿女观"（刊于《大学杂志》132期）。

个体间若无既定的感情系统，不论有否权力体系的相拔，都应划归于人情的层面来运作或讨论。爱情是亲情的基础，亲情是友情的基础，而人情的基础即为友情与亲情。由人情而入于友情，甚至再进于亲情与爱情，是人际关系里最佳的运作模式。中国人由个人而家庭而进于家族，以"一表三千里"而至于"四海之内皆兄弟也"；南亲北戚都够不着了，就干脆来个"义结金兰"以"情同手足"。这种以亲情包含友情，再进于涵摄人情的人际关系体系，正是人际关系本质的最佳写照。

生物设计与机体结构的相同，使得人类于能力的展露与回馈之际，选择了同类以为认同和沟通的主要对象。但是，个体所秉气质之性（参见第五章"小团体动力学哲学"之人性论）的独特性，却使得人与人之间因为气质之性的差距而难以沟通。气质之性的无害于己，提升至善心之性的无害于人，从有所不为以至于恻隐之心的有益于人。再向上提升于天地之性，体悟天大、地大、人大、己大和人人之大。这时候，个体间才有真正的"尊敬"与"慈爱"。一方面，摆脱了善心之性因同情而施舍，这种位格上一高一低的限制与缺憾。另一方面，天地之性对善心之性，尤其是对气质之性的反涵，也使得人际间的相通互融成为可能。

善心之性和天地之性的体悟，可经由个体自发的爱情与亲情来完成。因此，如何由爱情与亲情来涉入人性的本体，就成为人际关系的必修课题。这一关若是未能参破，人际关系就会变成“搞”人际关系，流为权力体系的利害争执。也因此，人际关系——由爱情而亲情而友情而人情，每一个有情世界的完成，也就有待于此了。

人际关系的危机

个体在生活场中，以角色人的形态而存在。角色是命定的，外塑的，由社会文化所规律。但是，角色行为的强弱，对此角色（于角色人而言，几乎可说是self）的态度，则由个体的人格所决定。在人格理论里极其强调：人格须回归于人性，而Freud型人格滚雪球式的人格结构法，使得人性固化于人格，是为个体生活的一大危机。在本篇人际关系的讨论里，则又导引出个体生活的另一个更大的危机——人格固化于角色。人性特化为人格，人格又分化为角色。个体对自身角色系统的认知方式与内容，密切地影响着个体的人格。对角色本质的混淆，则易使角色固化，以至于无法达成人性的回归。（参见附录四“角色”）

“害人之心不可有，防人之心不可无”，这个“防”字所防的，除了利害关系以外，即是对方行为、语句的真假虚实。个体的行为和理念之间，向来就有若干的差距存在。人们以理念自取，却以行为取人的病态现象，已在“小团体动力学的哲学”的人性论里讨论，此处不再重述。

纯真与虚伪，诚实与欺骗，真真假假地牵涉了道德与价值观。“真的”

被人们所赞许，“假的”被人们所摒弃。可是，“真的”真的为真？“假的”真的为假吗？真假之际又该如何定义，怎样判断呢？真的未必就好，假的也未必就不好；利害所及，真的可以为假，假的也可以成真。究竟而言，是否有“真”、“假”的区别呢？

比如说：现有甲、乙二人，甲在独处或某些时空里，是个蛮有见地颇为特立独行的人。可是每和乙在一起，却总是表现出“好好先生”的样子（行为和语言）。甲心里虽然很烦恼，觉得很虚伪，却不得不如此而无力改变。对乙而言，甲的行为和语言有着一致性，也都“发生”过（说了也做了）而成为事实。所以，对乙而言，甲就是唯唯诺诺的好好先生，是“真的”。可是，对甲而言，乙对甲的看法，却可能被当作“假的”、错的、不真实的。

换言之，某一个事件、行为或语言，虽已展露发生于现象界而成为“事实”。但是，对某个体而言，可能是“真”；对其他个体而言，却可能是“假”。在个别的我世界，互有、差异的情况下，到底该以谁的我世界为准则呢？同上例，若是乙知道了甲另一层的感受和痛苦之后，那么原本所谓的“真”，一切既成的事实，就变成“假”的了吗？若是甲以后又觉悟了，那些语言和行为是因着爱，或者为甲、乙于人极力动下的必然现象。甲在承认、接受这些行为和语言之后，现在已被抉择为“真”，那么过去的“假”，就会变成不真，而成“真”的吗？而此时，乙又该抉择其为“真”或抉择其为“假”呢？

究竟而言，并无所谓“真”，也无所谓“假”。强言之，则一切皆为真，而无所谓假的存在。任何理念，只要曾经被思维，即为真。任何语言或行为，只要曾经被说或被做，而展露于现象界的生活场中，则为真。重要的是，必须把不同的时空分开处理，不可以真乱真。不同时空之行为与理念的冲突，不可以拿来定义“真”、“假”，而以某时空的真，来否定另一时空的真。比如说，甲以前喜欢丙，现在不喜欢丙而喜欢乙，则甲以前喜欢丙为真，甲现在不喜欢丙亦为真。不能说，甲现在不喜欢丙，所以甲以前对丙的喜欢为假。也不能说，甲以前喜欢丙为真，所以现在对乙的喜欢为假。

不管个体对事件的前后定义为何，也不论行为与理念有任何的差距，皆无所谓“谎言”、“欺骗”、“假装”、“故意”或“虚伪”的存在。任何行为、语言、理念或信号，只要在某一个 here & now 发生或展露，则对那一个 here & now 而言，出于个体之口，动于个体之身，就已经成为既成的事实而为真。因此，here & now 的方法论也就进一步地发展为“当下即是”的本体论。here & now 只是描述现象的方法，当下即是包含了 here & now，且又包含了现象本体的价值观。个体的生活场中若以当下即是作为运作的方法——也就是说，个体承认其每一个 here & now 所展露的理念言行皆为真，都是因其主体性而发，且具有某种意义性与价值存在。同样的，也以这种观点去看别人，则可避免“真”、“假”名相的混淆，而直接于人性的本体中沟通人际间的互动关系。

人际关系的新方向

人际关系的“优劣”，是否足以批评个体的“好坏”？优劣的标准又该如何订立呢？这些问题迫使我们对人际关系的个别价值性（对每个独立个体的我世界而言），必须重作一番思考。通常，我们对于人际关系的要求，是建立在社会学群体共同利益的观点。可是在群体生活中，当个体之外的需求，与个体之内的需求相冲突时，我们又该如何取舍呢？

一、当下即是的绝对尊重

位居生命论第一位格——“自证”的个体，我即世界——自求完满的生活方式，对人际关系毫无价值与意义可言。位居生命论第三位格——“互证”的个体，其所钟爱的对象已代表了整个世界（所有的别人），所以人际关系几乎是可有可无的。只有存在于生命论第二位格——“他证”的个体，人际关系才是绝对的一种需求。

个体于一生中并非一直固定在某一位格，而是于不同的时空处于不同的位格，且位格递变的速度有缓速之别。每一位格皆具恒常性，也都必然占据个体相当长的一段时间，甚至凝固某位格而终生行之。置身某一位格，并不一定就能完成该位格的内涵；于本体论——人与自己的关系中，描述了四种层次。不同层次的个体，于相同的位格中，即有差异的展露。所以，即使是固化于第二位格的个体，其对人际交涉的需求，不但随个体而异，也随时空的递变而异。

我们不愿意以群体的需求，来抹杀个体的存有。也不愿意因为个体的需求，而抹杀群体的存在。但是我们必须承认，群体必得以个体为基础。个体若有残缺，群体绝无完满可言。亦即人际关系的群体价值，必须以人际关系的个别价值性为基础。以个别价值性来面对自己，而以群体价值性去要求别人，这是人际关系的普遍病态。唯有人际关系个别价值性的绝对尊重，才是人际关系之本质的最佳展露。

在人际互动的内发与外塑的必然性交涉下，个体可因其主体性，here & now 而当下即是的决定，其人际关系的型态与价值性——这是人际关系个别价值性的绝对尊重。在推己及人的心理功能下，我们不必也无权要求别人，采行或继续某种“好”的人际形态。自己的人际关系型态在于个体本身的自由抉择，个体之外——其他个体的人际关系形态（亦即角色的期待），则亦应承认其 here & now 的主体性，当下即是地予以绝对的尊重，而无任何权力予以批判或期待之。

二、H-G 的强弱取向

人际关系的权力结构，使得人人都希望成为“胜利者”，人人都希望是生活场中的大赢家。人际关系爱的结构使得我们愿意“输”给对方，让对方享受“赢”的快感。在个体价值性的绝对重视下，则使得人际关系内涵的“友情”透发而出，而于生活场上采取“输赢互等”的关系而存在。因此，“某人人际关系很差”vs.“某人人际关系很好”

等现象，也就变成无谓之语了。可是，我们必须再深究，为什么个体会要求别人，必须处以某种良好的人际关系呢？这种个体之内的欲求，使得我们必须回到人际关系的本质予以探讨。

首先，我们必须讨论的是，当个体与个体相接触时，除了命定的权力或爱的结构之限制（如职业、角色或亲属关系）以外，是什么因子，来结合构成二者交往的形态与深度呢？

讲人际关系，就不得不提及人际间的“第一印象”。由于 Freud 型的内射和外射，印象刻板化的结果，使得第一印象在人际关系中，占有几乎决定性的地位。第一印象决定论，虽然不够精确，却是必定的限制之一。由于能够真正超越的人并不多，所以也就普遍地存在于人际关系中。

第一印象与伴随其后的继发印象，其所指称的内涵都指向于个体，B–G 气质之性于生活场的展露，即为体型、相貌、气质、个性、脾气等。亦即人际关系的结构（结构二字当动词用）是由：B–G 气质之性的喜恶相吸相斥 → P–G 善心之性的善恶相感相斥 → S–G 天地之性的超越相融与绝对的离弃。由 B–G 而 P–G 而 S–G 次第以进，结构了人际关系交涉互动的形态与深度。

所谓的“有缘”与“无缘”，也指向于个体的 B–G。所谓“他对我（人）这么好（善意的、有礼的行为、对待与关怀），好令人（我）感动（或快乐）。”这种现象即指向于个体的 P–G，也正是“博取某人欢心”、“追求某人”与“献殷勤”等行为的功能所在。至于绝对的爱恨，则指向于个体之 S–G。

一切人际关系结构者，都必然自发地循序以进。唯有完成天地之性的个体，才可能超越命定的限制，由 S–G → B–G 来反身涵摄。任何人际关系的交涉，都必“先”决定于B-G气质之性相对的喜恶。可是B-G的气质之性，却又本具绝对的疏离性、相对的个别性与歧异性，而又萌发了人际关系的一大难题。所以，每一个体天地之性的完成——由绝对相等的天地之性，涵摄相对互等的善心之性，再涵摄不等的气质之性，其重要性与价值性也就显露无遗。

可是，天地之性的涉入到完成毕竟不易，成就者也相当少。因此，以B-G生活场的场的运作，也就成为人际关系的主题所在。一般人际交涉对象（朋友）的选取，是以对本身无威胁性、无害的，以及有利的、可控制的个体为对象。所以，在个体H-G的力动下，大都选择H-G强度较本身为弱者。面对强势H-G者，个体会有无能的、被威胁的、被控制的、无主宰能力的、缺乏安全的感觉。吾人对其他个体的良好人际关系的需求，原因即在于——个体自身缺乏安全感。

当对方抛弃职业或其他权力体系的主要地位，而以人情系统和个体相交涉；或当对方把善意的、令人（我）快乐的行为理念指向于我，则我们赞许对方有良好的人际关系。一方面可以避免既定权力体系的相披，另一方面可以维护自己的安全而免于被伤害。所以，在既定的职级权力体系中，居于下位的个体往往会以人际关系的注重——人情味的浓淡，来评估或要求其上位者。

与弱势H-G者为友，固然可以把握自己的主体性与安全感，但对个体之自我成长，却也是一层阻力。虽说二者在一起时，强势H-G者应该较弱势H-G者，得到更多也成长更多。可是，却也使得个体过度的自我防卫，而不敢去面对既存的强者。失去了许多学习机会是一回事，不能面对人人之大，承认别人的长处与伟大，却是天地之性完成的大敌。因此，充分地了悟、挖掘、运作个体的主体性——一切决定在我，我只可能自残，而不可能他伤。把安全感建立在个体之内的主体性之上，才有可能绝对地去接受任意个体。

三、个别主体性的人际关系

或称某甲有良好的“人”际关系。这个“人”字当然包括了批评者。也就是某甲是和善的，至少批评者可以预测某甲不至于伤害到他。若是某甲的人际关系不好，那么面对批评者时当然也好不到哪儿去（虽然逻辑上不够精准，但这种推论却最为普遍）。亦即对批评者而言，某甲可能具有危险性。所以个体总会要求别人具备良好的人际关系。对人际关系不好者，往往会给予一致的、几乎是先入为主的谴责与排斥。

个体又如何处理自己的人际关系呢？任一个体（变态行为除外）对于（本身之）人际关系的形态，以及需求的程度都不是固定不变的。随着时空的递变，即伴随有不同程度的需求。有时候他会喜欢或渴望和别（众）人在一起，甚至去讨好别人。有时候他也会盼望或要求，离开众人而独处。也就是说，以其他个体为观察点而言，则其人际关系有好的一面，也有坏的一面。对此“坏”的人际关系，个体如何自解呢？“不是我不喜欢别人……也不是故意要这样……只是我现在的确需要自己一个人……”等具有代表性的说词，指出主宰其展露于外的人际关系。而且，对个体而言，现在的需求才是最重要的。

这时候我们就可发现，个体对于人际关系的评鉴有着双重的标准。个体以自身的需求和意志为主体，包含其人际关系的好坏；却忽视了其他个体的意志和自体需求，只单纯地、偏执地“允许”（要求）其他个体表现出绝对（不管任何时空领域）良好的人际关系。这种荒谬的双重标准极其普遍地存在于每一个体身上，却又不自知，也因此而导致人际之间许多无谓的困扰。所以，任何指向别人的人际关系评判者，都是那么恰如其分地暴露其本身的缺陷。在社会心理学观点上，每一个个体的利益当做大前提的信念之下，则已透发出人际关系的新方向——个别主体的人际关系——对每一个个体之主体性的绝对尊重。亦即，打破双重的评估水准，当下即是地承认对方主体性的存在，对应于自己的评估水准，去评估对方。

人际关系的难题，大抵都出于对人际关系本质的误解。本质既已歪曲，展露的技巧、方式当然就漏洞百出。某甲若已成就天地之性的人人之大，就不会去批评、中伤、忌恨或攻击别人，当然也就不会“接受”别人对他的批评。这一点很重要，别人骂我→我不高兴或生气。这种反应形态表示出，不管别人是骂对了或错了，我都已经“接受”了别人的骂，所以我才生气。可是，让我们回头想一想，为什么别人骂我，我一定要“接受”呢？何况骂错了，我根本不是那样。那干嘛我要“接受”下来，把别人的骂当真，好像真有这么一回事一样，生什么鬼气。不管别人说什么骂什么，我可以主体性地选择愿不愿意接受。如果不接受，那么“吹皱一池春水”干我什么事！究竟而言，别人骂归骂，也没有规定我们一定要接受啊！为什么以前我会来者不拒照单全收，而忽略了我的主体性呢（真笨！）？某乙若领悟爱与家（婚姻）的本质，他一下班当然就立刻赶回家，尽量找时间和太太在一起，关注她的言行，帮她做家事。所谓技巧，只是本质所展露的自发现象与方式。舍本逐末，要求某丙去“完全地倾听”、“让对方多讲话”、“找时间多陪……”

等，而忽略了对其本质与内涵的重整；不但事倍功半未得其所，也易于成为权力争逐的工具。

经由上述的讨论，人际关系——爱与权力之哲学的本质已透发而出。在个体主体性之人际关系的绝对尊重下，here & now之方法论，于人际关系体系所完成的——当下即是，不但是自识识人、人格修养的一大法宝，也将成为咨商理论和小团体动力学的重镇。

第九章

小团体动力学的咨商理论与变态理论

互为主体性的咨商关系——禹化巨熊李冰为犀

咨商的基本概念

咨商实务

小团体动力学之变态理论

咨商理论与实务所面对的，是人之现象的难题。人之现象，是人之本质的展露。人之现象的难题，不论是理念或技巧所致，都源自人之本质的谬解。人之本质是相通的，人之现象是歧异的。一个完善的咨商与小团体动力学的建立，必须透出难题的表象，定焦于人之本身。再透出人格的层面，直抵于人性的共相存有，而于人之本质的层面，寻求人之现象难题的解决。务于正本清源的同时，协助当事人开发与建立，其自属的、完善的人本哲学，以求有能力的、主体性的创造健康美满的生活——这就是小团体动力学咨商理论的宣言。

互为主体性的咨商关系——禹化巨熊李冰为犀

咨商的对象，是指向当事人的“自我”。所以，咨商员“自我”的存在，也就成为咨商室的一大难题。咨商员的自我应否存在，以什么形象存在，又以何等关系和求助者的自我共同存在呢？先民们面对滔天洪流，面对横山竖巅之时，随地变身，与时俱化；以不同形象的“我”，发挥、展露最合宜有效的行为。孕育于中国神话的教示，也就深深地发出了咨商关系里最精致微妙的第一颗火星。

非专业的咨商行为，普遍地存于人际之间。人际间的助人行为予以专业化，就成为咨商行为；人际间的助人关系，也就专业化为咨商关系。在本质上，咨商关系（或行为）对人际关系（或行为）而言，只是某种特化而非脱离。咨商过程，也只是人际的互动而已。咨商关系的特点是：它伴随着咨商行为，而仅仅限于咨商室之内。咨商室中所进行的咨商过程，实际上只是一些语料与动作的呈现和交涉，这是唯一具体而可以观察控制的。

咨商员与求助者在收讯和发讯前后，对双方之语料与动作，个别予以意向性的组织，也就成为双方认知的语言与行为。咨商室中的语言与行为，代表着咨商员与求助者，双方态度的相对展露（或反映）。态度是指谓双方接受与解释刺激的倾向，以及选择与发出反应的倾向。双方之语言与行为的操作，受到本身语言与行为系统的限制。咨商员对其自身之语言与行为系统的了解与控制，是从事咨商工作最基础的条件。限于题意，本文先予以存而不论。在对自我语言与行为系统充分的了解与控制之下，咨商室中语言与行为的操作，则受到先验之咨商关系的控制。

一、天堂之旅

咨商关系应是明朗、具体的，并为咨商员与求助者双方所肯定而接受的。但是求助者对咨商关系的认知，一是咨商前某些先入为主的观念，二是咨商过程中所得到的推论，三是咨商员的告知。易言之，求助者对咨商关系的认知，有两个特征：一是模糊的，不周延的；二是由咨商员所控制的。

就咨商实务而言，至少在咨商初期，双方的咨商关系是由咨商员所控制的。对咨商员而言，他也愿意咨商关系在他控制之下，而如其意愿的呈现。所以咨商员在与求助者接触之前，其所认知的咨商关系，以及面对面所表现的咨商关系，也就成为咨商室中咨商关系的枢纽。

对求助者而言，咨商室以外的实际生活，比在咨商室中和咨商员的互动更为重要。这是每一个咨商员，都必须承认的事实。然而求助者于咨商室中所面对、所发生的一切，并不属于求助者的生活。咨商室时空超然独存于求助者的生活场之外，咨商关系超然地独存，迥异于一般的人际关系。这是目前咨商理论所期待的趋势，也正是其理论的谬误所在。

咨商关系被咨商员期待为专业关系之后，咨商员又必须发展出专业人格来操作。专业人格的发展与运用是否可能呢？在包括 Arbuckle and Wicas，Walker and Piffer 等的许多研究中指出：“咨商员在咨商工作中所表现出来的，常常是他个人的人生哲学。”“咨商员在咨商工作中所做的，只不过反映出他个人的自我观和价值体系。”咨商员于咨商实务中，若能允许、认知其真正的感受，他往往可以发现：专业人格，只存于理论上的设想而已。

专业关系的理念，使得咨商关系与人际关系之间，割裂出一条遥不可及的银河。对于这个问题，卡尔·罗杰斯虽然没有进一步的解析，却提供了极为睿智而深刻的自省。他强烈地感觉到，由于咨商员自身安全感的缺乏，而如同反作用一般地要求，发展“专业”的关系与态度，以保持某种“安全”距离。

在专业咨商关系的前提下，咨商室的经验成为求助者的“天堂之旅”。咨商室的咨商员刻意经营一种关系（气氛）——温暖的、亲切的，没有危险、没有威胁，没有一般社会规范，没有任何压抑而绝对安全的情境。求助者的日常生活中，这种情境是几乎绝对不存在的。但是，现在出现了，出现且成为求助者生活的一部分（甚至全部）。可是天堂的守护神——咨商员，却明说暗喻地告诉他，这是天堂（咨商室），这不是你生活的一部分。而天堂的守护神——咨商员也就与求助者保持了某种不存在的（对求助者的生活场而言），扑朔迷离的关系。于是，咨商员也就极其巧妙地，把自己置身于“绝对安全”的咨商关系里。

我们都清楚地了解到，任何人际关系，都必须回馈于家庭关系的原型（例如：“朋友”要亲如“手足”，要义结“金兰”。详见第七、八章：人格理论与人际关系理论）。一旦脱离了父母、儿女、兄弟、姐妹等人际关系的原型，任何关系都是抽象的、不存在的。求助者所面对的是“躲”在重重盔甲之内的咨商员，这种咨商“关系”是极其讽刺的。

求助者在充满危险与限制的人间——生活场“受伤”了，再进入毫无危险与限制的天堂——咨商室“疗伤”。然后结束“天堂之旅”，又回去面对不像天堂那么“好”的生活场。咨商过程中，会有所谓的依赖、转移、反转移；咨商该结束时，求助者所以会一拖再拖，原因都在于此。姑且不论，求助者是否有放逐“人间”的“幻想”，这种天堂之旅的疗伤模式，就值得赋予怀疑。当精神医学已从“生病—住院—出院”传统医学模式中破茧而出，积极开发“医疗小区”、“生活治疗”等更健康而具体的治疗取向之时，任一个热心而且有实力的咨商员，是否仍高踞守护神的角色，一再地在人间举办天堂之旅呢？

咨商室是人间的天堂，而非与人间睽违的天堂。咨商关系，是最美好的人际关系。咨商室的经验，必须与求助者的生活融为一体。当我们寻觅新的、更理想、更健康的咨商关系时，我们必须对咨商关系所依存的场域——咨商室空间，对于咨商员与求助者个别的意义，以及行为上的影响，有完整而具体的认识。否则的话，咨商关系只是一种“不知其所以然”的空论，只是“徒知其然”的空中楼阁罢了。

二、咨商室行为

咨商员常苦心孤诣的，甚至忧心如焚、语声如雷地一再告诉自己——平等，不要控制求助者，保持求助者与我平等的地位。可是，却很少有咨商员愿意把眼睁开，看看咨商室中必然的限制，以及无可避免的行为倾向。在传统的咨商室理念下，咨商室那扇门，有如经过魔咒一般，门里门外是截然不同的世界。这是每一咨商员和求助者都可以真切感受到的。门里门外，究竟有如何不同的语言与行为？说得夸张些，如果咨商室中的咨商员是在出卖“色相”的话，求助者就是在出卖“灵魂”。

无论参与哪一种游戏，都必须遵守那种游戏的规则。咨商员与求助者，一旦要建立咨商关系，就“必须”遵守咨商室中的定律，否则咨商行为就无法运作。咨商室是一个特定的空间，由于咨商员与求助者的进入，在开始—运作—完成咨商历程的目的下，赋予了咨商室的某些空间属性。对于此空间属性的认知（有意识或非意识的），使得咨商员与求助者的语言与行为，都规范在咨商室空间的“外在”压力之下。咨商室时空对行为的影响条列如下：

1. 此空间由“求助者”以及“助人者”两个单位所结构而成。就人性本体而言，助人者是施予，求助者是接受。当个体无以自解，而向其他个体求助时，个体本身即可意识某种无能的、卑微的理念（心境）。当其他个体向其求助时，个体本身即可自识某种“我能”的优越感（能力的优劣，是个体有无存在之能力与价值的展露）。事实上，至少在求助者所求助的范围内，或者是求助者求助之时的状况，助人者必须优于求助者，否则也无从援助起。因此，两者甫一接触，位格结构上自发（不须经由个体有意识的操作）的力动能力（H-G 势力的相交涉），咨商员也就领取了咨商室中权力体系的上位（掌权者、强者），成为天堂的守护神（不论咨商员是否意识到，事实上他已经是，就是）。他随时可以说“这边走，请跟我来。”也随时可以亮出“游客止步”的指示牌。

2. 此空间对咨商员而言，是熟悉的，是主人，是拥有者。对求助者而言，却是陌生的，是客人，是侵入者。基于人类对陌生、不熟悉空间的本能反应，任何人都可从日常的生活经验中，预知求助者的心理与行为会有如何的转变。可预期的是：缺乏安全感的、畏缩的、自我保护的、试探的，或者有以上现象的反向言行出现。

3. 此空间对于外界，是绝对封闭的。但是，却也是开放的——对求助者而言，在此空间之内向咨商员开放。

4. 此空间内的活动，对于外界是秘密的。但对求助者而言，却成为秘密的曝光者——在此空间之内向咨商员公开。

5. 求助者于此特定空间，（被）期待，甚或要求——“必须”开放自己，解剖自己。展露一个赤裸裸的人于“陌生人”（咨商员）之前。

6. 求助者必须接受咨商员的鼓励、暗示或询问，重复地述说自己（对求助者而言确为重复）。而所要叙述的“自己”，却往往是他所不愿再看到，再提起，再想到的。

7. 封闭的咨商室里面，相对于求助者的“我”而言，咨商和咨商室时间与空间，就成为求助者的“我世界”。咨商员成为求助者之我世界的焦点与代表，而咨商室时空即咨商员与我，运作于其求助者世界的舞台。在咨商心理学的本体论基础上，每个个体都有差别的认知世界（指对于现象界、生活场与意向界）。亦即，每一个“我”，都配对有一个“我世界”。个体的生命历程，可视为人—世界交涉的历程，个体于我世界中展露其能力，以自识其存在与继续存在。并寻求世界的回馈与承认（其能力），而肯定、支持与保证其存在与继续存在的价值。因此，咨商室时空内，咨商员也就成为求助者之我世界的代理人。

8. 咨商员的回馈、接受与肯定，对求助者而言，即为整个世界对其回馈、接受与肯定。咨商员的拒绝，就成为整个世界对求助者的否定。

9. 咨商室时间，为求助者所拥有。

10. 咨商员必须确认，他只是“求助者之我世界的焦点与代表”。咨商员在咨商室中先天的权力优势，只能运作在上述的位格（或角色）结构之内。

11. 咨商室内，求助者于其我世界的运作，仍然要求：人（我→求助者）之展露，我（求助者）的能力的证明，以及人（求助者）于世界（咨商员）的被接受与被支持。而非求助者之“事件”，或“人”的讨论与解析。

12. 事件与人“客观的”讨论，以及自我陈述或解析，虽然具有“净化”，以及“客体化”的功能。但相对于咨商员的存在而言，则成为人（求助者）之秘密的发掘与暴露。这种单向“研究与解决”的过程，将导致求助者的不安、焦虑、防卫、反抗或攻击的本体（自发的）反应。

13. 具体的界定与了解咨商室中咨商员与求助者的（角色）关系之后，咨商员的行为即包括三种成分：一是允许或引导求助者，在咨商员所提供的咨商室内——求助者的我世界，展露其“此时此地”的我。咨商员须戒除和求助者抢地盘的行为，把咨商室的“主人”让还给求助者（即以求助者为“形”，咨商员为“基”）。二是恰如其分地善尽求助者之我世界的代表（代理人或焦点）的功能。在绝对无条件的尊重下，适时而诚意地提供正向或负向的回馈。三是肯定我世界有拒绝的权力，而求助者面对世界所提供或回馈的信息时，也有（选择性的）接受与否的权力。

独自思考，以及把思考的内容告诉别人，在本体上的意义，是完全不同的。求助者于非咨商情境，对其难题的自我解决，于其“我世界”而言，仍停留在个体之内的“我”。求助者于咨商情境的思考与叙述，则使咨商员成为求助者“我世界”的代理人；并与求助者的“我”相互呼应，成为其于我世界之展露的焦点与回馈。经由上文 1 ~ 6，将咨商室中的活动，视（还原）为求助者此时此地的生活场之后；继以 7 ~ 13，则将自发的力动行为，定位在具体的角色关系之内。

三、互为主体性

循上述的讨论，咨商关系是一种助人关系。但是助人关系中，位格之权力结构（高 vs. 低）的限制，却导致咨商实务上的另一难题。因此，咨商关系不应止于助人关系，同时也应该是最美好的人际关系。助人关系之高低位格的力动现象，还原于上文 10. 的本体基础之后（以求助者为中心的）。什么是最美好的人际关系，也就成为最关心的对象。

最美好的人际关系，建立在对任一个体之绝对尊重与接受的基础上，亦即——个别主体性的人际关系。在普遍的人际交涉中，个体往往非常尊重自己的主体性（我要——个体于此时此地的意向），而忽略了其他个体的主体性，甚至拒绝或否定其存在。于是，个体随着心情的转换（不同时空的需要），允许自己展露不同的人际关系形态（好的、坏的、合群的、孤独的……）；却要求其他个体，必须于任何时空，都保持好的人际关系。所以，个体如同尊重自己的主体性一般地去尊重其他个体的主体性，是人际和谐的第一个主题。

人与自己的关系，先于一切关系而存在。当某甲不能接受（不喜欢、不甘、不愿、拒绝、否认）其与某乙交涉之时，所展露的“我”（此时此地所呈现的语言与行为模式）的时候，他会告诉自己或别人：“我不能‘适应’某乙。”这种语言的误用，相对于个体内在的错误认知。个体所不能适应的，不是彼时彼地的“别人”，而是彼时彼地的“自己”。归因系统的误用，使得人际间“不能适应对方（某某人）”的呼声四起。由于不能接受自己，也就拒绝了别人。个体对于其他个体的接受，建立在个体自我接受的基础上。那么，在自我接受的基础上，该如何去接受其他个体呢？

接受的对象，是指对方的理念与行为。接受本身，则是一种态度。所以，问题亦不在于“如何”去接受，而在于“为什么”要（而且可以）接受（这正是每一个咨商员，都必须面对，必须自我回答的一个问题）。接受，是对其对象之存在的肯定与支持。接受并非没有评价，而是肯定其于对方之个别意义与存在，支持其于对方之主体性（或认知结构）的价值。设若某丙不能接受某丁，即使某丙并未表现任何批评，可是，他已经怀疑或低估或否定了某丁，认为某丁所展露的理念，是不够成熟的，不自知的，不能自我控制的，没有意义的，没有价值的，不可或不应该如此存在的等。就在那意念萌发的同时，某丙已把自己的位格，提升于某丁之上。

所谓“众生皆有佛性”，“礼佛”就是“礼拜自己”；“礼佛”的积极意义，更在于日常生活中“礼拜众生”。基于对方同样是“人”（共同存有），而且是在“某丁”的（在世存有）基础上，任何个体都没有权利或义务，去低估或否定其他个体——亦即不接受其他个体。尤其是没有权利与义务，以低估或否定其他个体，作为高估或肯定自己的手段或目的，这是人际和谐的第二个主题。而“个别主体性的人际关系”——对每一个体的绝对与尊重，也就于此透发而出（详见第八章“人际关系”）

在特化的助人关系，以及个别主体性的人际关系，两者交互汇流之下，咨商关系就不止于助人的关系，而更进一步地发展为相互成长的人际关系——“互为主体性的咨商关系”也就诞生了。咨商员并非提供求助者毫无威胁、绝对安全、绝对自由的情境，使得咨商情境迥异于求助者的生活场。而是与求助者共同去面对生活场充满危险与限制的情境，并且变身成为相同情境下求助者的另一个“我”，而与求助者成为对等的、自由的、互为主体的关系。使得求助者不再孤立无援地去面对其我世界的难题，而有一个可以相呼应、相怜恤、相依靠、相推进的“我”（咨商员）为伴，共同迈向问题之解决，以及自我成长的途径。

咨商员欲与求助者一起成长，首先就得调整其“原点”而与求助者“同步”，才有可能互等地、自由地、互为主体性地成长。对咨商员而言，他必须把本具的人性内涵，贯注于求助者角色与人格样式；

并以求助者的人格样式或角色，来展露自己的人性。一方面自己成为求助者，另一方面求助者也变成了自己。求助者的难题变成自己的难题，咨商员也就可不失主体性地，自发地去解决难题：而在同时，求助者的主体性也获得充分的尊重与发展。

对求助者而言，一个是我（求助者），一个是“我”（咨商员）。求助者我的本质有残缺，而在现象上陷于停顿之时，则由咨商员“我”，以较完美的本质，于现象上援助，而一起发展与成长。求助者从咨商员“我”身上，比一面镜子还清楚地看到活生生的我。看到我遭遇难题，难题之前，难题之中，以及奋力超越、充满推进力的“我”。使得咨商员的思考，就等于求助者的行动；求助者的思考，就等于咨商员的行动。咨商员的感受是，我在解决而非替求助者解决。求助者的感受是，我在解决而非咨商员替我解决。达到二者合一，一起成长（咨商员或求助者的成长，就等于求助者或咨商者的成长），一起解难题的境界——互为主体性的咨商关系。互为主体性的咨商关系下，历来于咨商过程所考虑的：指导、非指导、责任、依靠、转移、反转移、刺探、防卫、反抗与攻击等问题，也就不攻自破，从根拔除了。由于咨商员以求助者的语言与行为样式展露其主体性，且尽力地趋近于求助者，求助者所面对的是另一个“我”（咨商员），而非其他的陌生个体。所以，同理心、真诚一致、绝对接受、温暖感等咨商要素，也就自发地在咨商员与求助者间相互交流。

四、咨商员的专业知识

咨商员有无成为求助者的能力呢？求助者在咨商过程中，逐渐地感受到另一个“我”，已经渐次地形成。但是，求助者愿意接受另一个“我”吗？这是互为主体性咨商的一个大难题。而咨商之所以成为“专业”，原因就在于此，功能也在于此。

社会心理学的研究成果显示，一般的人际关系里，个体有选择与自己具“相似性”特质者为友的倾向。“相识满天下，知己有几人！”人们对于“知己”虽有企盼之心，但是，当知己出现而趋近时，却常有逃离、躲避的现象。没有深厚的感情基础，而面对一个具有“知己”能力的个体时，源于自我防卫的，不安全的、畏惧的行为立即出现（深刻如互为主体性的人际关系，只存于人际间异性的爱恋与亲情，请参阅第六章“爱与家的形上学”）。

咨商室中的两个陌生个体，欲以互为主体性的关系相联系，除却“专业的咨商员”、“专业的咨商关系”外，就无法竟其全功了。在求助者先验的概念里，咨商员是一个“专家”，一个“专业”的咨商员。求助者如此的认知，使得咨商员的位格特化，而互为主体性的咨商关系得以成立。一般人更容易把自己的事情，讲给老师或某种权威听，却不容易透露给周遭的人知道。如果求助者与咨商员预存某种实质的人际关系，如亲戚朋友或异性爱的现象，互为主体性的咨商关系反而不易建立（源于求助者的顾虑）。咨商之所以专业化的功能，即在于求助者先验态度的保存，以允许互为主体性咨商关系的存在。是以不须也绝不可以混淆乱用，把咨商室割离于求助者的生活场之外，而成为咨商员的护身符。

互为主体性的咨商关系，可以说完全控制在咨商员的手中。咨商员的素质、咨商的能力，也就成为关键性的枢纽。咨商员要能完全地接受自己、了解自己，控制自己的语言和行为系统。每一时刻所展露的语言声调、表情动作、内在理念与外显行为的相关与差异等，都必须在咨商员的自识以及控制之下。尤其是角色的变换、人格模式的转化、人性层次跳跃等内涵能力，更是咨商员所不可或缺的专业能力。至于本文所述之理念，更为咨商员必备的基础。否则，“咨商关系”将只是抽象名词，模模糊糊地兀立在咨商员与求助者之间，成为咨商过程的一大难题。

咨商的基本概念

一、咨商于求助者生活史之定位

咨商行为的发生，是因为求助者的存在。尤其是整个咨商室时空，也都是以求助者为中心。所以在讨论咨商概念时，我们首先要了解：个体在什么情况下，会成为一个求助者？

个体出生后即逐渐地成长，在个体发展的过程中，若遇无法解决之难题，则此难题将回向于此发展中的个体，而导致二者间发生了如图 9-1 所示之“C I”循环。若此个体仍无法解决难题，而此难题又于生活中占有重要位置，则个体将停止发展而陷身CⅠ循环中。陷身身历CⅠ循环之个体，若向专业咨询师求助，则有咨商行为产生。此咨商行为亦回向于此求助之个体，而发生CⅡ循环。CⅡ循环的存在，即代表处于此困境中的个体已成为求助者。

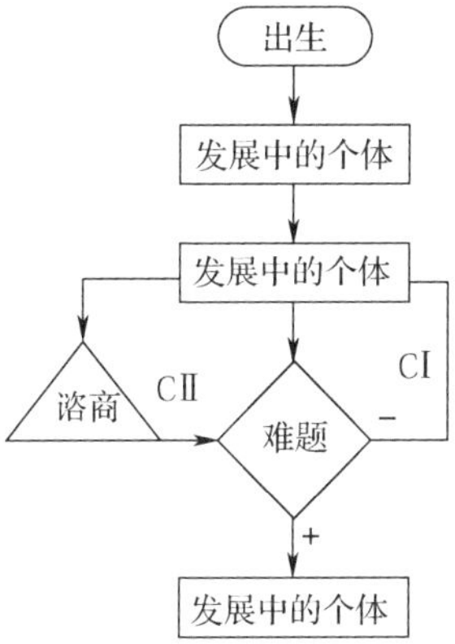

图9-1　正确的咨商模型

此求助者与咨商员彼此间，发生咨商关系而有咨商行为。因此，咨商关系与行为，不但成为求助者日常生活的一部分，也成为求助者发展新的能力，以解决其难题的契机所在。当求助者有足够的能力自行处理其困境之后，CⅡ循环随即消失，求助者的角色亦转换成“发展中的个体”而继续成长。

在个体生活史的流程图中，为什么CⅡ循环的位置要定位在图9-1，而不定位如图9-2？

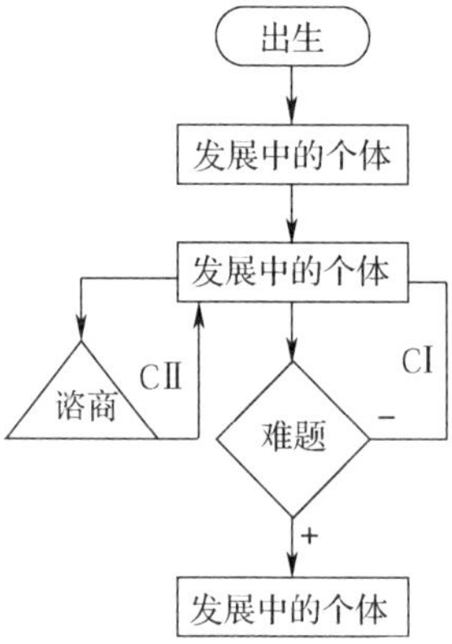

图 9-2 错误的咨商模型

为什么咨商关系与行为，不直接指向个体的困境与难题呢？此即专业咨商关系与行为，相对于一般人际关系中助人关系与行为的差别所在。一般的助人关系与行为，总把焦点集中在困境与难题本身。其步骤如下：一是探询难题的来龙去脉，二是进行因果归属关系的判断，三是提供解决的方法和技巧。当这种模式继续发展至“指导式咨商”时，此助人模式骨子里所暗藏的预设，也就更清晰地浮现了出来。持此论者认为：个体所遭遇的难题，不外“理念”和“技巧”两个层次。理念上的难题，表现为“不知而行”、“误知而行”（误知指错误的观念，如理性情绪治疗法）和“知而不行”。技巧上的难题，表现为“知而误行”、“误知误行”、“不知不行”。于是，知而不行是理念之知的不足、行之技巧的缺乏或错误导致的。所以，不知者令其知，误知者矫治为正知，误行者矫治其行，不行者教其行令其行。知是指谓理念，行是指谓技巧。于是，助人或咨商行为的焦点就在于：正确理念之厘清与正确技巧之传授。够了吗？这样就能够满足求助者的需要了吗？

“道理我懂，我知道怎么做，我也愿意去做。可是，我就是不能，我无法……”。当求助者说出这句话时，上述的预设也就暴露出其不足了。这种把处于困境中的求助者，视为缺乏某种能力——理念或技巧之正确“知识”的预设，可以导引出两种推论。一是根本上缺乏某种能力，故须予以传授、修正或厘清。二是求助者某种能力的缺乏，是因为这些能力被情绪或某些现象所遮掩阻断而造成的假象；根本上，求助者是具有潜力的，只要帮他除去那些障碍，给他充分的时间、空间和机会，他就可脱离困境而出。前者是指导式咨商对求助者的预设，后者是非指导式咨商对求助者之预设。

前者很清楚地归属于，图 9-2 所表示之咨商行为于个体生活史之定位方式。后者看似图 9-1，其实却也属图 9-2。因为此二者对于求助者的定义是：“缘于缺乏某种能力——理念或技巧之正确知识，而造成生活上的困境，以至无法解决并向专业咨商求助之个体。”此一基本假设，代表两个极端的发展，一个是对求助者主体的忽视，一个是对求助者主体的过度膨胀。对于前者，我们担心主体性丧失以至被压迫的可能和知识之获得只及于现象之一端，而使得个体仍将于其他时空制造出其所无法解决的难题。对于后者，我们则忧虑：强迫或等待一只不会生蛋的公鸡或母鸡下蛋，会有怎样的结果？

二、咨商的目标

本文揭示之咨商理论，对求助者的本质有如下的看法：求助者是指谓造成或遭遇无法解决的难题，而向专业咨询员求助的个体。表面上此个体可能缺乏——发展正确理念或技巧的能力。事实上，此类个体普遍地存在内在的“动力系统”，以驱使他去面对处于困境中的自己，去解决他所遭遇或制造的问题。此所以“道理我懂，我知道怎么做，我也愿意去做。可是我就是不能，我无法……”的原因。此也所以，咨商关系与行为必须如图 9-1 所示，回向于处在 CI 循环中之个体的原因。

咨商的目标，也就不止于帮助个体解决他目前的困难，也不止于帮助个体发展其能力，让他能解决类似的困境，也能不再去制造类似的困境。而是更进一步地促发个体的“动力系统”，引导个体的动力系统，甚至建构个体的动力系统。求助者不但需要修正或学得某些正确的知识（包括如何处理情绪的知识），他更需拥有创造、发现、寻找和实践这些知识的内在动力。那么，什么是个体的“动力系统”呢？

动力系统是指谓：个体日常生活中“活力”的泉源，是支持个体、引导个体的某种意志力，是个体生活最重要的核心，是个体为之而生存、为之而努力的价值关联（value-relevancy）。

若是个体缺乏动力系统，或个体的动力系统所产生的动力，不足以应付周遭事物；或个体的动力系统被破坏，那么个体就无法完善地处理生活场上的事物。此个体不但无法解决难题，反而会去制造难题，且一再加深其困境。于是个体就会有挫折感、无力感、自卑感甚或疏离感，处于悲戚、焦虑、愤怒、无所适从的情绪中，而有“我是无能的”、“我是不适于继续存在的”、“我是不存在的”诸种自我影像产生。所以个体所选择、建构之动力系统的优劣良莠，直接影响了个体的自我成长，以及其与生活场中外在环境压力的对抗。

个体具有多方面发展与继续发展的可能性（即潜能），但个体却并不一定能够自识此种可能性的存有。个体即使自识得到，也不一定能够运作其可能性。个体即使能开拓其可能性，却不一定能完全发挥其能力。这些历程的发展，都需要有动力系统存在，以不断地供给其活力、冲力、意志力、持续力与创造力。个体的动力系统有内外之分。“外在动力系统”是指：个体以某些文明权力体系之上位的追求，或他人情爱的获取，为其动力系统的核心。亦即以某些目标的追求或目的之完成，来建构其动力系统。当这些目标或目的，包括有外在组成因子，且个体无法完全控制这些外在环境（他人、事、物）因子时（个体本来就无法完全的控制，甚或影响外在因子），个体的动力系统易于产生“功率不足”、“出力太小”套用音响术语，以致“声音太小”甚或“推不动喇叭”的困境。甚且，此系统由外在环境因子所影响、控制，而导致损坏、瓦解的可能。

“内在动力系统”是指谓：个体形上的、伦理的、宗教的、绝对意义的价值观。尤其是家庭中孝悌抚恤之亲情与关爱，为其安身立命之根基，而孕育萌生的内在动力系统。此内在系统对个体而言是不变的，是可控制的、永恒的、完完全全属于个体所有的。个体必须建构、拥有且能够运作此内在动力系统，其于生活场中面对自我与社会环境的三重战斗，才能获得一进可攻退可守的桥头堡，才具有强大的“攻击力”、绵延不绝的“补给力”，以及休养生息自我疗伤的能力，才能继续发展与持续其外在动力系统。个体若只有外在动力系统无内在动力系统，甚或错把外在动力系统当成内在动力系统，则其生活迟早会陷入困境而不可自拔。

爱的道德心，尤其家庭中孝悌的完全实践，成为个体拥有内在动力系统与否的判准。求助者若已拥有内在动力系统，咨商重心才能只定焦于理念与技巧（正确知识）之修正。否则，咨商员就必须穿透求助者的难题，直接面对“处于困境中之求助者”，而去帮助求助者修补、重建或再建构其内在动力系统。

三、难题分类与提升

“穿透难题”这句话说来简单，做却困难。由于现象界的庞杂，在各个差异之意向界的运作下，个体于生活场所暴露的难题，不但缤纷杂沓而且千形万象。“学业问题”、“家庭问题”、“爱情问题”、“职业问题”等传统的难题分类法，只描绘出难题的表象，抓不住难题的核心，更无法掌握、辨别“处于困境中之求助者”是怎样的一人？遵循社会心理学形而上学理论下，处于困境中之个体——求助者的特质，可以下述难题的分类来予以掌握、区别：

- 生之剥夺——死于毁灭

指谓：对于生命之存在的威胁。

- 生之延续——自我实现的剥夺

指谓：个体之继续发展的努力及其可能性，所遭遇的障碍与限制。

- 苦乐之剥夺

指谓：生活场中避苦趋乐原则运作时，所遭遇之障碍与限制。

- 意义之剥夺

指谓：意向界中绝对意义之价值感的运作，所遭遇之障碍与限制。

- “I-Can” 能力之展露的剥夺

指谓：个体能力之展露，在原始（权力体系中）尤其是在文明的权力体系中，所遭遇之障碍与限制。

- 世界之接受的剥夺

指谓：个体能力之展露缺乏对象，或遭遇其所选择之对象的拒绝与否认。即个体之“我”与“我世界”的疏离或敌对。

- 人与自己关系的失调

指谓：人对自己的误解、扭曲、限制与逃避，尤其是不能接受自己。

- 人与他人关系的失调

指谓：人对他人的误解、扭曲、限制与逃避，尤其不能接受他人。

- Freud 型人格的限制

指谓：Freud 型人格之结构与内容的冲突，以及个体对 Freud 型人格之自识与突破，所遭受的障碍与限制。

经由上述分类和类别间的关联，咨商员即可直索——此求助者到底是处于什么困境中的个体，以及求助者是怎样生活在此困境中——他对此难题的态度和求助者与其困境的关系。

求助者所处的难题，实际上就是求助者之 H4-G 的特质。当这些难题发生之后，经过 CI 不断地循环而未能解决之时，求助者已经从“发展中个体”蜕变为“为难题所困的个体”或“处于难题中的个体”。也就是说，个体 H4-G$f(n)$ 的 n 值不再是变动的，求助者之 H4-G$f(n)$ 的 n 值可能已经固化于某个数值。设若此 n 值为 5，这个遭遇难题无法解决反而陷身于难题的个体——其实该说：这个发生难题也成为难题的个体即为 H4-G$f(5)$。比如说，事件 A 在个体的生活史上，造成极大的难题。这时候真正成难题的并非事件 A，而是无法处理事件 A 之个体本身，所以事件 A 的处理并不重要。某些较亲密之人际关系形态里一经出现某程度的裂痕或质变，则永远再也无法弥补，即因个体之 H4-Gf（n）在困境下暴露出其严重的缺陷或变化；而这种变化的出现，即此 H4-Gf（5）的形态，根本就无法被其本身接受。不但如此，个体也会刻板化于此 H4-Gf（5），除非 H4-Gf（5）本身获得某种纾解，得到 H-G 的接受，并于{H-G，［H-G］}中打破 n=5 的固化，使 n 值恢复自由变化的状态。否则，事件 A 或任何难题的解决，对此个体而言都是没有意义的。所以，当个体置身咨商情境而为求助者之后，其所期待与咨商过程中解决的，并不止于其难题，而更在于 H4-G。所以咨商员所要致力的，也就必须从求助者与其难题的关系，移位至求助者与其自己的关系。

四、传统咨商的场面构成

传统的咨商情境中，“场面构成”大致如下所述。求助者经由咨商员的引导，进入一间布置朴素而温暖的（小）房间。咨商员隔着一张小桌子，以平行或对角的方式，坐在一张椅子上。咨商的单位越有钱则咨商的椅子越舒服，布置也越漂亮，有花、有画或其他装饰品。共同的特色是，那两张椅子相当突出，甚至椅子只有那两张；当然，某些咨商室也会拥有整套的沙发椅。两人就座之后，不管咨商员以什么表情，说些什么话，或不说话而期待求助者先表白，都是在向求助者探询：“你遭遇了什么难题？”。

求助者在咨商员的引导下，自自然然地成为咨商室中的“客人”。对求助者而言：这是一个陌生的地方，咨商员好像对这儿很熟的样子。废话，当然熟，他本来就在。这里的地方并不大，布置得还不错。“请坐”，“好的，谢谢！”坐下来了。好像我必须告诉这位先生（小姐）——这个人，我干嘛要来这里。我的困难是……唉！我（我叫 xxx），嗯，到底怎么了？嗯，他要我告诉他，嗯！“我……这是我的难题，我没有办法……所以来……。”他要怎么帮我呢？这椅子好像把我锁住了似的，似乎我还要讲详细点。来这里不知道对不对？或许不该来的。他的眼睛一直瞪着我，尤其刚进来时好像很专心很努力，他这个人……这椅子，让我不能动。那个，嗯，我必须把那个说给他知道吗……

不论求助者有何心路历程，其共同的表征是：含蓄的、犹豫的、尴尬的、保留的、自卫的、被动的、陌生的，或者是一股脑儿说出来，看你怎么办？求助者知道，他必须把自己的问题说出来。可是，他不知道，这房间的咨商过程中，他需要怎样？将有什么事发生？在这种情境，这种心态下，不论求助者原本对其难题是否有清楚的自觉；当咨商员用任一方式抛出他的第一个问题时——“你有什么难题？”求助者自然而然地会陈述其于生活场所遭遇的难题，尤其是以事件之描述为主。而且求助者容易陷于依赖与被动，尤其是“等待”——因为他是一个“客人”，所以“客随主便”随时等待咨商员更进一步的指示。

于是咨商的过程，就容易只定焦（专）于求助者与其难题之关系，而流于求助者难题之解决，并试图于咨商室的“天堂之旅”中完成。于是，咨商员循情绪的释放→理念的解析→行为技巧的修正，一路引领求助者次第而下，整个咨商过程似乎也就趋于圆满的尾声。这时候，对咨商员而言，该讲的都讲了，该做的也都做了，求助者似乎只要循上述的讨论去做，就可解决他的难题。可是求助者的感受却是被扼杀的、不完全的、难过的、非自主的。事情好像解决了，理论上难题也似乎解决了，也知道怎么去解决（其实，有些求助者原本早就知道）。可是，却总又隔了一层，有“不像”、“不甘”、“不只是这样”、“还不是”……的感觉出现，使得他的事件、他的难题和他，都仍陷于某种莫名与停滞现象而无能解决。

这种感觉一旦在咨商室中展露，则不但求助者尤其是咨商员都将陷于“停顿”。此时，咨商员所有的法宝都已放出去了，他所能做的就是：“剩下的问题，就是怎么去做的问题了。你不妨按照我们刚才所讨论的方法和步骤，去做去实行，看看效果如何。如果还不行的话，我们下次可以更深入地……”。求助者当然是说“好，谢谢您，打扰您这么多时间，我回去会努力……”

当求助者一踏出咨商室大门，即使是他满怀信心与喜悦地踏出这一步。个体马上会出现，世界变了。他又回到他的我世界，又回到他的生活场中。而咨商室所获得的关注，就好像置身天堂一样。他周遭的人与他的生活场和咨商员与咨商室比较起来，真是糟糕得可憎。他还是他，他或许会力不从心地留在其生活场中，他或许又回到咨商室中……

以上述所描述的，是一些咨商行为的基本限制所能发展出来之部分极端的现象，并非既有的咨商模式都是这样子。但是，上文图 9-2 所示之咨商模式，却必然趋向于此。不但不能穿透求助者的难题，反为难题所困，而替求助者制造了新的难题。

五、一个新的场面构成模式

那么，什么样子的“场面构成”方式，才能够让求助者领有咨商室的主权，以展露其主动性，而有主动与自我负责的探索行为。不但能酝酿出“互为主体性咨商关系”的诸种内涵，还可以诱发出求助者和咨商员对求助者之难题的穿透！

咨商室空间的布置与情境，是场面构成的基本限制。上述传统咨商室空间，是一个“死空间”。死空间是指谓：这个空间本身是固定的，不流动的。个体在此空间中的行为，将受此空间特质的影响，而呈现刻板的、不变的行为。以致个体在此空间中，无法完全地发挥或展露自己，而为空间的格局所限制。

我们需要的咨商室空间是“活空间”，活空间虽也是封闭空间，可是这个空间本身就是流动的、可变的。它允许个体借着改变空间关系，或创造新的空间关系，来完整地表达自己、展露自己。所以，这间咨商室至少要有10平方米大，有深色的地毯，暖色的壁纸和灯光调节器。家具全堆放在某一个角落，不予以任何摆置。家具包括：高、矮凳子、扶手靠背椅子、坐垫、毯子、可变式躺椅等各三个以上；梳子、铝合梯、大桌子、茶几各一个；大穿衣镜、单向镜各一面、桌上型立镜三面；花瓶三个、纸等若干，四面墙上各有一排挂钩；莫克的画一幅、张杰荷花一幅、裸女画一幅、仕女画一幅、男人肖像（有胡子）一幅。

当咨商员和求助者进入咨商室后，咨商员可以说：“我们将在这房间里共处一段时间，来解决一些重要的事。由于问题是你的，所以，不但以后所要面对的主题和过程要由你决定，就是这整个房间的空间和时间也都属于你，由你控制。先要把房间布置起来。你是主角，我是配角。桌子怎么摆，椅子放哪儿，挂些什么画，这里还有镜子、凳子（和求助者走过去随意翻动点数）等，都可随你的意思来布置。看怎么布置才恰当……。我来帮你搬好吗？……你看我们是坐着好还是站着好？躺着、蹲着也行，‘坐着’哦！坐在哪里？怎么？距离？方向？你允许我靠你多近呢？……嗯，也许试试看，你坐在房间这头，我去房间那头（坐好了），好，现在这样子讲话好吗？‘有点奇怪’嗯！那要怎么坐呢？你认为……。”一直到获得一个确定的、求助者满意的空间布置为止，尤其是咨商员与求助者之间的空间距离与向度。咨商员再说：“你觉得哪里不对劲，随时都可以再去改变它。你是主人，我是客人，随时你都可以走动或坐到别的地方去。”把灯光调节控制器交给求助者，在他调好光后，即完成了场面构成的步骤（必须注意的是，咨商结束时，所有的东西都归位，并收复散乱堆积的样子）。

由于整个咨商室的空间关系，甚至求助者与咨商员的关系，都是由求助者所亲手控制的，所以求助者的主体性与咨商室中主人的位格，初步的为其所肯定。咨商员在整个过程中的协同工作，也使两人之间自然地建构了初步的人际关系。由于求助者 here & now 的 H-G 也在整个过程中展露而出，所以咨商员已可初步地掌握求助者之 Freud 型人格，及可观察之言行特征，借以发展出互为主体性的咨商关系。

求助者于咨商室中的行为，被咨商员以“当下即是”的方法，视为个体发展过程中 here & now 之历史性和整体性的展露。所以在场面构成之后，咨商员说：“好了，现在你（求助者）觉得怎样？”不管求助者的回答是什么，咨商员可进一步提出这整个空间给他的感受，和布置过程中的感受。并要求求助者提出他自己的感觉与意向之后，咨商员即提出对求助者的第一个印象，“刚刚整个过程，我觉得你是一个……的人”，而与求助者进行 Freud 型人格之鉴定程序。并要求求助者将其难题丢进去“跑跑”看，如果得到的是主程序，则可进入“难题之穿透”。若为子程序，则须导向求助者之难题与难题的提升与分类，再进入难题的穿透，然后全面地进行 Freud 型人格之鉴定。

六、穿透难题

经由本文所提供之难题分类系统，可令求助者将现象界与生活场的难题，提升至本体界与意向界的层面来思考，以利于难题的穿透。所谓的穿透难题，就是把难题的根本源头——求助者自身之 H-G 凸显出来。不管求助者原本知不知道，此时都要将之明明白白地摆出来，让自己老老实实地面对他自己。亦即，个体必须承认，所有难题的产生，都与一切外缘之力无关，而是因其 H4-Gf（n）的存在。尤其是求助者之 H-G 对此 H4-Gf（n）不满与排斥，甚或经由对〔H-G〕的抗拒而怀疑 H-G 本身。由于个体怀疑自己，所以使得其 H-G 势力减弱，而于生活场中逼现了处于困境中的 H4-G。随求助者的不同，什么方法都可以用，只要能达到这个原则的要求就是好方法。

接下来，求助者也就急于更进一步去了解：“我是谁？”咨商员所要提供的，就是“Freud 型人格鉴定程序”。不管求助者是主动或被动陈述其难题的内容，咨商员所要去掌握的不是“内容”，而是求助者陈述的方式、语气、用字、表情、动作与态度。然后咨商员再把这些资料回馈给求助者知道。咨商员并不须追根究底地去试图了解，引发求助者难题之事件的始末。只要求助者对此难题有大概的描述即可，甚至根本不必描述，直接以“X 事件”或“X 难题”为代号即可。咨商员主要的工作是把求助者对难题的注意力，转移到他对难题的感觉、处理的方式和态度；包括这难题带给他的坏处和好处，以及他到底花了多少时间来面对与处理此难题（很多人都只沉溺于难题而已）。

在求助者反省和描述（说出来）其本身自处状态后，咨商员必须再将此难题，实施下列的形式定位程序：

（一）X 难题于自我场域之破坏力的空间定位

1. 咨商员向求助者出示一张 35 × 25 公分的白纸，最好是用稿纸的背面，因其有虚线的空间分割效果。HB 铅笔一支，彩色笔一盒。指导语如下：“请你（求助者）在这张纸上，用铅笔画出一个正方形，只要一个正方形。”

2. “正方形所围成的区域，用来代表你的‘自我’所拥有的场域。”

3. “如果你确定已画好了，不再修改了，请你用彩色笔把正方形的轮廓描出来。什么颜色都可以。”

4. “这个正方形区域，假设为你‘自我’的全部（不是生活而是你自己——你）。你觉得 X 难题影响你的程度有多大的地盘。就请你在正方形区域内，把占据之地盘的大小用铅笔画出来，然后涂满它。”

5. “如果你确定已画好了，不再修改了，请你用彩色笔把占据区涂上颜色。什么颜色都可以。”

6. 咨商员在纸上画出一个 8 个等级的 scale（量尺）如图 9–3 所示。

7.“请你把X难题对你的自我影响的程度，在这个量尺中标示出来。假设没有影响为‘0’，完全被影响为‘1’。你可以参考刚刚所画的图。”

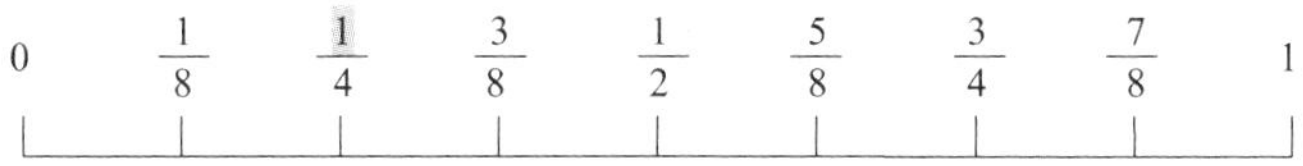

图 9-3　X 难题对自我影响之八分量尺

（二）X 难题于求助者生活场之影响与破坏的空间定位

1. 咨商员向求助者出示一张 35 × 25 公分的白纸，这张纸由其中心点分别以 2 公分、4 公分、6 公分、8 公分、10 公分为半径，已画好五个同心圆。并以虚线将各个同心圆都分成 8 个部分，如图 9-4 所示。

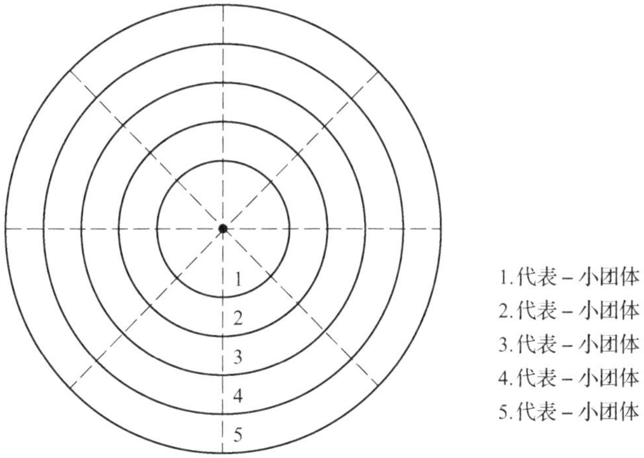

图 9-4　生活场之空间破坏之模型

2.“这五个同心圆，分别代表你自己以及你所生活于其中的小团体，比如家庭、学校、工作、朋友等。请你用铅笔在各个同心圆上标示出来。”

3. “请你把X难题对你及你生活的各个小团体，所造成的影响或破坏力大大小小，用铅笔分别画出来，涂满它。”

4. “请你把X难题的发源地用彩色笔把它的轮廓画出来。”

5. “请你把与X难题的产生有直接关系的人，用A、B、C、...26个字母为代号，标示在它们所存在的区域内。用彩色笔来标示。”

6. “上面你用代号所代表的人，请用你对他们的称谓，分别列写在右下角空白处。”

7. 咨商员在纸的右上角，依标示之同心圆的数目，画出相同数目的8等级量尺，依同心圆由内而外地标示，由上而下地标示在这些量尺的右边。

8.“请把X事件所造成的影响或破坏程度，在这些量尺上标示出来。”

9. 咨商员将各标点连在一起，即得一张X难题对于求助者生活场之影响力的侧面图。

10. “请你再想想，X难题对你和你生活各个层面的影响，都是负向的吗？有没有正向的？有的话请你在图上指出来，并略加思索，要不要说出来随你便。”

一般而言，可以把求助者形容为“泡”在其困境之中，他很少能够清晰明确地“计算”（观看甚或“决定”）自己与难题的关系。经由以上（一）（二）两种“形式的空间定位程序”，求助者就可以实实在在地面对，并有若干程序的“抉择”。至于求助者完成各项目时所画的圆形大小，不同颜色，争论的轻重缓急，思考的时间、表情、动作等，都涵蕴了极其丰富的内涵，可为实施此二程序之后的讨论题材。

根本不需要去暗示或询问求助者，“你有什么难题？”因为这样子很容易使得双方在现象界与生活场里围着难题之表象团团转。咨商员只要对求助者实施（一）（二）两种“形式的空间定位程序”，再提出上述的“难题分类表”，在咨商员的说明下让求助者自行对其难题予以分类、定位。就可以把整个咨商的重心，自然地移转至“难题的穿透”，而进入“Freud 型人格鉴定程序”。如果一定要谈难题的内容，也一定要等实施（一）（二）两种形式的空间定位程序之后，循此二程序之结果的讨论中引入。虽然这已经是在难题的形式化基础上讨论其内容，但仍须继之以难题分类之定位，才可提升而穿透难题。

七、Freud 型人格鉴定程序

每个个体此时此地的生活，都以在此之前的所思结构和内容，以及能思之能力为基础而指称。这个基础的能力与参考结构，就是个体的人格 H4–G={H–G，〔H–G〕}。由于个体 H–G 的“形—基”结构，早于学龄前的生活即已模式化。所以，大部分的个体终其一生都只是于不同的时空，以不同的对象来展露其固化的 H–G 而已。不管 H4–G*f*(*n*) 呈现怎样的变化，总是以固化之 H–G 来抉择其与〔H–G〕的关系。当 H–G 不满意某个 H4–G 的形态，甚或于 {H–G，〔H–G〕} 中，H–G 批判与排斥〔H–G〕，更且 H–G 对其自身产生了根本的怀疑与质问之时，个体的 H4–G*f*(*n*) 值就会固定，使得 H–G 所透发之某种“理念—行为—情绪模式”——即其 Freud 型人格，在生活场的某个领域一再触礁。且因其内在之冲突，个体就陷身此内在的困境中而停止继续发展，令此触礁的挫折越发严重而深具意义。平常，此“理念—行为—情绪模式”，以各种不同的 H4-G$f(n)$ 展露，虽然在生活场的不同区域都会遭遇到普遍的“我—我世界”之基本限制，以及其所自衍的苦痛。但是，因为 H4-G$f(n)$ 的 n 值是流动的，所以其心理卫生的健康程度，只呈现出较轻的症状，而不妨碍其个体之继续发展。只是他的发展历程，有时候不是很舒服很满意罢了。

咨商员当下即是的，把求助者于咨商室中所展露的自我（H4-G$f(n)$）和求助者所形式定位的难题对立起来，并回馈于求助者而共同进行二者之间形式关联的探讨（毋宁说是直观的，虽然好像不太科学），就可以得到求助者初步的“理念－行为－情绪模式”。借着难题的分类，使难题提升至更普遍化的层次之后，咨商员即可要求求助者将此“模式”置之于其生活史中的每一个层面，让其自我思考、反省：是否这个模式重复不断地，几乎是在每一时地出现？以往生活上的不如意和今天的难题之间，是否有什么内在的关联？如果是的话，我们就可以宣称：完成了 Freud 型人格鉴定程序。如果只是部分或不是的话，那么咨商员就有必要要求求助者深入地描述其难题内容，以及生活史上的关键现象——尤其是家庭生活，再继续实施 Freud 型人格的鉴定程序。（注一）

不管是不是完成了 Freud 型人格鉴定程序，求助者与其家庭的关系都会凸显而出。因为整个咨商的情境已经转变成求助者向咨商员问——尤其是自问：“我该怎么办？”只有在完成上述的反省历程之后，求助者所发出的“我该怎么办？”才具有其主体性的意义与咨商的价值。如果咨商员对求助者过早发出的“问题”予以努力（所谓共同的）的回应，则咨商的结果仍将回向于图 9-2 的模式。

求助者以上的反省，只是一种较深刻、较根源的自我了解而已。亦即，也只是一种“知识”罢了。“知道了，可是怎么做呢？”咨商员与求助者若马上进入这个命题，那就又麻烦了。因为怎么做——做的方法是因人因时因事因地而不同的，不但求助者与咨商员目前所获得的资源，尚不足以回应这个问题。即使知道怎样做，到底仍是“知识”而已，又能怎样呢？知与行之间，似乎还有某种极神秘的东西在推动与连结。对了，“推动”，就是前文所讲的“动力系统”。

不但个体的理念与行为由其动力系统所维系，即使是个体之存在与继续发展，也由个体的“内在动力系统”和“外在动力系统”所连结和推动。内外动力系统的关系及其诠释，已于上文咨商的目标中描写，不再重复。任何外在动力系统，都必须以内在动力系统为主轴。内在动力系统不良，绝不可转恃于外在动力系统，而应力求内在动力系统之改进——此即家庭之中孝悌之道的完成；当然更不可转而谋求内外动力系统的交融——谈恋爱，这个转向更将导致内外动力系统的摧毁。

资深的咨商员都有机会碰到下列的情况：在咨商的过程中咨商员渐渐地发现，其实这个求助者他什么都知道，他分析得比我更好，他知道自己怎么了，也知道该怎么做；他来这里（寻求咨商）好像只是为了肯定他的想法，好像是为了寻求别人或专家的赞同而来，似乎他需要的帮助也就是这个了。于是咨商的过程就转移到“怎么做”的问题上，在清楚地厘定目标之后，咨商员向求助者保证他的想法是对的，咨商员鼓励求助者勇往直前放手去做，结束了咨商。其实，这种求助者是因为内在动力系统不良或缺乏，以及外在动力系统有点阻碍罢了。而他到咨商室来，也是企求外在动力系统的辅助，像这种求助者就很容易地被牺牲掉了。所以对这种求助者，与完成 Freud 型人格鉴定程序的求助者，以及无法完成 Freud 型人格鉴定程序的求助者，咨商员都应迅速地使他们进入“内在动力系统鉴定程序”。

八、内在动力系统鉴定程序——家庭关系动力图

咨商员提供求助者 35×25 公分白纸或稿纸(用背面)一张(直放)。纸上已画好一个 30×25 公分的长方形，2B 铅笔一支。咨商员自备记录纸笔、记时器；图形卡一套，由七张空白的名片纸制成，分别画上□・△・☆・○・□・◇・☺等七个封闭图形，每卡一图不得重复。指导语如下:

1.“这个长方形区域(里面)代表你的家。”

2. 咨商员出示图形卡，交给求助者，“洗一洗”，“请你翻开卡片并摊在桌上”。

3.“七张卡片上共有七个图形，现在请你选择一些图形，来代表你和你家里的每一个人。用哪一个图形代表哪一个人都可以，随你意思决定，然后把他们画在正方形外面的右上方(以手指之)，这里。请开始。”

4. 咨商员须记录求助者每一配对的先后、时间、表情与喃喃自语。须注意的是随便配对还是有意义的配对，若为后者，求助者会喃喃自语，例如：“这个☆形，像妈妈”，或“妈妈，嗯！圆形比较合适。”

5.“这个长方形区域是你的家，这是家的中心点(咨商员以手指着长方形之中央)，这是家的上方，就是说比较大的、重要的(咨商员以手指长方形的上半部)，这是下方就是比较不重要的(咨商员以手指长方形的下半部)，这是边缘地带(咨商员以手指长方形内，靠边线的地方绕一圈)，这是角落(咨商员以手指长方形的四个内角)。现在请你把家里所有人包括你自己，一个一个画到长方形里面来。你

觉得某个人是在哪个位置，你就把代表他的图形画在那个位置。如果你觉得某个人很庞大，拥有很多很大的领域，你就把代表他的图形画大一点。你觉得有多大该画多大，你就画多大。如果你觉得某个人在家里很小很渺小，你就把代表他的图形画小一点，该是多小就画多小。当然，你还必须考虑到每个人之间的关系。”

6. 咨商员必须记录：求助者画每一个图形的先后秩序，花费的时间，考虑时的表情动作，笔触的轻重缓急、轻率或慎重。如果求助者问“可不可以把一个人的图形画在另一个人的图形里面”时，要回答说可以。如果有图形彼此间互画或包含的关系，则于求助者画完后，再对求助者说“这一张先保留起来，现在你再画一张一样的，并把图形分离。”

7. “现在要把每个人之间的关系，用线条表现出来。如果你觉得甲和乙有关系，你就在甲乙之间画一条实线，把两个图形连起来。若二者间关系是正向的，你就在连线中央写个‘+’，关系越好‘+’数就越多。二者间关系是负向的，你就在连线中央写个‘–’，关系越坏，‘–’数就越多。不好也不坏，就只画连线就好。若没什么实质关系，连线就不必画。如果这关系是由甲主动地发向乙，则连线就画一个箭头指向乙，如：[甲]→△乙。若为乙主动发向甲，则[甲]←△乙。若二者都主动地发向对方，则[甲]⟷△乙。若二者间的动向不明显，则只画连线，箭头不必画。”

8. 咨商员必须记录求助者每一条连线的先后顺序、笔触的轻重缓急、表情动作的变化、思索的时间和箭头的变化。

9. “请再检查看看，哪里还要再修改。连线两端的箭头，每条连线中央的‘+’或‘–’号个数，请你依关系好坏的程度标示恰当的个数。”求助者画完家庭关系动力图之后，即已完成其内在动力鉴定程序。咨商员先请求助者解释：他每一个步骤和抉择，是依照什么标准，有些什么意义，以及整个图形表现出来的东西和他在这图中生活的感受与态度。咨商员也要提出他所观察到的，记录到的，求助者的一些细节的变化，请求求助者予以说明。在求助者解释完整个图里的现象与关系之后，咨商员要问求助者：“你满意这个图里的一切吗？”这可导引求助者更进一步讨论其对某些部分、某些关系的抗拒。

10. 咨商员还可再递一张纸给求助者，且说“你不妨把你理想中的，你所希望的家庭关系画出来”。二张图比较之下，求助者之家庭关系与内在动力系统的全貌，也就清清楚楚地展露无遗了（在家庭治疗的领域中，若对家中每一分子，个别实施内在动力鉴定程序，然后再集合一起共享彼此的家庭动力图，则更能获得积极有效的疗效）。

个体的家庭关系越好（指个体及家人之间双箭头的连线越多，“+”越多，也都占有适当满意的家庭空间），则其内在动力系统展露的正面动力也越强。反之，个体的家庭关系越坏，则其内在动力系统展露的负向动力也越强。当个体之内在动力系统展露为负向动力时，个体就会产生“缺乏内在动力系统”的“假象”，而有力不从心甚或意志消沉的“无力感”出现。这时候的个体，大都会转向其外在动力系统求助。

不过，家庭关系只是一项形式指标而已，内在动力系统的趋于正向的强大“推力”，是因为个体能够在家庭中发挥与善尽“孝悌”之道。孝悌之道的完成，代表个体有爱与被爱的能力，代表个体具有强盛之主体性与活力，更代表个体已具备了透发出仁之道德性的原创力（参见第五章与第六章之人性论与生命论）。

不论古今中外，想要善尽孝悌之道，绝对不是一件容易的事，也不是短时间所能完成的事。必须逼现展露出整个人的生命力，完完全全地投入，不计牺牲地去关爱每一个家人。当一个人虔心“发愿”完成孝悌之道时，因着“愿力”所逼现的第三级的主体性——“我－要”，以其超越的绝对性，涵摄个体之 P-G、B-G 而为一体，使其 H-G 的势力因而强盛壮大。

所以，咨商员必须引导求助者，历史性、整体性地反省其难题，而一层层地深入，一层层地剥落，直抵其 H-G 的发生及所依存的家。在 Freud 型人格鉴定程序中，引发其主体性的反抗与勃起；在内在动力系统的鉴定程序中，面对自己深层的最大的难题；在爱与家的生涯里，诱发其虔心（在经历上述历程之后）发愿——在生活场上展露为一个人子的孝悌；在求助者人格的层面上，展露出人性回归之提升的努力——而促生求助者的动力系统，完成咨商的目标。

九、难题的再定位

求助者 H-G 的“形—基”结构，在“虔心发愿”（亦即做决定）的当时，瞬间重组而有了新的形态，尤其是强度变得更强大（虽然还是个 Freud 型人格）。这时候，怎么在生活场上解决其原来的难题并不是件重要的事。而且这件事的解决，也不再需要咨商员插手。这时候，咨商员所要做的是：“难题的再定位”。

咨商员必须问求助者：“你觉得以现在的你和可预期的将来的你而言，什么是你最大的、真正的难题？什么是你将全力去追求的？”

这时候，咨商也就该结束了。因为在这个阶段，双方已把过去导向的难题抛弃，而超越（不一定有解决）地把生命的焦点，重新焦（专）注在here & now的我，以及定位于现在导向的难题，所以咨商员可以说："你即将，不，你已经开始重塑你的生命，你在努力着，而我也还在努力之中，相信还有其他的人，也在默默地努力着，我们互相加油好吗？来。（面露微笑，伸出手掌，等求助者用力握住后，也用力握紧）"

十、外在动力系统及其鉴定程序

其实并不是每一个新的Freud型人格的H-G，都拥有极大的强度足以自行面对一切。所以咨商员必须在实施内在动力系统鉴定程序之前或之后，对求助者实施"外在动力系统鉴定程序"。

除了把"家"改换成"生活场"，"家人"改换成除了家人以外，其他在你生活上较接近的、互相影响的，具有实质意义与互动的你认为较重要的个体，以及图形卡数目可随需要增多之外，一切的用具与程序都与内在动力系统鉴定程序相同。外在动力系统是个体与其生活场，尤其是男人所不得不去追求的一些东西。外在动力系统鉴定程序所要展露的，是个体在家庭之外与其他人的人际关系。尤其是这些人际关系中，所凸显的一些文明（或原始的）权力体系；个体与这些权力体系间的关系，以及个体在这些权力体系中的定位。实施此程序的目的，是把个体的外在动力系统明确化，让求助者清清楚楚地面对它，然后在"虔心发愿"之后，以其内在动力系统为基础，重新"定义"或"重组”一个适当的外在动力系统，以获取最大可能的“拉力”。

咨商实务

H4-G={H-G,〔H-G〕}={(H-G,〔H-G〕),(〔H-G〕,H-G)}。(H-G,〔H-G〕）和（〔H-G〕，H-G）此二者，各以不同的形态和势力于不同的时空交互出现。设各种差异之形态和势力的（H-G，〔H-G〕）为 type A，各种差异之形态与势力的（〔H-G〕，H-G）为 type B。个体于其社会生活中，若其思想与行为展露为 type A 之几率越大，则个体的社会生活较能实践其主体之意向性，较少有挫折和冲突的心境，心理卫生也越健康。若其所展露之思想与行为表示出以 type B 的几率越大，则反之，其心理卫生也越不健康。前者，是小团体动力学的对象；后者，则为咨商理论的对象。虽然两个学科的对象之间，仍有流动的现象，但基于主要对象的差异，使得社会心理学之小团体动力学与咨商理论，采取了截然不同的方法论。在本书第三篇“小团体动力学之理论与技术”中，由于对象是心理卫生较健康的一群，所以采用逼现〔H-G〕的方法论，以求增进其对象之心理卫生越趋健康。

咨商理论的对象，是心理卫生较不健康的一群，他们已经处于难题之中，不容许再接受更大的打击或刺激，所以采用逼现 H-G 的方法论，以求直接增进对象之 H-G 势力，进而求其心理卫生转趋健康。在了解两种理论所后设的不同方法论之后，本咨商理论（以下简称本论）之所以呈现如此的模型，也就自明而出了。

本论认为：咨商程序的实施，其目标并不止于导引求助者进入咨商程序解决其难题。而在于对求助者进行心理卫生总检查，让求助者在整体性与历史性的反省之后，当下及时地发现他自己，here & now 地抉择其历史性与整体性价值的难题（难题的再定位）并且引发与诱生其动力系统，让求助者去面对与处理他的难题。个体与其我世界之存在，原本就有其基本的限制与困境，人的生活也不可能没有难题。最重要的是，我们必须把时间放在真正的、根源的难题上，这种努力才值得，才有益于个体之继续发展；也才能把难题当作炼金石，来淬砺自我、提升自我，并成为个体生存与继续发展的动力泉源。

以上的一段话，有人会觉得不科学，因为充满了绝对的道德判断与绝对的目的导向。其实这也难怪，因为既有咨商理论之理论层次，根本就到达不了这个层次。既有的咨商理论都以人格和角色为单位，在现象界和生活场的层次上，来发展其理论系统。他们都知道要以人格理论为前提，更要以人性论为基础，可是他们却只能提出片断的命题和简略的模式，且又迫不及待地进行咨商理论与技术的建构。所以，既有的咨商理论，终究无法触及人的共相层面，也无法获得绝对的价值判断，当然也就没有共同的导向了。因此既有的咨商理论，就必须随着歧异的价值关联，不同的人格特质，差别的生活取向和缤纷的各种难题，而呈现出其困境了。就本论的观点看来，“当事人中心治疗法”，也就成为既有咨商理论中，最能遵守其理论基限，理论定位恰到好处的理论。

本书伊始以至于人际关系理论的系统论述，即被用做本咨商理论的后设理论的基础。人格理论向人性论的回归，允许我们进行绝对的道德判断。人际关系理论向生命论的回归，更让我们不得不进行绝对的目的导向。获得以上的共识后，即可就整体的层面，讨论本咨商理论应该如何运作。

一、九大咨商程序

就咨商实务而言，一个完整的咨商程序，应该包括下列的过程:

l. 咨商室空间布置。

2. 场面构成。

3. 互为主体性咨商关系。

4. 难题之形式空间定位。

5. 难题的分类与提升。

6. 穿透难题。

7.Freud 型人格鉴定程序。

8. 内外动力系统鉴定程序。

9. 难题的再定位。

社会心理学的咨商理论，亦即运用上述九大程序性咨商技巧，先由咨商员将求助者现象的难题予以存而不论，让求助者进行本质还原而得到 H4-Gf（n）。咨商员又将求助者之 H4-Gf（n），予以存而不论，求助者再进行本质还原得到 {H-G，〔H-G〕}。咨商员再将求助者的 {H-G，〔H-G〕} 予以存而不论，求助者进行本质还原而得到 H-G。咨商员最后将求助者之 H-G 予以存而不论，求助者终于在此基点蜕化，转生为势力更强大的 H-G。

“从本未有自现迷为境，由无明故执自明为我。”这不只是求助者的处境，也是一般人共同的处境。自有宗教与哲学思维以来，如何拨开现象、情绪、所知与所行的重重障碍，如何由生活之苦难与不解的苦痛中，开出一条康庄大道，借以直索“父母未生之前的我”，在自我的体现中获得开悟，而于人与世界的重重困窘中释然？这个取向的思考，化身于不同的学派与教派中，绵延不绝地被承传与探讨。事实上，小团体动力学和咨商理论，也一直就被摆在这个系统里来思考，只是预期要完成的程度不同罢了。本论所揭示的咨商程度与方法，实际上就是在上述系统下思考与体现的结果。也就是把所谓人性修养或开悟的法门，予以浓缩精炼而成的方便法门。

本论之实务运作，一次就得花费三四个小时以上，但也是一次就结束了。结束咨商后，咨商员与求助者成为面对同一难题的朋友，且互相提供对方的动力系统。以后求助者若还有任何难题，都是属于延续或追踪咨商的层面，短时间即可解决。运作本论者，对同一求助者的咨商次数，超过五次以上即为失败，请即转介。（注二）

二、预设咨商目标

当然也不一定要一次做完每一道咨商程序，分成几次完成也可以，甚至只做特定的几个程序也未尝不可。如果咨商员能够迅速判断求助者所处的程序位置，那就只要接着做下去就行了。最重要的是咨商员必须抉择，他要在咨商程序的哪一个阶序停下来，就在哪个阶序上帮求助者解决难题，然后结束咨商行为。因为每一个求助者之H-G势力不同，发展的可能性也不同。咨商员将某个对象存而不论之后，如果求助者不能有效地进行更进一步的本质还原，则咨商员不可越俎代庖，应该在此阶序上，完成双方所能完成的任务，而结束咨商关系（求助者本质还原的能力，相对相生于咨商员促酶化的能力）。

在场面构成时，咨商员即与求助者制定明确的咨商目标，其实也是稳当的方法。分成远程目标和近程目标，加入许多中介的阶段性目标也成。咨商员可问求助者："假如你没有这些难题，你想你会是怎样的一个人？你会过着怎样的生活？"以及"在这些X难题的困扰下，你变成了怎样的人？你的生活起了什么变化？"这两组问题可以提供我们三组资料。第一组问题要先问，才不会受到第三组资料的影响。第一组的资料是：求助者所"预期"的自己及他的生活。第二个问题可以获得第二三两组资料。第二组资料是：求助者"目前"的自我状态及其生活。第三组资料是：求助者"以前"的自我状态及其生活。经由三组资料的比对，就可得到丰富的进一步资料来与求助者共同制定咨商目标。比方说咨商员可以再问："只要把X难题解决，你就可以像第三组资料那样吗？这中间是不是还得做些什么？或改变些什么？"或者问"X难题解决后，为什么会变成第一组资料？而不是第三组资料？"这些问题所获得的回答，对于共同制定阶段性的咨商目标有很大帮助。每完成一个阶段目标后，再继续进行下一阶段的咨商，且要求求助者标明各阶段目标预期花费的时间。咨商员可根据不同阶段的需要，向本论中抽取所需要的部分程序。当然在制定咨商目标时，咨商员不妨让各阶段的咨商目标，尽量地和本论所提供的程序相吻合，或者干脆就依照本论的程序，分成若干阶段性目标。总之，只要能达到本洛商理论的目标，要怎么变化使用都无妨。

“总之，只要达到本咨商理论的目标，要怎么变化都无妨。”聪明的读者看到这句话，就觉得问题大了。前面几段话好像变得有点问题，再细读下则有“言不由衷”之意，似乎还透露了些“力不从心”的感觉。再仔细想想，从本段的前面四段起，本文有意地导向“预设阶段性咨商目标”的凸显。其实呢？预设咨商目标这工作，本来就是既有咨商理论于其理论层次下的产物，在本论的层次中根本就不存在。如果读者于前四段看下来，都一直“嗯！”、“嗯！”地点头的话，那么本文就得再加以澄清了。

三、难题的真相

对于处在难题中的个体而言，心理困扰越大就会越难过，此难题对他而言也就越真实、越具体、越有意义，而几乎会有“难题就是我？”的假象，他将怀疑自己会与其难题共生。如果于倏忽间消除了他的难题，则个体将因无立身之地而陷于更大的困境（这种情形的极端化，普遍地呈现在精神病患者身上）。

“凡夫皆逐境生心，心遂忻厌。”“凡夫多为境碍心，事碍理。不知乃是心碍境，理碍事。但令心虚，境自空。但令理寂，事自寂。”“凡夫取境，道人取心，心境双忘，乃是真法。忘境犹易，忘心至难，人不敢忘心，恐落空无捞摸处。”（《黄檗断祭禅师传心法要》）。

“恐落空无捞摸处”，这就是每个人本身的基限。所以，本论根本不去消除求助者的难题。不是帮助求助者往外一抓，向地一摔，喝！——杀，而是引导求助者往内一抓，二抓，三抓……向空中一丢，喝！——变。慧忠禅师说得好："众生迷时，结性成心。众生悟时，释心成佛。"（指月录卷六），本论的中心意旨就在"释心"。不过却非释心"或佛"，而是要在爱与家的生活场里释其心，更要释心成"人子"。

本论之咨商程序的内涵，就是从人际关系理论→人性论→人格论→生命论所结构而成的。在每一阶序中，只要求助者能完成此阶序的反省，即可引发求助者进入下一阶序的动力。因此，阶序之内的充分运用，是为阶序间互相穿透的保证。不管求助者的难题为何，都必须完成本论的咨商程序之后，才可去解释它或消除它——其实，对经历本论之咨商程序的求助者而言，这已经是蛇足之事（不过，某些弱势的 H-G 者，却还是需要）。至于第四章所提供之情绪理论，也一定要在实施完咨商程序之后，咨商员才可拿出来，提供求助者解决其情绪上的困扰。切记！在执行完咨商程序之前，不可试图去解决求助者的任何难题。

本论之咨商程序的实施，提供求助者本质的反省与重建（请注意，本论并不期望求助者于咨商程序中"打破 Freud 型人格"，目标仅止于更健康更有力之 Freud 型人格的重建），企求的是求助者在这短短三小时里，完成他在生活场上可能要花费数十年时间都无法获致的成果。这个咨商程序本身，也就成为求助者走出咨商室后，面对与思考其难题的方法。请注意！"抉择难题"的能力，就是一次——只一次咨商之后，求助者所"带出场"、"带回家当纪念品"的东西。

咨商员实施咨商程序时，必须以互为主体性咨商关系存在。整个咨商过程中，他要化身为求助者，把求助者的难题转化为自己的难题。咨商员不可以说（尽量不说）“你”这个字（在前文“咨商之基本概念”中，咨商员用语中的“你”，都只是为了行文上的方便而加上去的，实际运作时应尽可能地删除），面对求助者所呈现的资料，咨商员要转化为被难题所困的求助者，具有求助者的痛苦、疑惑、困顿等心绪。咨商员不要问：“你觉得A+B=C……？”而要展露为自言自语的“A+B=C……？”，然后陷于苦思状，却又思之不解而看向求助者，寻求其援助。于是，求助者就会理所当然地给予援助，主体性地去思考、去提供进一步的资料与反省。咨商员必须以求助者的位格，去引领每一个阶序的发生和完成。他展露为陷于困境中的求助者，却更展露一个努力去面对难题，且具有强大动力的求助者。虽然他的处境是痛苦的，可是他的活力是旺盛的，他的表情是丰富的；难题不解时，他是悲哀的；思索出（或引领求助者自身）新的契机——将X难题“存而不论”之时，却是欣喜的；如此这般推动着、引领着的求助者，不断地进行其本质还原，而完成整个咨商程序。也就是说咨商员先化身为求助者，然后“虚而待之，彼自以之”。

四、小团体与延续辅导

对于一个咨商员而言，他必须熟读本论之后设理论，并竭力去体现出来。他必须熟悉本论咨商程序的思考模式，更必须进入咨商程序。前者可引导求助者进入咨商程序，后者可于咨商结束后，提供二者于相同位格上的动力关系。本论认为，提供求助者延续咨商是必要的，但不是以咨商的形态呈现。最好的方法是：将实施过本论咨商历程的求助者，介绍彼此为朋友——一群有共同目标而于不同场域努力奋进的朋友。所以在结束咨商关系时，咨商员最好再说："事实上，我就认识许多人，他们也都在努力着。我正在编一本通讯录，以便需要的时候大家有个联络。如果你愿意加入的话，请把电话与地址留给我，过些时候，你就可以得到这份通讯录。"

至于H-G较弱以及生活场之限制较大者，尤其是再来找咨商员研究一些技术性问题的求助者，咨商员都可将他们组成较形式化之定期集会的小团体。其实包括咨商员在内，共同参加某个早觉会、晨跑、运动团体或休闲团体，都是极佳的策略。对于具有咨商程序经验的人，他们所处的位格上，若能知道有别人也在努力，甚至还可互通声息，彼此间就算是交换个眼神或微笑，都是极具正向影响力的。

五、超级咨商员

赵州古佛从稔禅师，是一个深具慧见与原创力的咨商员，以下即以他的一个公案，当做本论的结语：

"有一天早晨，赵州接见许多新到的和尚，问其中一个说：'你以前来过吗？'对方点头说是，他便说：'吃茶去。'又问另一个和尚，那个和尚说：'这是我第一次来这里。'赵州也说：'吃茶去。'这时庙中管后院的大和尚问他说：'曾来过的和尚，你叫他吃茶去；未曾来过的和尚，你也叫他吃茶去，这是什么意思？'赵州便叫：'院主’，这位后院主回答：‘是’，于是赵州又说：‘吃茶去’。”

小团体动力学之变态理论

对于任何一个社会人而言，其 H–G 必定转化为 H4–G 而存在，且使 H4–G=｛H–G,〔H–G〕｝。不论 H4–G$f(n)$ 展露为任何势力之（H–G,〔H–G〕）或（〔H–G〕，H–G）。其 H–G 不论成“形”或是“基”，都以主体性之位格存在，而为个体之意识与行为的监察系统。若其思想与行为不断地展露为 type B，则 H–G 之主体性所透发出来的意向性，不断地处于修改、歪曲、反向或消失的状态。type A 的思想与行为越多，则此意向性的歪曲，或消失的情况越出现也越严重，主体性所感受的挫折也越大。若此情况继续恶化，则经某些未知的程序，以某种〔H–G〕的意向性取代其主体性，而导致 H4–G=〔H–G〕。

在一般正常的人格状态中，〔H–G〕即使成“形”，也必须有 H–G 为“基”，无法独自展露。在异常人格的状态下，〔H–G〕占领了整个 H4–G 单独地展露而出。在此状态下的患者（P’t 表之），其 H–G 或是消失了，或者只是被压抑而无法出现呢？目前，本文还没有能力回答这个问题。

精神病的发生与治疗，可以定位在社心本体论的层次来研究。P’t 之“我—我世界”这个关系的转化，以及二者本质的变化，是了解 P’t 的契机所在。精神病所展露出来的症状，是个体赖以生存的最后防线。也就是说，若非如此，则 P’t 无法继续生活。P’t 的症状，展露了一个新的“我一我世界”，且刚好能满足其原来之“我一我世界”的要求，纾解和弥补原来之“我一我世界”的逼迫与缺陷。所以只要了解 P’ t 所展发之新的“我一我世界”，就可以配合其个案史，推论出 P’ t 原来“我一我世界”的困扰。

P’ t 之“我”——〔H–G〕=S–G〔B–G〕〔P–G〕。其 B–G 和 P–G 都为 S–G 所控制，且在〔H–G〕之意向性（即取代了 H–G 之主体性）要求（涵摄）下，P–G 之“生理一认知结构体”依之改组，创造出所指定的“我世界”，此“我世界”中的“我”，以及二者之间的关系（至于“生理一认知结构体”原来的内容与结构形式，是被消除了，还是以某种形式隐藏起来，则不得而知）。B–G 也在其涵摄下，于神经、内分泌等层面改变，而展露为“我”。于是 P’ t 之 S–G 也就在〔H–G〕意向性的控制下，重整 B–G 和 P–G 及三者间的“形一基”结构与势力，而整体地展露出其“我一我世界”——于是在变态心理学、临床心理学和精神医学的观点下，被指称为：精神病患者。

P’ t 之“我一我世界”差异的空间形式关联，即展露出不同的症状。假设以正方形的内空间代表“我世界”，以圆形之内空间代表“我”。则:

一、正常人的“我－我世界”

“我” ⊂ “我世界” 中，且“我”可于“我世界”中自由移动。“我”之空间可做些微适度的膨胀或萎缩。（见图 9-5）

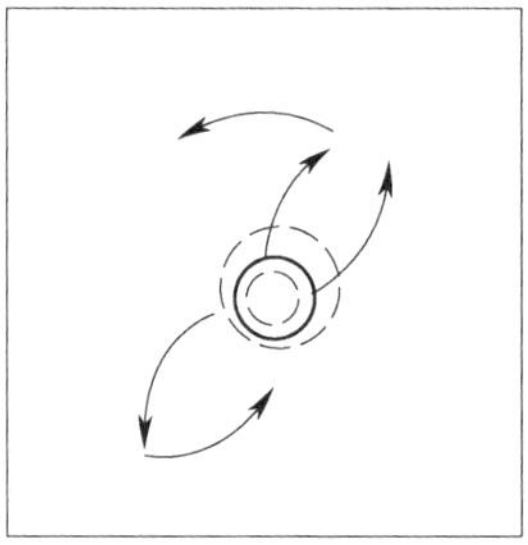

图 9-5　正常人的本体论模型

二、忧郁症患者

“我” ⊂ “我世界” 中，且“我”之空间极度萎缩，并固定于“我世界”之某处，尤其是固定于“我世界”之边缘或角落。严重者“我”还会脱离于“我世界”之外。（见图 9-6）

图 9-6　忧郁症患者的本体模型

三、强迫性行为之患者

“我” ⊂ “我世界” 中，且 “我” 之空间极度扩张，甚至与 “我世界” 相挤迫，且固定于 “我世界” 之某处。较严重的，则其 “我世界” 萎缩，而紧紧地框住 “我” 。（见图 9-7）

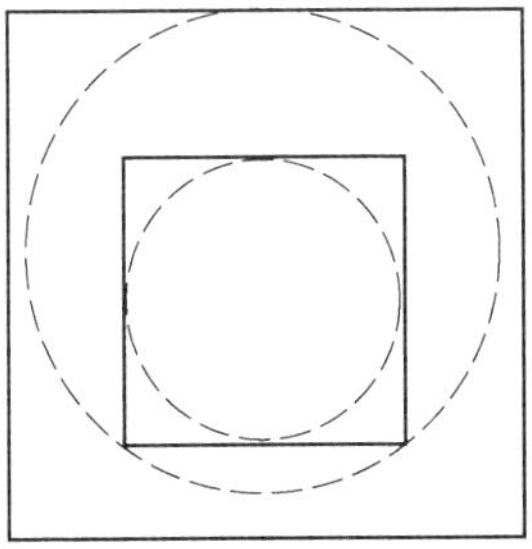

图 9-7　强迫性行为患者的本体论模型

四、妄想症患者

“我” ⊂ “我世界” 中， “我” 之空间超幅度扩张于 “我世界”，且 “我世界” 之空间，超幅度萎缩于 “我” 之内。所以，P’ t之 “我”，可以随心所欲地控制 “我世界”。（见图 9-8）

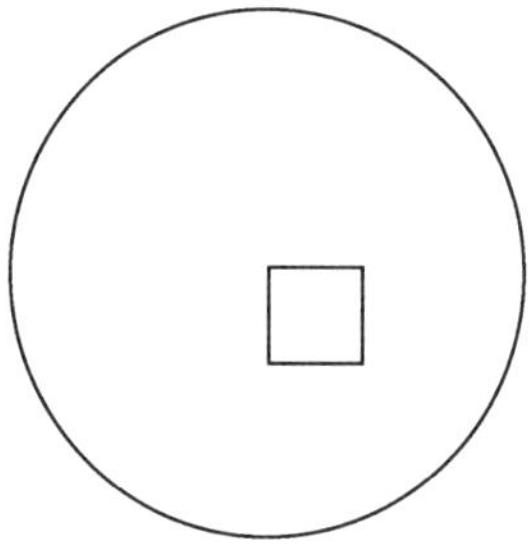

图 9-8　妄想症患者的本体论模型

小团体动力学变态理论目前的发展，只能提供上述“小团体动力学变态理论的观点”，至于整个理论的内涵，则仍暴露出严重的空乏。但是，此一观点对于人之现象变态层面的了解与简易的操作性，却是任一小团体之 leader（以下简称 L）所必备的基本知识之一。所以就目前而言，变态心理学、临床心理学与精神医学等学科，对于变态人格与行为和症状的描述，是为每一个小团体动力学的工作者所须必备的。

注释

注一、Dr. Eric Berne 在其《语意与心理分析》一书中，所处理的“原生”（script），与笔者所谓 Freud 型人格相当接近。虽然他的解释系统笔者无法接受，可是他对原型的诸种分析和发现，却是极具参考价值，亦为笔者所不及。

注二、以上所谓的“一次”，是指谓完成本咨商理论之全部程序。全部的程序对于任一求助者而言，只能实施一次。相对于不同的求助者而言，完成全部程序，所要花费的时间也长短不一。为了确保求助者在全部程序的每一阶序中，获得充分的自觉与成长，全部程序的实施亦可分段行之（亦即，并不一定要在一段连续的时间内完成）。由于全部的程序只能运作一次，所以运用本论的咨商员，最忌讳的就是急躁妄进。如果完成全部程序后，求助者仍未虔心发愿而不具动力系统，则咨商中已告失败应即转介。必须注意的是，即使咨商成功，延续咨商也是必要。在咨商完成后的第一周、第三周、第七周，至少应安排为第一次、第二次及第三次的短时间延续咨商。

第十章

小团体动力学的基本理论与实务

基本理论

小团体实务

非结构性小团体中 M 的角色行为

基本理论

$$\frac{f(\text{typeA})}{f(\text{typeB})}=\beta$$

当个体之 β 值 >1 时，这相对于 β 值 <1 者，于心理卫生指标上，被指称为：心理卫生较健康；且 β 值越大，其心理卫生越健康。β 值 <1 之个体，即成为小团体动力学所处理的对象。小团体动力学的目标，也就在于促使个体之 β 值增大。

由于小团体动力学的对象，是属于心理卫生较健康的一群；所以我们采用逼迫显现其〔H-G〕的方法论，使 {H-G，〔H-G〕} 对其 H4-G$f(n)$ 进行多面性的反省与尝试。而于 H-G 之整体性与历史性的展露中，扩大对其〔H-G〕发生之根源——H-G 本身的了解；因为对其〔H-G〕之了解与接受，所以对 H-G 可资运作之 capacity 增大，形态改变而强度也增大。H-G 势力重组与增强，一方面代表个体的成长及潜能的开发，另一方面则其 H-G 成“形”之几率越大，越能主体性地生活于社会环境与人群之中，所以 β 值也越大。

我们采用小团体的形态，使得个体处于一群人之中，而为小团体的成员（member，以下“M”表之）之一。借着小团体动力学采用的各种方法，引导小团体中的 G-G（Group-Gestalt）的势力产生变化，使得小团体中的 M 不得不或自发地发生（或处于）某些人际互动的情境中，这些人际互动的关联与行为的存在，即为每一 M 之各种 H-G 的展露，一方面引发各形各态不同强度的 H-G（包括曾经出现过的，常常出现的，不常出现的，以至从未出现过的），另一方面则因 group

的规模之大，以及 group 之规范与特质（即游戏的 role）的强调，使得每一 M 都必须、不得不或自发地去看，去观察、去感受、去思想、去反省、去批判、去评价、去了解、去接受或修改其每一个 here & now 所展露的各种 H4–G，尤其是内里的诸种〔H–G〕，以及这些〔H–G〕与 H–G 的各种结构关系。

因为每一个 M 于小团体中的共同存有，个体不得不必须或自发地进行——整个空间的学习。整个小团体的空间场域里，M 经由对其他 M 的观察感受与思想和其他 M 的回馈，而更深入地去观察感受与思想自己。所以就在人际互动的关联下，同时也摄入了其他 M 的各种 H4–G，一方面推论其内里诸种〔H–G〕与其 H–G 的结构关系，另一方面则以“知识”的形态，储存于“认知—生理结构体”中心为参考之用。

在小团体的整个空间——亦即每个成员 here & now 的生活场里，M 不但必须观照自己，也必须去观照别人，甚至观照每一个 M（这是小团体动力学所要求最高理想状态）；这样子他才能知道整个生活场发生了些什么事，整个空间中产生了什么变化；而处于这整个情境中的自己，主动或被动地参与或不参与了哪些，而使自己展露出怎样的 H–G；再进而思索或探询或以行动检验，整个情境以及自己 H4–G 之变化与发生的因由。

透过各类型之 H–G 尤其是〔H–G〕的自识，可以帮助个体更完全地了解 H–G 之各部分 Gestalt，及这些部分 Gestalt 的部分 Gestalt；尤其是那些成“形”的几率较小者，以及只具备有成“形”之可能者。透过对其各部分 Gestalt，及其成“形”之可能的了解，个体越能历史性与整体性地了解其 H–G，也就可拥有越多可用的资讯，来帮助 H–G 组织其形态并发展其强度，令其于展露 H4–G 时，能有更完全之主体性与意向性的实践。倘若个体一级主体性与二级主体性之运作能够越趋完全，则越可能蕴发出第三级的主体性。若此三级主体性能够完全地运作，且为个体本身所控制（这已进入爱与家之形上学的层次），则其 H–G 的势力（“形 – 基”结构与强度）即可自由转换。亦即以其三级主体性，打破 Freud 型人格结构法则的基限，使得个体得以依时空环境与自身需求的变化，以其本具的人格特质于人性的不同层次上自由展露。有〔H–G〕之形相的展露却无〔H–G〕之质变的影响，超越公式 $f(\text{typeA})/f(\text{typeB})=\beta$ 的描写，而使 $\beta>1=\beta<1$，此即个体获得了一个绝对而相生的 [PureH–G]（但是，经由某种未知历程的影响，此个体却也可能变成 $\beta=0$，而被描述为变态理论的对象。至于，到底是在观点上被描述为 $\beta=0$，还是实质上真的变成 $\beta=0$，这仍是目前人类的知识无法断言的）。

我们并不（也避免）揭露 M 原来之 Freud 型人格的缺陷，而是引导个体“当下即是”地看见自己，接受自己，这就是 here & now 的我自己（此即 M 与自己之关系的获得肯定）；或者追求其重组为更满意、更有效益的新的 Freud 型人格，甚至支持其投入打破 Freud 型人格的艰苦奋斗（以上代表了小团体动力学四类阶段性的目标。请注意：个体于不同阶段的发展，并不把定焦于人格特质的改变，而是贯注在人性层次的提升）：以至 M 能够恰如其分地在此小团体和生活中的其他小团体里，发展其与他人及其我世界的关系。所以，小团体动力学的本质，也就由“心理卫生教育”出发，经由“人际关系训练”，导向“人类潜能之开发”的完成。

以上的论述，是为小团体动力学的基本理论，任何不同形态与目标取向的小团体运动，皆适用为共同的基本概念。小团体运动最大的遗憾，不在于评鉴上的困难；而在于参与其中的M不知如何成为一个有效的M，且小团体的领导者与理论的研究者也无法提供明确的指引；所以使得结构性group、半结构性group，尤其是非结构性group（一开始就已失败了一半），无法达成小团体动力学所可能达到的目标。

以上所提及的遗憾，在非结构性的小团体运动里最为严重。一个非结构性group其发展的过程和取向，几乎大半已由L的开场白所决定。如果L强调了“坦诚”与“开放”，group就很容易趋向于“交心大会”；如果L什么都不讲，group就陷于迷雾中而听天由命了；也就是说，就看整个过程中，L所表现的功力了。

在任一种小团体运动中，L若能与group开始之初，依其group的目标之需要，以口语选择要点描述小团体的基本理论，则每一个M各知其位各守其分的有效参与，是可为所期待的。

小团体实务

一、小团体的人数

如果小团体中的人数太少，则此小团体所结构而成之G-G，其可能发展的形态与强度，似乎比较不能满足小团体动力学的需求。如果人数太多，则M将无法进行“整体空间”的学习。所以小团体的人数，若以五至十人为度，可能较为合适。但也不一定要如此限制，因为二至四人的小团体，也可能达成更高阶段的目标。且十至五十人的大团体，若能妥善地运用 co-leader，也可以在二至三小时的时间内，一次完成较为初阶的启蒙效果。

二、小团体的时间与次数

小团体每次实施时间的长短，以及实施次数的多寡，须视此 group 的目标以及 M 的时间而定，并可依 group 过程中功能性的需要而调节。所以，每次一小时不算少，三小时也不算多；每周实施一次至三次皆可，总次数也可由一至八至十六次，甚至更多次。除非是以露营或宿营方式的周末营或生活营，否则的话（包括马拉松 group）最好是于夜晚抽出六至七小时充裕的睡眠时间（当然这只是笔者的经验，或有其他先进方法可以克服这点限制）。

三、小团体的场地

小团体实施的场地，最好是在一个有隔音设备的封闭空间。这空间越大越好，地上最好是铺地毯，铺日式榻榻米更佳。至于单向镜、大型穿衣镜和坐垫，也都是必需的。不过小团体于户外实施，却也是可行的方式。例如：露天剧场，阶梯形的连续空间、溜冰场、草地上，只要能够不被打扰也不会打扰到别人，任何自然地形都可以适当地运用。当然，使用户外空间时，若有自然的空间界域最佳。

四、小团体成员的选择

组成团体之M，是属同质或异质（H–G形态之差异）都无所谓，而以下列两者为要：一是M之H–G的强度。M间H–G强度的差距越大，则此团体中产生的必然性限制也越大（详论于后：“小团体中M的角色行为”），故H–G强度越接近越好。由于尚无理想的量表或测验可以明确地标定H–G的强度，所以只能在团体开始之前的面谈阶段中，由L的感受来予以选择而平均化。不过，这个问题只存在于非结构性团体中。二是M之β值。β值<1或有特殊之心理困扰者，最好能采用某些适合的量表或测验，于参加团体前之面谈阶段中，予以检出或编入其他的治疗性团体。

五、小团体的目标

小团体动力学本身有其阶段性的整体目标，各小团体运动也有其特殊的取向，而每一小团体的组成与运作，也都具有其特定的目标。所以不论此团体目标制定的方式怎样，均应于小团体的场面构成之初，即明确地表示出而让M和L所共识。

六、小团体的活动设计

在半结构或结构性小团体中，团体活动之设计不但非常重要，且有课程化的发展倾向。小团体的活动设计所要考虑的，并非 M 之人格特质，而是 M 之文化特质。科技与经济之现代化，虽然使得人类之行为取向，有了某些共相的、一致的模式，可是在不同的政治体系上，却使得个体的人格特质有不同的发展。国家之政治形态、政治参与机会的分配系统，及获取资讯的分配系统，允许也限制了国民之人格特质实质的发展与展露的可能性。所以实质上，国民之人格特质的共相层面，是由该国之历史性的文化所模塑的。

在小团体之活动设计中，我们所要观照的是，M 所处文化对于表达情绪时，所允许的肉体接触程度与部位，尤其是对各部位肉体之不同程度接触所下的定义。虽然，感官感受力的各种经验与能力的强调是必要的，裸体团体或许有实验的价值性，可是类似抚触对方之脸或身体等活动取向，却可能必须有若干程度的保留或改变。

七、小团体的气氛设计

小团体中内聚力的发展是应该期待的，但是由于我们并不去强调小团体中的坦诚与开放原则，所以我们也不必刻意去经营出“安全”、“温暖”的气氛，而使小团体与自然小团体产生了更大的疏离。至于小团体中保密原则，所模塑的神秘性气氛，则可经由以下程序予以解除：L

可于场面构成之初提及：“于日常生活中，若事件 A 是由甲、乙二人所结构而成的，而且涉入了甲或乙之私人理念或经验，则甲或乙非经当事人的许可，就不应该随便地向他人谈述，否则会被当事人视为不道德的行为。因此，在这个小团体中，希望我们每一个人都能注意到这个原则，以避免任一个 M 在 G 之外被伤害”。

八、结构性 group 与半结构性 group 的困境

非结构性 group 中一些必然的自发现象，几乎都可借着小团体活动的实施而消除。如何善用上述的自发现象，配合活动的设计与讨论，使 group 更能发挥其功效，则显出半结构团体的卓越模式。

结构性 group 与半结构性 group 最大的困境，就是 M 的被动、依赖性与不自我负责的现象。由于活动的连续实施，使得 M 认为：我参加活动（而非 group），若此活动没有带给我好处，则此活动不好或 L 带得太烂；L 设计了整个活动，所以应为整个活动的成败负责；我只是个参加者，没有收获算我倒霉。也就是说，他较不会主动地去感受去创造经验，易把成败归因于本身之外，不为他在 group 中的表现负责。

当然，透过小团体动力学之基本理论的共识，即可解除此现象。不过，就其可能的发展而言，结构性 group 必须挪出更多的讨论时间，其发展将越趋近于半结构性 group；康辅辅导员般的 L，看门人般的 L，侍者般的 L，势必都将被淘汰。结构性活动以至非结构性现象间，二者流动和转化的契机与导引，可能会成为每一个 L 所必须努力的方向。

九、小团体中的 L

L 在小团体中，应该展露的角色特质如下:

- 活力旺盛。
- 主动关爱 group 中的每一个 M。
- 能够诚心地接受别人的关爱。
- 一直注意着 group 中发生了什么事。
- 充分地在每一个 here & now，寻求深刻的感受和意义。
- 在 group 中总是把握各种机会奋力成长。
- 角色变换灵活，能自如地进出各种情境。
- 即使不讲话，只用眼神、姿态、动作或表情，他就能像镜子一样让 M 看到他自己。
- 展露出对人之发展可能性的深切期望。
- L 在 group 中尽量的展露这些特质，对 M 而言，自然就有正向的动力与影响力。所以换句话说，让每一个 M 都感受到 L，并自发地展现 L 般的特质——让每一个 M 都“想”。

而且成为 L（拥有相同的角色特质，扮演相同的角色），这即为 L 本身所具有的，最具价值的“启蒙作用”。

非结构性小团体中 M 的角色行为

一个典型的非结构性 group，在其极端化发展的时候，可能会有下列的现象：

1. 每次选一名 M(或自动出来，或照着某种顺序轮流)，谈谈他自己，鼓励他开放些、越坦诚越好。

2. 大家一起关爱之、评论之、追议之、探问之、分析之。

3. 被关爱者→最好不要自我防卫→须坦然接受→要听（专心的）→要回答→不可辩护或反击→太过理性的反应，易引起辩论大会→但也别太感性→当然哭了会带来 group 的高潮→不过最好也别哭丧着脸→或表现得太激动→否则其他 M 会有伤害你的感受而感到内疚。

4. 问什么就得答什么→否则显得不够 open →无诚意。

5. 会有攻击者、保护者与旁观者出现。

6. 攻击的 type 或保护的 type，会被回馈至攻击者或保护者自身。

7.Group 中有人坦诚交心，是最充实最有意义性的 group 经验，而且要轮着来大家都有份。

当然上述 1 ~ 7 所描述的模式，是属于较极端的现象。但是非结构性 group，若 L 的功力不足，而 L 与 M 对小团体动力学之基本理论也缺乏明确的共识，则 group 的过程与取向就容易趋向于此模式。

"open" 这个名词，听起来就很舒服，而且为了让别人了解我而"自我开放"，这是无可厚非的；可是如果为了要了解别人，而去要求别人"开放他的自我"，这就有些说不过去了。而且，要开放些什么呢？对于较具疏离感和个人主义的文化而言，若试图反省或突破孤僻的人际关系，当然是一个很好的方法。但若对于中国人而言，似乎就有考虑的必要了。

要求自我开放，可能是因为下列五个原因：

1. 想证明自己的存在。2. 想展露自己的能力。3. 想倾诉自己的难题。4. 想得到别人的帮助。5. 想得到别人—世界的回馈，以及支持与承认。

要求别人自我开放，可能是因为下列五个原因：

1. 我“开放”而泄露自己的秘密，别人也须“开放”而泄露他的秘密，以维公平。2. 想探索别人的秘密。3. 想了解别人，或因好奇，或因关怀，或想与其比较。4. 自我暴露缺点，而别人不暴露缺点，这对自己而言是危险的，不安全的，故必须要求别人也“开放”。5. 想帮助别人。

另一个问题是：有些人需要强调“自我开放”，有些人则不需要所谓的“自我开放”。对于某些人而言，尤其是 H-G 形态较不安定、强度较弱者，他们很需要开放自我；有些人在日常生活中即已习惯于此，有些则欲开放而不能。对于 H-G 势力较强者而言，或是不愿意或是不能，或是讲了更令人莫名，或是不知道还有什么可以开放的。当然 group 中 H-G 较强者，常会因其我执而不愿开放；但也有人因此开放对他已不具任何意义，也有人就如下面这则公案一般：“问：‘如何披露即得与道相应’？师(文益)曰：‘汝几时披露即得与道不相应’。”你要他再刻意的 open 什么呢？“子岂隐乎哉”！

不管是要了解自己或想了解别人，都不是从最秘密的地方去了解。即使我们是以十分诚敬的关爱为出发点，也应警惕于庄子中混沌开窍的故事；满足自己善意的关怀之后，却给对方留下一个个大窟窿流血而死。所以更应了解：小团体的重心，绝非开放或坦诚或动情或议事或埋怨或品评人物。

还有一个问题是：是不是每个 M 都七嘴八舌地讲来讲去，就代表着互动越多，group 越成功呢？ group 中的沉默，却总是令人无法忍受。沉默者是怎么出现的呢？“group 中有些人把生命投入，有些人像是观众在一边观看，就好像一场戏一样，很假。”——这是一个 M 的报告，也是多数 M 会产生的感觉。这些生命的投入者，固然不是强势 H–G 者，却大多是那些弱势 H–G 者；而观众呢？观众也包括此二者。要进一步了解 group 中这种现象，就必须把 H–G 强者和 H–G 弱者对立起来分析。

“有时，我也想说话……但若还在思索时……就有一 M 先讲了……我也不想抢着说下去……有些思绪因而也乱了……”，H–G 弱者的思想及思想的展露，较容易被其他人所阻断。H–G 弱者，总是得“自认”获得全体的同意后，才敢展露其言行。他不敢肯定，说出来以后，别的 M 会不会笑他，会不会当成一回事，会不会不理睬或否决。欲言又止之际，上焉者继续观看剧情的发展，中焉者陷于自我的沉思中，下焉者就脑子一片空白“脱离”于 group 之外了。

“起先也没想到会谈到我身上，但真的好令我感动……”，H–G 弱者需要被（也较容易感受到）关怀与支持，但在生活场的其他自然小团体中，可能较缺乏机会展露自我，吸引那么多人的注意；所以当他被关怀，而为 group 之焦点时，真是又惊喜又害怕。

H–G 强者于 group 中，却又容易“自在”地跑来跑去；随时都比较敢于说出他要说的，做出他要做的。所以在 group 就显得较突出，且总易遭受到 M 的注意与评论（包括不够格的 L），而成为 group 的焦点。于是一场“辩论赛”或“躲避球赛”也立即开锣，到最后常是“你还是你，我还是我！”而浪费了 group 很多的时间。所以真正的“生命投入者”，还是那些 H–G 弱者。

观众——那些沉默者，可区分为下列三种:

1. 自足的沉默者。他注意着 group 的发展，也注意着自己的感受，只是沉默不言而已。

2. 无能的沉默者。他不太跟得上 group 的速度，也不太能把握住自己的思想（通常他是较温和的人），他仍处 group 之中，只是不得不沉默而已。

3. 疏离的沉默者。和前者差不多，但觉得好累、困倦、厌烦、不太清醒地坐在那儿，不断地换姿势而脱离现场。

总而言之，H–G 强度对个体于 group 中角色行为的影响，约可条列如下:

1. H–G 强者（相对于 group 中的其他 M 而言）

• 我是关心别人的人。• 我是好意的。• 我是来帮助别人的。• 我是来施予的。• 我是不需要被帮助的。

• 我是不被改变的。• 易成为操纵者，但坚持“我不是操纵者”。• 易成为分析者、评判者。

• 其援助常被拒绝。• 易被攻击而后自卫而后反击而后沉默。• 虽然很会闪躲，却易成为 group 中的“主题”。

2. 中等强度 H–G 之 M（相对其他 M 而言）

• 扮演扶弱抑强的角色。

• 观察家。• 保护者。• 分析者。• 总是留意着 group 中的变化。• 较平均地参与于整个 group 的过程中。

3. H–G 弱者（相对 group 中其他 M 而言）• 我需要安全感。• 我需要温暖的感觉。• 我不喜欢冲突的场面。

• 我不喜欢有人被伤害。• 不要伤害我。• 我不想去批判别人。•

我希望能在 group 中获得一些好处。

•我关心别人。•我不知道可以得到些什么。•我容易感染group的气。

•我也易脱离 group 的情境。

•我的思想容易被打断。•我不容易把自己的言行表现出来。•我常没话讲，无聊。

•我不知道该怎么帮别人的忙。

•有机会帮别人的忙我会很高兴。•我不太敢动，怕犯规或闯祸。•我不易为人家所注意。

•我不太赶得上 G 的速度，易觉疲倦。•不是诚意的帮忙，我绝不接受。

•你若伤害了我，我只好消失了。

4. Leader

•L 过于权威或主动→易于引起 group 内的压力→令 M 反感→ M 反击→ L 退缩。

•L 过于退缩→ group 的状况听天由命。

•L 有意地与 group 过程中变换其角色，因为 M 对 L 的攻击，往往对 M 之内聚力有所帮助。

第十一章

小团体动力与结构之形式空间分析

点线面

团体动力结构图

特定的一群人，运作在特定的时空中，就结构了特定的小团体。M之各种行为展露，都有其特定的空间领域与形式，所以M之间的互动关系，也就展露在这些形式空间的变化之中。因此，把时间切割为空间的形式，再条理group空间中各部分空间的形式关联，就可以掌握或自识到group的动力。这些动力所展露之空间形式的结构，就成为group发展过程中，group结构的时序性切片。所以，就能够以时间和空间为经纬，测量group结构之发展。透过M在先于G之经验的影响，各以其人格所塑造的group“初始结构”，比较group结束时之“终了结构”，也就得以测量或衡鉴group的效果。

在小团体动力学中，我们所强调的是——整个空间的学习。在整个小团体空间中，每一个M就是一个“点”；M之间的关系，则关联各点为“线”或“面”。藉着点—线—面之间的关联，就可以经由下列程序，明确地绘出不同时间的group动力结构图。

点线面

一、点

点代表着M在group中的存有，每个M都是一个“独立点”，且每一个独立点都有其特殊的存在形式。经由各独立点的空间定位，M即可自识其于group中存在的本质。定位程序如下:

1. L 先把所有的 M 集中在房间的一角，然后手指整个空旷的房间说：“这整个空间，就是 group 的空间。在 group 的时间内，这整个空间就是我们生活的场域。我们每一个人都要进入这个空间生活，每一个人都必须抉择，他要怎样生活在这个生活场里。我们每一个人都以自己的身体占有一个空间，相对于整个的 group 空间而言，每一个人就成为 group 空间中的一个点，独立的点。所以，随着不同的表情、动作与姿态，各人就赋予这个独立点独特的空间形式。”

2. “对我刚才所讲的有没有不清楚的？好，现在我们开始进入这个空间。请注意，这是一个没有人的空间，现在哪一位要先进去（一阵犹豫后立刻有人说‘我’或不吭气地走了进去）？好，1 号进去了，1 号这个点必须马上抉择，他对这个空间的感觉，他要以什么心态——也就是说什么形式的点，生活在这只有他一个人存在的空间里。1 号你可以在不同的地方以不同的姿势或动作，去感觉一下，去抉择你要定位在哪里，中间或旁边或墙角，站着、坐着、躺着、跪着都可以。好，地方决定好后把姿势摆出来，手脚怎么摆，头、眼睛看哪里、表情，都决定好后请‘弹指’”。L 示范弹指，发出弹指声音。

3. “2 号（L 对其他场外的 M 说），哪一位？（有个 M 走了进去）好，现在 2 号进去了。请注意，进入 group 空间后，不可讲话，要完全以行为语言的空间形式来表现自己。2 号所面对的 group 空间，和 1 号的完全不同。2 号你所面对的空间里已经有一个人，一个点以哪种形式存在哪里，这整个空间给你什么感觉。2 号你必须抉择以什么心态、什么形式的点，和 1 号这个点共同生活在这个空间里。你可以先熟悉一下这整个空间，到处走走，从不同的地方来看、来感觉这整个空间和 1 号这个点。你喜欢 1 号这个点，你就靠近他些，不喜欢就离远一点，你用你的空间位置、距离、姿态和表情，来表示你和这整个空间，包括 1 号这个点的关系。好，坐标定好了，点的形式呢？嗯！如果想接近他，你可以看着他，身体转向他，把手伸向他。不可以和他讲话，当然也可以背对他不看他，请把手脚位置、头、眼睛方向定出来，只要能表达你现在的处境和感觉就可以。定好了就“弹指”，（2 号‘弹指’）好，2 号定位好了。”

4. “现在请 1 号注意，由于 2 号的进入，原本由你单独拥有的 group 空间改变了。现在是两个点的共同存在。2 号这个点定位在哪个坐标，且以哪种形式表达出他对这个空间的感觉，以及对你的感觉。也以那些姿势和眼神，表现出对你的关系。现在，请你感觉这个空间，包括 2 号这个点的存在与形式，请抉择你的反应（假设 2 号坐在 1 号身边一公尺的地方，并转过身看着 1 号）。2 号，你的意思呢？接受他、靠近他、转向他、看向他、拒绝他、不理他、背对他，还是远离他呢？你可以移动，重新定位，请 1 号重新定位，找一个适合的点坐标和形式，完整地表达出你对现在这个空间，还有 2 号这个人的感觉、关系和态度。当然，你若觉得他打扰了你，你可以离他远一点。如果你觉得无所谓，你也可以不要动。如果你觉得这个人还不错，可以做朋友，那就不妨移向他。嗯！手脚、头、眼、表情，如果定位好了就请‘弹指’。”（1 号“弹指”）

5. “现在请 2 号注意，这 group 空间又变了（假设 1 号移位至房间的另一个角落，背对 2 号）。1 号这个点以他的坐标和形式，表达了他对这个空间和你的感觉与关系。请注意，你可以接受，认了，也可以拒绝或继续向他示好。请感觉这整个空间和 1 号这个点的坐标与形式，并且抉择你的反应，你有什么感觉，你想怎样做，请用行为语言表现出来——请重新定位（如果1号是女的，2号是男的。通常这个时候，2号会站起来，抓抓后脑袋、苦笑）。当然，就留在原地也可以，哦！头转过来了，不看1号了，不再跟过去了吗？嗯！好了吗？手脚、头、眼、表情，如果定位好了请‘弹指’。”

6. “1号，现在怎样，你还可以重新定位，2号也一样，可以再重新定位。不过，因一个时间，只能有一个点移动或改变形式。请注意（对1号、2号和其他M说），一个点在group空间中，随时都必须去感觉他所生活的整个空间，并且把他与这整个空间，以及空间中其他点的关系与态度，用点的坐标和形式，经过重新定位的过程表达出来，不断地调整，一直到这空间中所有的点都满意，都愿意接受或忍受彼此的点坐标和形式为止。请注意，一个时间只有一个点能够重新定位。别的点已经‘弹指’，表示他已定位完毕之后，如果你想重新定位，就请‘弹指二次’，然后才开始重新定位，当然你可以对某些点，先做一些连续的行为语言，但是你必须尽快地抉择好新的点坐标和形式定位下来，然后‘弹指’。场中任何的点，一听到‘弹指两次’的声音，就必须保持不动维持原本的定位。如果还想重新定位，就必须等已‘弹指两次’的那个点，定位完‘弹指’之后，才可以‘弹指两次’而重新定位。当然此时整个group空间又变了，你必须面对此新的空间来抉择，直到满意为止。”

7. “1号、2号都定位好了没有？不满意的话，可以再变，再重新定位，2号‘弹指两次’……好，都满意了，真不简单啊！目前都不再变了，弹指了没？弹指了。好，请注意（面对其他M）这整个group空间，这个由两个点所组成的空间，已取得了平衡。刚刚我们看到了，这两个点如何抉择他们存在的坐标与形式，并且由于各自的存在坐标与形式，对整个空间和空间中其他的点发生了‘影响力’——使其他的点，以至整个空间发生了变化。又由于彼此共同存在一个group空间，而互相影响对方的存在坐标与形式。这整个重新定位的工程，也就是这两个点——人际互动的过程，不但清清楚楚地表现了出来，被我们所看到，也被你们1号和2号所看到、知道、感觉到，并且真实地成为、经验了所谓的group动力本身”。

8. “现在轮到3号了，哪一位（L看向其他M，通常会有一M抢步而出，慢一步的只好等下一次了）？现在3号所面对的group空间更复杂了，他必须去感受与抉择，他到底又用什么坐标与形式，来表达他对这整个空间的感觉，尤其是对1号、2号这两个人的不同关系与态度呢？等3号定位好了以后，1号或2号都可以重新定位。也就是说，1号、2号和3号可以不断地重新定位，直到3个点都满意为止。嗯！都定位好了吗（弹指声）？现在这整个group空间内的三个点已经取得了平衡，‘点’越多‘动’得越复杂越精彩，请每一个点仔细地去感受整个group空间，主动地去抉择你的坐标与形式。总之不管在哪个空间里，你必须活得清清楚楚的，也知道自己是怎么活着的，自己抉择与整个生活场和其他人的关系，为你自己所抉择的存在坐标与形式而负责。”

9. “4号、5号……”一直到最后所有的M和L，都已进入这整个group空间，全部定位完毕而获得一个大家都满意的平衡关系为止。L可以在最后才进去，早些时候进去也无妨（L可以进去再出来，随意进出空间。并以明显之示范意涵，改变其与各点之坐标与形式，实验性地“操作”整个group空间）。这个第一次获得平衡的group空间里，由其内容点之坐标与形式所共同结构而成，整个group空间的存在本质与形式，即为 group 的“初始结构”。

10. L 又可规定，当 L“击掌一声”的时候，group 空间中的一切动作或移位皆须立刻停止，并且不动就像个木头人般的，把拍掌瞬间之点坐标与形式保留下来。L 这一击掌，就代表着整个 group 之动力与结构的“瞬间切割”，可于 group 过程中的任何时候，依 group 或 L 或 M 的需要而“切割”之。要不要赋予某一或全部（轮流）M“瞬间切割”的能力，则视 group 所达到的深度，由 L 需要而决定。

11. 在第 3 号或第 4 号定位之后，L 就应该进行第一次的瞬间切割。依发生的历程，循序要求各点描述其每次定位与重新定位之时，他看到了哪些？感觉到了什么？接受哪些，拒绝了什么？为什么抉择这个新的坐标，为什么以这个形式关联表出？希望达成什么效果，具有什么意义、感觉、原因等心路历程。

12. 这个时候，经由各点主观的诠释，他的“我”与其“我世界”——整个空间和其他点，每一个点，都可对之有真实的了解。但是，却也发现，不同的点对彼此所共存之现象世界（这个 group 空间），竟然在某些相同的地方有不同的诠释。各个点互相成为对方之“我世界”的部分 Gestalt，且在主观诠释与被诠释之下，发生了一些误解。更因着这些误解，导致某些点坐标与形式定位的改变，而又使得双方或第三者，甚或第四者第五者产生某些误解与重新定位……

13. L 还可配合某一点的描述，逐一“回放”整个过程，以便逐段描述。当然也可就诠释系统的差异，而要求暂时做一些沟通之后，以确认该点或为较适当的坐标与形式定位。再视相关之点是否满意，而继续发展出双方或三方或四方……共同认为之比较好的、比较适当的均衡关系。在完全的讨论之后，再复原至原本的瞬间切割状态。而后 L 以“击掌两声”为信号，让整个 group 继续进行 互动。

14. 进入 group 空间中的 M 越多，则其互动也越复杂，就越需要进行瞬间切割。经由瞬间切割，一方面，M 即经由彼此的对话，而以行动重新检核他的诠释系统与行为系统（视 Group 进行的程度，甚至还包括动作与表情系统），并且发展新的、可能的、理想的诠释与行为系统。另一方面，他也进入了其他 M 的诠释与行为系统，而获得了深刻的 empathy。三方面，对于人际互动可能产生的现象，尤其是影响力之本质及其误导之可怕（比如：M 不经意地把手向后一撑，身体自然地往后一斜，竟然使得隔壁的 M，自己也不知是有意或无意地跟着挪了挪身子。这一挪，固然于无形中填补了原来各点所连成之图形的缺口。却因为挪得不够精确，而使得其他 M……）后果。四方面，对何谓团体动力有了深刻的体验。五方面，无形中发展了新的，自己对自己和对别人的关系。六方面，学习了如何进行“整个空间的学习”的方法，并且有所收获。七方面，若 L 能于 M 熟悉之后，把瞬间切割的讨论工作，轮流交由某一（或某些）M（轮流或共同）来负责实施与引导，则对 M 之参与感尤其是观察分析与综合能力，以及 group 之内聚力，更有帮助。八方面，则因 M 于整个 group 时间中，都必须 here & now 的主动抉择其与整个生活场的关系，及其 H-G 的势力。故于其主体性的运作，主体性之意向性的贯彻，及对自己行为的接受、肯定与负责，都有正向的训练效果。

二、线与面

各点可经由接近性、相似性、连续性和闭锁性等原则，连结成实质关联的“实线”，或无实质关联的“虚线”；且于group空间中出现或长或短或平行或交叉等现象。各点或线，也可连结成面——小群体的诞生，于是整个group空间中，就有点、线、面等不同的现象，彼此交涉、影响、连接、组织或分离，借着瞬间的切割，再透过点、线、面的解析，则group空间中所有的动力现象，更将为每一M和L所自识。

团体动力结构图

在不同的时间对group予以瞬间切割，然后将其内的坐标点、形式，以及点线面的关系绘制出来，配合切割后讨论的录音记录，即可获得不同的group动力结构图。各个点，以“ ”表示，并以下列符号系统绘图：

1.“”代表立姿，可自由变化为“”、“”、“”等。

2.“”代表坐姿，可自由变化为“”、“”、“”、“”、“”、“”等。

3.“”代表卧姿，可自由变化为“”、“”等。

4.眼睛所看到的方向，则于人形图的头部上方，以箭头“→”、“↑”、“←”、“↓”、“↗”、“↙”……表示，若为向上看则表示为“↑

”、若向下看则表示为“↓”，例如：“”。

5. M 为正向情绪（如：喜悦），则表示为“+”。若为平常状态不喜不怒，则表示为“○”。若为负向情绪（如：不高兴），则表示为“-”。例如：“”、“”。

6. 绘图的方式有二：一为 L 击掌一声后，令训练有素之观察员立刻绘图。但恐绘图时影响了 group 的发展，尤其是 M 的兴致被打断，易对绘图评鉴之工作不满。二为 L 击掌一声后，观察员立刻从不同角度取景照相，配合着录影机的记录，而于 group 时间外再行绘图。

7.group 完成“初始结构”之后，L 则规定：“在以后的 group 时间里，不管任何时候，若听到‘击掌三声’，则应立即原地固定不动，并分别以‘弹指两次’为号，进行形式空间定位，一直到整个 group 空间获得均衡为止。”L 亦可于击掌三声时，附加口头指令，引导 group 发展出预期目标的实验型形态。例如：L 于击掌三声后，即说“请表现出各点之间，所能容忍的最近距离，及最亲密的形式。”（此一指令最好于三击掌后，group 空间取得均衡时，再行击掌并发出指令）或说“各点间关系暂不予考虑，并以 5 号为中心点，各点请表现出其对 5 号的关系。”后一指令可于 group 末期，或配合 group 过程中的功能性需要，分别以各 M 为中心，来测得其所完成的人际关系。

上述 1. ~ 7.“小团体动力与结构之形式空间分析程序”，可在 group 一开始立即实施，而后因应 group 的需要，以 L 击掌三声的方式运作。通过“初始结构”与“终了结构”之动力结构图的比较，即可获得 group 功能的评鉴。通过单向镜的观察或录影机的录影，则可使未参加 group 的观察者，清清楚楚地看到 group 的动力。但是，最重要的却在于，每一个 M 都可以当下即是的，自识而成为 group 动力本身。

因而M每一个here & now之坐标形式定位，即为其here & now历史性与整体性之展露，而且根本不会去触及M的生活史或其自我理念等秘密，所以完全符合小团体动力学的要求，更不会造成上述非结构性G般的困扰，此一“小团体动力与结构之形式空间分析程序”，即在小团体动力学的技术中，由笔者命名为“David-Group”。

第十二章

小团体的技术

声音的释放

身体的释放

语言、角色与空间的释放

进入这个论题之前，本文必须于此强调，任一读者尤其是L，若没有具备上述小团体动力学理论与后设理论的知识，则切勿指导或运用小团体的技术。若已具备，则请看此公案：“有个和尚问赵州：‘如何是赵州？’赵州回答说：‘东门、西门、南门、北门。’”也就是说，技术的运用之妙，存乎一心；如果心无定礼，什么技术都没有用。如果具备了上述知识，则一举一动一言一行，嬉笑怒骂皆为无上技术（尤其在非结构group中）。

以下提供十一项小团体技术。这些活动设计的特色，就在于符合小团体动力学的目标，不去挖掘M之情绪与理念的内涵，而企图借着各种情绪—理念—行为之各种形式关联的展露，引导M经由个体间现象的互动，而于其自身之内进行本质的互动。

这些活动的本质是，引导M透过声音的释放、表情的释放、动作的释放、身体的释放、自我影像的释放、自我体感(Body-image)的释放、理念的释放、人际关系的释放、人际关系本质的释放、人际关系动力的释放等历程，来达成小团体动力学的目标。

声音的释放

一、对牛弹琴

（一）活动目的

借着声音的释放，达到“warm-up”的效果。

（二）活动程序

1. 双手用力把自己的耳朵盖起来，越紧密越好。两人为一组大声地互相自我介绍。

2. 由于对方盖着耳朵，所以就越来越大声，逐字用力喊出来，且越趋向对方的耳朵喊叫。

3. 若将两人一组改为自由移动，则 M 自选对象交谈，且有些 M 变成观察者，可观察到各种慢分解的语言行为。

4. 分组进行经验分享。

二、鹿鸣

（一）活动目的

鹿鸣二字自诗经，代表“求其友声”。借着声音的释放，而获得 group 的聚力，以及 L 所要求的分组大小。

（二）活动程序

1. 所有 M 集中于 group 空间的一隅，而后逐一进场。

2. 若为大团体则分区，若干人同时进场。

3. 进场时闭眼，高声唱出自己的歌，并于场中漫步移动。

4. 边唱边走，寻找唱同一首歌的其他 M。也可改唱别的歌，以期更具吸引力；或改唱着某一 M 正在唱的歌，而与之应和而后牵手合唱偕行。

5. M 不断地处于抉择中，随着各首成“形”歌曲合唱人数的增加，各点主动或被动地连结，成为二点之线、三点之线（或面）……，或有游离之点。

6. group 空间在歌声变化中逐渐被越趋增多、扩大的线或面所分割，而有对抗或融合的情形出现。

7. L 可依不同的需要，控制 group 发展程度。达分组人数之小群体，L 即可要求该组 M 张开眼睛。L 亦可于 group 中期，下指令要求全部 M 张开眼，让各组的竞争白热化。

8. 分组进行经验分享。

三、分娩

（一）活动目的

借着声音的释放，释放 M 之情绪。难题不解或亲子问题，亦可用之。

（二）活动程序

1. M 仰卧在地上想象分娩的过程。

2. M 想着自己最难过的事，像分娩般用声音把痛苦表达出来。

3. 分娩时间至少要有三分钟。

4. 可由 M 逐一分娩，亦可一起分娩，或随 L 以哨声控制阵痛频率长短大小，或 M 自行控制。

5. 分组进行经验分享。

四、龙吟

（一）活动目的

借着声音的释放，把身体、肌肉、骨骼中积存的情绪发泄出来，并且去感受，进入别人声音所表达的情绪历程。

（二）活动程序

1. M 面向 L 围成一圆圈，L 立于中央，二脚微分双手下垂。

2. “我们将用‘一’的声音，配合身体来表达出我们的情绪变化。随着声音的渐渐提高与节奏的变化，慢慢地把手举高；‘一’的声音越高，手越用力举得越高，不能再高了就踮起脚来向上抓，‘一’的声音再渐渐地再低下来，手也慢慢地放了下来。”

3. “现在请大家跟着我做一次”，L 的示范必须注意节奏的变化。

4. “现在，请轮流到中央来带领。”“请注意，用声音尽量地表达出你的情绪，用身体用双手去抓去把声音表达出来。做的时候，请把眼睛闭起来”。

5. 分组进行经验分享。

五、人籁

（一）活动目的

借着声音的释放，配合身体动作，释放 M 情绪，有“warm-up”

的效果，并且增进内聚力。

（二）活动程序

1. M 立姿以自由队形散开。

2. “现在，请向着天空（或天花板）自由乱叫，乱叫乱跳，越大声越好，让整个世界知道，我就在这里。”历时 30 秒。

3. “现在，请自由移动，找个人，就对着他叫，把自己的伟大叫出来。”历时 60 秒。

4. “现在，请对着墙壁，乱叫乱跳，把自己的心事叫出来。”历时 60 秒。

5. “现在，请对着镜子，对着你自己，乱叫乱跳，把对自己的反抗叫出来。”历时 30~45 秒。

6. “现在，请二人一组，快，牵手一起向别的组叫。哨音响起时开始，哨音二声后停止。”

7. 然后口令改为“三人一组”，“四人一组”……以至“全体一组”，然后“来，一起叫！”带头朝着圆心一起长声大叫；再转为全体牵手背向圆心，向整个世界——大叫。

8. 这个活动做完后，最好立刻放“Bruce”的音乐，让 M 一对对地跳舞，以转移必然的“休息”状态，而在舞蹈中休息。借着二人亲密地靠近或谈话或微笑会有共同的 empathy，而纾解刚才的身心状态。

9. 分组进行经验分享。

身体的释放

一、种子

（一）活动目的

借着冥想和角色扮演，以身体、动作和自我描述，来释放 M 成长过程的感觉。

（二）活动程序

1. M 均衡地分布在整个场中，以伸开双手不会触及为原则。

2. “以下，我们将以身体和动作，来描述一颗种子成长的历程。现在请把眼睛闭起来，不要说话，尽量用身体去感觉去表现。活动进行中，若我在你脚上拍了一下，就请你把你的感受讲出来，把你当时的心境和企图讲出来。不过，仍要闭着眼，不可张开。”

3. “请注意，现在，现在你是一颗种子，一颗种子，请用身体表现出来。在思想上，身体上，成为一颗种子。你是一颗种子，一颗被埋在土里的种子。被埋在土里，你、身为一颗种子的你，有什么感觉呢？你能怎样呢？泥土里，湿湿的，见不到阳光。被土包围着，四面八方地包围着，你，埋在土里的种子，有什么感觉呢？”

4. 稍后，则逐一拍 M 的脚，让每一个 M 分别讲出他自己当下即是的感觉。

5. “现在，这颗种子终于发芽了，终于，从泥土里冒了出来，见到了阳光……。”

6. 由种子→发芽→小树→大树→老树→雷击而死。在六个过程中，L的言词音调要尽量的深刻逼真，引领M去深入地感受变成为该物。每个阶段，也都要让M以语言来进行自我描述。同一个阶段，往往有不同的感受与心路历程。所以每一颗种子，也都可以进入其他种子的世界。

7. 分组进行经验分享。

二、大小

（一）活动目的

借着语言、动作与身体的释放，展露出个体的“伟大”与“卑微”，也进入其他M的“伟大”与“卑微”。

（二）活动程序

1. M和L围成一个圆圈，面向圆而立，闭起眼睛。

2. “现在，让我们用身体全部的力量，用动作，尤其配合着引导者语言，把自己的伟大、最伟大的，表现出来。我先带一次，大家跟着做。然后被我拍到肩膀的人，就在原地带大家一起做。当你带领的时候，请大声地用语言，用各种形容词、各种名词，宣布出你的伟大，你的至高无上，你的庞大无匹，你无比尊荣高贵荣耀等，并且用你的身体，把你所宣称的表现出来。”

3. 每个 M 都做完后，则将活动内容改为“自卑”、“卑贱”、“渺小”与“可怜”此一组概念，以相同的程序实施。

4. 此活动做完后，最好继之以“龙吟”，借以纾解情绪。

5. 分组进行经验分享。

三、人面桃花

（一）活动目的

借着表情的释放，使 M 走出自己进入 group。

（二）活动程序

1. M 于 group 空间中，以 L 指定的方式移动。并将口令指定的“脸色”，互相“端”给所碰到的人。

2. L 口令所指定的脸色包括: 鬼脸、笑脸、哭脸、生气的脸、沮丧的脸、怄气的脸、高傲的脸。

3. L 口令所指定的移动方式包括: 漫步自由移动、跑跳步自由移动、一字长蛇阵链条式移动等。

4. L 可随其需要，灵活搭配口令内容，调节各个脸色实施的时间。例如: “现在，请以跑跳步自由移动，轻快些、活泼一点，好，向碰到的人互相扮鬼脸，越难看越好”！

5. L 亦可指定，接触时需要牵双手，互端脸色 5 秒钟，之后才可分开另寻他人。

6. L 亦可将 M 分组，于同一时间以不同的脸色进行接触。

7. L 亦可于最后发出指令："现在，每个人请端出自己最满意的脸色来，在 group 中自由移动，并跟碰到的人握握手。数到 10 就开始，1、2、…、10，开始"。

8. L 亦可将脸色搭配口白，例如：要求 A 组见人就摆出臭脸，且不屑地挥手说"滚开"。要求 B 组见人就摆出奉承的脸，且拱手鞠躬说"求求您"。

9. 分组进行经验分享。

四、跳舞

（一）活动目的

借着身体的释放，达到"warm-up"的效果。

（二）活动程序

1. L 须先录制一卷 5 分钟的音乐带。此音乐由节奏慢的 Bruce 与快节奏的 Disco，以"慢、快、慢、快、慢、快"的方式，每小段各占 20 或 40 或 60 秒，交替组合而成。

2. M 需随着音乐而跳舞，且于 Disco 时自由变换舞伴。

3. 分组进行经验分享。

五、生命之旅

（一）活动目的

借着身体的释放，捕捉一些生命过程中的感受。

（二）活动程序

1.“下面进行的活动，是由我们日常生活中的一些处境转化而来的，请每一个人仔细地品味与感受”。

2. 全体 M 集中于房间一隅，逐一闭眼迅速进入场中。或就原来位置闭眼，向左自转四圈再向右转二圈。

3. M 须依 L 口令所指示的方式和规则移动。

4. 口令指示的移动方式包括：“用走的”、“用跑的”、“用跳的”或“用滚”。

5. 口令指示的移动规则包括：“碰人则停，被碰则行”、“碰人即右转”、“碰人即向后转”、“碰人时不避不闪，只进不退”、“只退不进”、“碰到人就把他翻滚过去。”

6. 分组进行经验分享。

六、好寂寞哦

（一）活动目的

测量每一 M 于 G 中所拥有之最亲密空间，并打破之。

（二）活动程序

1. 任一 M 皆可高呼“我好寂寞哦！”此时，其他 M 立即对其采取自己所能容忍的最小空间距离。

2. 若此一 M 对此包围仍不满意，仍可高呼“我还是好寂寞哦！”此时，其他 M 则向其围挤，并以之为中心挤成一团。

3. 分组进行经验分享。

语言、角色与空间的释放

一、君子

（一）活动目的

借着语言的释放，打破 M 的自我形象。

（二）活动程序

1. 二人为一组，比赛贬抑自己，能把自己贬得比对方低微、卑贱者胜利。

2. 输的人须向赢的人握双手说：“恭喜！你赢了。”赢的人则答曰：“承让！承让！”。

3. 分组进行经验分享。

二、哭笑不得

（一）活动目的

借着语言的释放，释放 M 之 body-image 及其 H-G 之形态。

（二）活动程序

1. M 以自由移动方式随机组合，二人一组且最好为男女配对。

2. “等一下哨音一响，两个人就开始交谈。男的，要尽量奉承女的，尽量讨好她，说她的好话，赞美她的优点；把你所看到的，现在站在你面前的她，所有的优点都讲出来，只能用好话不可讲坏话，越谄媚越好。女的，要尽量批评男的，越刻薄越好，把站在你面前的这个男人，骂得他体无完肤；尽量以他的长相、他的身材、他的动作、他的服饰为依据，骂得越凶越刻薄越难听越好，把他的缺点扯出来，绝不要给他留任何面子。”

3. “哨音每三分钟响一次，每次哨音响就自行移位换人，找一个新的搭档。换三次搭档以后，则规则就要改成：男的骂女的，女的赞美男的。所以，请相信我的话，你再也没有这种机会，这样子骂个男人或赞美女人了，请务必尽量发挥，尽情享受。”吹哨。

4. L 每隔三分钟吹哨，高呼“换人”，并鼓励 M 尽量发挥，尽量享受。

5. 换三次搭档之后，L 吹哨叫“停”。“现在起，整个世界又颠倒了，男的改成骂女的，女的必须赞美男的。……（如 2. 之说词）……。”

6. L 吹哨高呼“开始”，经三次换人之后结束。

7. 亦可于第二次即行角色互换，第三次再换人……如序行之。

8. 分组进行经验分享。

三、椅子

（一）活动目的

借着 H-G 强度的释放，训练协商、合作与创造力，并可为 L 分组之用。

（二）活动程序

1. L 站在中央，请 M 面向他围成一圈，并以伸双手不阻碍为原则。

2. “以下，我们将用我们的身体和动作，把自己变成椅子。随个人的巧思不同，就会出现各种不同的椅子。椅子种类很多，请尽量不要和别人相同”。

3. “请注意，现在，你是一张椅子，你是一张椅子，请快把椅子做出来”。

4. 每个 M 都成为椅子之后，L 需要将各椅子稍加介绍或调侃。

5. “现在，两个人做成一张椅子。两个人，请快找个搭档，两个人做成一张椅子”。

6. L 继续发出指令“三人……”、“四人……”，一直到所有 M 做成一张椅子为止，并让各组向大家介绍自己椅子的特色。

7. 不同强度之 H-G，于不同大小之 G 中，表现差异的角色行为，可为讨论之好材料。

8. 分组进行经验分享。

四、悄悄话

（一）活动目的

释放个体之领域空间，感受人际亲密的气氛。

（二）活动程序

1. M 闭眼自由移动，遇到人则成为二人小组（L 可主动协助配对），互以耳语的方式，进行 L 指定之人际沟通（如：最伤心的事、最快乐的事……）。

2. 每两分钟 L 吹哨，M 自由移位寻找新搭档。

3. 两人耳语时，尚须如下列规定：两个都是男的，则互抱双肩。两个都是女的，则互相抱腰。一男一女则采用肩腰姿势。

4. 分组进行经验分享。

五、最佳拍档

（一）活动目的

真实的，面对面表达第一印象，感受被拒绝、被选择与被接受的滋味。

（二）活动程序

1. 自由队形，各 M 以跑跳步自由移动，不可讲话。

2. 每遇到人，则先握住左手，然后把右手藏到背后，互相凝视五秒，而后一起大声数“一、二、三”，喊三时同时把右手伸出来。若选择对方为最佳拍档，则右手出“石头”，若不喜欢他当你的最佳拍档，则右手出“布”。

3. 若二人皆为“石头”，则组成最佳拍档，若二人皆为“布”，则各自说“拜拜”，分开继续寻找其最佳拍档。

4. 已形成之最佳拍档，则牵着手一起在场中散步，若有第三者看中其中之一，也可以要求被看中者，与其握住左手而后猜拳。被看中者则须抉择，他比较喜欢哪一个，而再一次重新抉择最佳拍档。若抉择了第三者，则出“石头”而与之牵手离开，并向原来的拍档说“拜拜”离开。任何最佳拍档，随时都可以向对方说“拜拜”，放手自行离去，再去找其他 M 猜拳。

5. “这个活动，是要找出你的最佳拍档，所以请你慎重抉择。你可以选择对方，你也可以拒绝对方。你的任务是找到真正的最佳拍档，所以，你必须一再地重新抉择。”“现在请开始。”

6. 分组进行经验分享。

六、说故事

（一）活动目的

以投射的方式释放某些人际关系。

（二）活动程序

1. “这是一个三分钟的即席演讲，被指定的主讲人，必须以他自己和 group 中的若干 M 为主角，编出一个故事说出来。当然，要选哪位或哪几位 M，都由主讲人决定。”

2. L 逐一指定 M 至 group 中央主讲，当然也可以别种方式产生主讲人。

3. 分组进行经验分享。

七、情绪的三度空间标定法

（一）活动目的

标定情绪，可用于咨商实务。

（二）活动程序

1. 一般用于解决 group 中突发的情绪困扰，某 M 或所有 M 皆可同时实测，L 须提供纸笔。

2. 设所欲处理之情绪为 A。

3. 设 X 坐标：以 0 ~ 5 为等比量尺，来表示情绪 A 之强度。

4. 设 Y 坐标：以 0 ~ 5 为等比量尺，来表示个体对情绪 A 之容忍度。超过最高容忍值“5”，则此情绪将爆烈，导致个体无法控制的情境。

5. 设 Z 坐标：以 0 ~ 5 为等比量尺，来表示个体对情绪 A 之抗拒程度。亦即，个体越不能接受情绪 A，越要抗拒情绪 A，则在此量尺得分越高。

6. 例：情绪 Ax(3)y(4)z(1)。

7. 分组进行经验分享。

八、排队

（一）活动目的

训练 H–G 强度弱者进行自我突破，并训练 M 观察与化身为对方的能力。也可为 L 分组或为转移其他活动之用。

（二）活动程序

1. “请按照身高排队，最高的站在这张纸上（L 以一张纸固定在地上，当做记号，或以某物或墙壁皆可）”。

2. “请按照体重排队。这下子需要问一问了！”

3. “请按照美貌的程度来排队。”

4. “请按照你对自己自信心的程度排队。”

5. L 逐次提出更深入的口令，为了完成这些口令，M 就得进行越频繁而深入的沟通。

6. “请找出你真正的位子。如果你觉得自信心很高，你就向排头那边一个个问过去，你必须和其他人比较，说服他你比他更有自信心；如果你觉得没自信，你就得向排尾的方向问下去，你必须和别人比较，并且让他相信，你比他更没有自信心。”

7. L 可视需要调节现场，将讲话太多的去和话太少站着不动的沟通。L 亦给予 H-G 弱者鼓励，或可引用心理剧“double”的技巧，L 成为该 M 的 double，而与其他 M 进行沟通。

8. 口令之主题，随 group 之需要而定，如“最能忍受痛苦的程度”、“自卑的程度”、“不满意自己的程度”、“高兴快乐的程度”、“说服别人之能力”、“体谅别人的能力”等。

9. 若此 group 被设计为“扩展性开放 group”，则可提出指令，“邀请陌生人来参加这个 group 之能力的自信程度”。在排好队以后，以从两端各取一人配成一组的方式，依能力平均分组。然后离开 group 空间，进行邀请陌生人参加的任务。扩展性开放 group 可随 L 需要，从小团体扩展为大团体。且其历程有相当丰富的资料，及具价值的经验与转化契机。

10. 接下来，也可进行“初级的动作分析。”排好队之后，或仍于排队中；L 可选取某些 M 为观察员，每组对话中的 M 都配对有一组观察员。每个观察员只负责一个对象，模仿他所有的姿势、动作、表情，并默念（嘴唇要动）对象所说的话。L 则随时可向对话组进行“瞬间切割”，以便观察并校正观察者错误的、不够传神的模仿。过一段时间后，则角色互换。必须注意的是，重在观察员的模仿能力，而非资料的回馈于被观察者。初级的动作分析，是希望能帮助 M，明确地抓住被观察者动作、语调、表情和唇部运动的特征；并且学起来，让自己有成为对方的能力，以增进对对方的了解。经由更严密的分析与训练，M 不经任何沟通即可由形式的转换而 empathy 对方。

11. 分组进行经验分享。

九、携伴参加

（一）活动目的

借着角色的释放，凸显出 M 心中对立的观感，或重要的外界评价系统，而扩大自我展露的形式。

（二）活动程序

1.group 中设一空椅，或以某物（如某块坐垫）来代替此一空椅，而占有部分之 group 空间。

2. 每个 M 于每次 group 开始之初，都应各自介绍坐在空椅上之虚拟友伴。介绍他是谁？名字？脾气等基本特质。

3. group 进行的过程中，M 可随时坐至该空椅，代表所携之伴发言或行动（先自我介绍，再用第一人称发言）。任一 M 亦可随时询问其他 M 所携之伴的观感，而携伴前来之 M 即须代为发言。Group 结束时，则每一所携之伴皆须发表感言。

4. 此技术亦可运用于一般 group 中，且为半结构性 group 重要的技术之一。

5. 分组进行经验分享。

十、大风吹

（一）活动目的

M 之“我一我世界”与外界系统的检核。

（二）活动程序

1.“大风吹”（站中央者说），“吹什么？”（周围的人问）、“吹戴眼镜的”（然后所有戴眼镜的都跑离原位重新抢位子，中央那人也参与抢位子，最后则又有一人没位子，而立于 group 中央说“大风吹”，别人再问“吹什么……”）。

2. 以上是描述康辅游戏中，极其普遍的一个活动。其中所“吹”的主题，都是指向服饰、性别、头发等外在特征。

3. 小团体动力学之小团体或大团体使用此技术，则程序相同而主题不同。任何空间都可以实施，M 各自以一只鞋子或一件衣服，或一张纸即可代表他的位子。

4. L 先试“吹”，把吹的方法和方向让 M 了解后，再参与抢位子，产生新的“主吹人”。活动进行中，若有些人不会吹或吹错了方向，L 则主动入场主吹，校正后再抢位子退场。

5. L 先吹“吹曾经考试不及格的”、“吹被父母打过的”、“吹最近二年曾经哭过的”、“吹曾经想自杀的”，然后说“现在，大家都知道我们要吹些什么了吧！请尽量往里面吹，这里面（以手指心），还有这里面（以手指脑子）。可以把自己的一些想法或经验吹吹看，看别人是不是也曾经这么想，也曾经这么做。可以吹别人对我的看法，比如说‘吹觉得我看起来很老实的人。’也可以把自己的企图吹出来，如‘吹愿意和我做朋友的人。’当然也可以吹今天或现在的感觉。总之尽量诚实，一起吹出一些对自己有意义的东西来。”“大风吹”，“吹什么……。”

6. 分组进行经验分享。

十一、David-Group

（一）活动目的

以 M 学习“整个空间之学习”为目标，可帮助 M 充分了解人际动力和形式关联。

（二）活动程序

即第十一章“小团体动力与结构之形式空间分析。”

第三篇

结论

小团体动力学的发展虽然蓬勃，但是小团体在运用上技术导向的发展，却是值得担忧的。这种导向产生下述的困扰：一是小团体的技术变成了康辅活动；二是以小团体技术强迫M不得不暴露其内在世界；三是这样的小团体技术不但对M没有帮助，也阻碍了小团体动力学本身的发展。之所以会有上述导向，则有下述原因：一是小团体带领者缺乏小团体动力学的理论基础；二是带领者缺乏小团体动力学本身后设理论；三是小团体技术、理论和后设理论脱节，使得某些活动设计的本质，跨越了小团体动力学的本质。

以上三个难题，不但是L本身的难题，也是整个小团体动力学学术界的难题。在第一个难题上，小团体发展中心L不解："到底要做些什么？"在第二个难题上，L不解："为什么这样是对的？"在第三个难题上，L不解："到底要怎么做？就这么做吗？"事实上，不只我国小团体动力学界，即使是发达的美国小团体动力学界，也未必能替每一个L具体地解决这三个难题。

本书就是观照小团体动力学这三个难题，而层层辟建的。虽然也未必能解决这三个难题，可是对于L而言，至少他第一次获得了一个具体而系统的初步解答。对于我国的L而言，他更可从这套解答中，深深体会出文化传承的内涵。所以，与其说本书解答了难题，毋宁说是本书把难题组织起来，而整理出更多的小难题；并为这些难题与小难题的解决，整理出系统的方向，提供了初步尝试的结果。这一方面可提供为继续研究的基础，另一方面则提供了衡鉴技术发展的明确指向。

个体在出生之后，其人性转化为人格，人格再分化为角色；然后以其人格扮演若干特定之角色，而生活于角色制度化的社会中。在角色行为缤纷交错的社会生活里，个体为了求生存，以及依他理想的方式继续生存，就必须在各种文明的权力体系（包括原始的权力体系）中竞争，以及爱与被爱所透发的两极性中挣扎。名利财色之争与爱欲嗔恶之别，使得个体的生活史不得不充满了各式各样的难题。

如果个体所拥有的难题极其严重，以至角色经固化而异化，则个体就成为小团体动力学变态理论的对象。如果个体拥有的难题，虽非极其严重，却已阻碍了个体的继续发展，而致角色固化陷于难题之中，则个体就成为小团体动力学咨商理论的对象。如果个体所拥有的难题，对个体言并不足以固化其角色，而其人格仍得以继续发展，则个体就成为小团体动力学发展理论的对象。所以社会心理学咨商理论，即代表着角色统整为人格的努力；小团体动力学发展理论，则引领了角色统合为人格，以至人格回归于人性的努力。

人不可能没有难题，人的一生中充满了形形色色的难题；而人也必须有难题，否则其“自由”之反抗将成无的之矢而自毁。问题是：他把哪个难题，当做他真正的“难题”。更大的问题是，此“难题”是怎样被赋予重要意义的。是个体本身主体性的抉择呢？还是“不得不”、“只能”如是抉择？如果是后者，个体将陷身于“难题”中，即使知其然，也不知其所以然；所以除了难题必然的苦痛之外，他将犹豫、彷徨、以苦为苦，进而怀疑本身的存在与本质，终于成为“难题”本身。如果是前者，此“难题”的定义与存在，即被引为个体在世存有的注明，而为个体奋力成长的动力与保证。即使他陷身于“难题”之中，也是他主体性知其所以然的抉择，所以他只接受了难题中必然的痛苦，而不会有如后者般自寻再造的困境。最糟糕的是，人们大都不知不觉地，“绝对无条件地接受”所有难题；上焉者于此基础上再进行抉择，下焉者则为难题所抉择。

小团体的咨商理论，尤其是小团体动力学本身并不可能也不曾企图，去帮助个体解决其所有的难题或某一个难题。有个和尚要赵州告诉他禅学的大义，赵州却说：“我现在去拉尿。想想看，像这种小事，也要我亲自去拉才行啊！”（注一）我们只是运用各种不同的方法，来帮助当事人自省：我“现在”甚或“过去”每一个 here & now 的存在与本质，是不得不、只能如此；还是我有主体性抉择的能力，而且我的能力经抉择而愿意展露为如此。小团体只是引导当事人发展出抉择难题的意识与能力，并进而诱发出当事人的内在动力系统，使当事人得以重新定义其外在动力系统；而在内外两个动力系统的贯穿下，自己去解决他的某一难题，甚或所有的难题，尤其当事人 here & now 所抉择的“难题”。

获得以上的共识之后，本书之所以会结构为如下的系统，其理也就自明而出了。所以，小团体动力学的技术必须以其理论为基础；而小团体动力学的理论，也必须以其后设理论为基础；也因此，小团体动力学的后设理论，必须“同构”于社会心理学观点的完整建构；而又在其中系统地发展出：小团体动力学的哲学、人格理论、人际关系理论、咨商理论与变态理论等小团体动力学之后设的知识背景。

这个由 B-G、P-G、S-G 三个基本研究单位所渐层建构而出的描述系统，其中之任一章节，均以在此之前的所有章节为（后设）基础。此系统不但可以描写、容纳或发展出既有的研究成果，而且许多学科都可以在这里获得明确的定位；这个系统还可以解释或补足既有理论之内或之间的不连续性与矛盾性，尤其是向未来的发展，提供一个可能的、兼容的系统范畴。

但是，B-G、P-G、S-G 三个基本研究单位的建构，却预设了“Gestalt”

之若干本质的既存。亦即本书所揭示的整个理论系统，将格式塔心理学对于 Gestalt 的研究成果“视之为当然”，而引之为后设的基础。可是，本书却又无力自证此后设基础为“真”。所以，本理论系统也就于此开发了它自身“否证”的可能性。亦即——“若人之生理、心理与精神历程中，并无 Gestalt 的性质存在，或者，若 Gestalt 的性质，并无法有效地描述人之生理、心理与精神历程；尤其是后者，若后者为‘真’，则此理论系统为‘假’”。

注释

注一、引自吴经熊著作，吴怡译，《禅学的黄金时代》，台北，台湾地区商务印书馆，1977 年（七版），132 页。

第四篇

附录

附录一

马克斯·韦伯社会学方法论的诠释之一

“从卡尔波秀尔之 The Poverty of Historicism 来看 Weber 社会科学方法论”，这是了解 Weber 社会科学方法论之“独特”与“诡异”的一个好方法。其方法论似乎是 Popper 所谓“反自然主义之历史定论主义”与“倾自然主义之历史定论主义”两种内涵的另一种巧妙结合，且又逃脱了 Popper 对此二者的批判。往往，眼看着就要被 Popper 逮到，Weber 却总转个弯儿，又溜过去了；有些地方，却又和 Popper 自诩的观点一样。从这个观点来看 Weber 并没有赋予任何“贴标签”的意义，而且也无法了解 Weber 之方法论的精义。但是，却为身受“Weber 路滑”的捷径。所以只揭题意为序，不拟详论于此。

一、知识

Weber 的社会科学方法论，由其内在的两大精神基柱所贯穿。一是知识的人性论取向；二是知识的历史性取向。由于 Weber 治学的严谨，任何有关 Weber 学说的诠释，一定要严守于方法论的范畴中（注一），扣紧上述两大精神基柱，对其社会科学方法论做先行的探讨。否则，不但无法了解 Weber 的学说，更易流于一偏之见或误解。此所以有关 Weber 方法论之诠释与批评，卷帙繁复而莫衷一是的原因。

本文将经由社会科学方法论的论证，来建立一个社会科学方法论的 idealtypus（理想型）。再将此 idealtypus 与 Weber 之社会科学方法论对立起来，企图澄清 idealtypus 在整体论与个体论纷争已久之方法论史上的独特意义。再阐释由 idealtypus 所导引的困境，将 Weber 理论的实践，经方法论的研究而贯穿与实证。

“方法论”的后设命题是什么？社会科学方法论设立的判准何在？亦即，一个学科的建构，必须“选择性地”满足下列范畴的哪些条件呢？

- 时空论
- 知识论
- 本体论
- 人性论

为什么要强调“选择性”呢？因为知识之范畴、形式、本质、真假等的讨论，首先应扣紧此知识之建构者——人的主体，以及被构成者——对象之主体，此二者而进行研究谈论。

知识之建构者——人，是生活于历史文化背景下，具意向性而有七情六欲的人。知识的对象，可以是人或物或事件，抑或既有知识，以及知识所建构之世界。至于知识的目的，则在于描述、了解，甚或预测与控制人生与世界。但是，不同范畴知识所能达到的层次，则须视知识的对象及其与建构者的关系而定。所以，知识之建构者、对象及目的等，若视之为自变项，那么成为因变项之知识，即有不同的范畴与判别标准。

知识建构之后，知识即可以“自立体”的方式而存在。当人所面对的“知识自立体”，属于自然科学之对象时，在以原子为极限的范畴里，世界是“真实性”实体，科学先决条件的“客观性要求得以满足”。但在原子本身的量子世界，却只是某种“可能性”的世界，“观察者和所观察的现象，再也不能够完全分开”（注二）。于是，以知识论来包含本体论，且又以本体论来验证知识论的自然科学方法论，即于此遭遇了它的困境。

当人所面对的知识自立体，属于社会科学的对象时，这些人、事、知识、历史文化所结构之自立体，不但展现着量子世界的诸般特性，还具有意向性与power可回向于知识之建构者。再加上人所具备心理层次之苦乐，与精神层次之价值与意义，以至把对象之本体的接触与掌握，来保证知识为真的自然科学方法论，于社会科学的领域里，暴露出其不足。

基于知识之建构者及对象的特性与关系，社会科学知识之方法论的后设命题，即须基于人性论与时空论的限制下，来完成知识论与本体论的合一。于是，基于人性论的要求，心理学即成为社会科学的基础科学，也成为社会科学的预备学科。而文化和人之价值与意义的需求，即构成了社会科学知识论的范畴。基于时空论的要求，历史内涵即成为社会之"实体"。历史脉络中任一点、线、面、立体的切割，则都秉赋"历史性"的特质与要求。此具历史性之社会实体，也就构成了社会科学之本体论的范畴。所以，社会科学方法论的范畴即为在社会文化之历史脉络中，寻求具有历史性的人之价值与意义。（注三）

社会科学知识之为真的保证，也就不在于本体论之检证或验证，而在于本体论之范畴的周延——对人之可理解的、适当性的文化，进行历史性与整体性的批判。但是，人之内在的意义与价值应如何正确掌握？历史性与整体性应如何正确地获得？而二者交融所透发之"意义的适当性"，又有什么判准来保障？却成为社会科学方法论的绝大困境。此困境之消解，又牵涉了方法论在基本概念与技术层面的一次重大革命。此次革命更负有消解主客对立，消解方法论史上整体论与个体论长久争论的任务（显然的，即令Weber也未能消解这个困境）。

是以在上述困境尚未解除之下，社会科学知识所能达到的理论层次，也就止于 Noam Chomsky 所谓之“衡量程序”（evaluation procedure）（注四），限于描述、了解与适当性之比较，而无法完成“抉择程序”（decision procedure）甚或“制律程序”（discovery procedure）的层次，无法拥有可资预测、控制的一般法则性理论。

在完成以上的论证之后，Weber 社会科学方法论中，知识的人性论取向与历史性取向，即可自明的轮廓而出。以下即由 Weber 方法论之中心概念的诠释，来阐明其方法论所引导之“实践”的“必然性”，到底是怎样的一种“必然性”。

二、Idealtypus

Weber 上承 Kant，以概念为分析经验资料的工具。他对概念的概念，是反复写说，反本质论的唯名论者——这是 Weber 之 Idealtypus 最基础的特性，却也允许了 Idealtypus 之建构，在知识论的保证。

Weber 的社会学具有个人主义的色彩，因为“各个人及其行为”虽然是其社会学之“最低单位”，但是，绝对要小心注意的是 Weber 并没有把个人及其行为当作其方法论的“基本分析单位”。亦即 Weber 之社会科学方法论，不是“个体论之方法论”。因为，其方法论的基本分析单位是——Idealtypus。

Weber 的社会学，也具有历史主义和集体主义的色彩。因为，Weber 强调历史文化之长期的、整体的分析。但是，他并不企图掌握“整个”历史的一般法则。亦即 Weber 亦非“方法论之整体论者”，此也因为其方法论的分析单位是——Idealtypus。

在社会科学方法论的范畴中，Idealtypus 所领有的独特地位，是造成“Weber 路滑”的主要原因。一方面，成为 Weber 在社会科学方法论的枢纽；另一方面，也成为 Weber 理论的基本限制。“从整体论与个体论的对立，来看 Idealtypus 在方法论史的独特意义”，这是一路滑进 Weber 方法论心脏地域的正途要道。1957 年 Norm Chomsky 出版了划时代的巨著《语法变换律理论》（Syntactic Structures）——这是我们的“滑溜板”。

Syntactic Structures 一书的重要性，不只在于语法理论的革新，更在于其方法论所带给社会科学的伟大启示。“固然有许多高层次上的问题，须靠低级层次的研究结果，才能做适当的叙述。” 可是 Chomsky 也证明了“低层次中的问题，须靠高层次理论的叙述”。他具启发性地强调：“不管我们的目标是不是制律程序”，“造句理论必须等待语音学及构词学完成后再来研究”，这个观念完全是无稽之谈。依我看来这种错误观念之形成，是因为那些坚持这种主张的人，把语音理论发展次序和为制律程序所假定的步骤混为一谈所致。

就社会科学方法理论而言，Chomsky 所启示的不仅在于方法论之绝对个体论观点的击溃，更重要的是提供了整体论朝向个体论相互融通的基础。Weber 社会学最底层的概念单位是有意义的个人行为，最顶层的概念单位是具历史性与整体性的人之社会文化结构体。Weber 并未以此二者为方法论的基本研究单位，而以 Idealtypus 介于二者之间，使得 Idealtypus 成为个体论与整体论的融通点。

1904 年《社会科学与社会政策之认识的客观性》一文中，“……

理想型概念是——纯粹的思维形象，它将历史生活的关系与一定的事项，结合于一个思维化的关键之下而不含矛盾的秩序”，“把那些杂然散在各地，或多见或少见或完全不见的多数个别现象，依照所强调的观点加以整理而构成的思维形象。”Weber又说：“个体的理念型（Individueller Idealtypus）都由概念要素（以“类”的理念型）所构成”，也就是说Idealtypus是“个体”也是“整体”。这个现象在以“经济与社会”为代表的晚年社会体系中，表现得特别明显。其精义则在于Idealtypus之为“整体”，不是指谓“collectivity”或“totality”，而是指谓——Gestalt。（注五）

“Gestalt”此一概念的特性（注六），在此不拟详述。简而言之，即为在有意义的内在关系下，由各个个体所构成的“整体性”的“个体”。因为idealtypus具备有Gestalt的性格，所以对Weber社会学的最低层次而言，它是高层次的整体。对最高层次而言，它是低层次的个体。亦即Weber社会学idealtypus的方法论，既不是个体论取向的，由最低层次来了解最高层次；也不是整体论取向的，由最高层次来了解最低层次；而是基于“中间层次”（注七），来了解最低层次与最高层次。由中介层次的掌握出发，以消解方法论的个体论与整体论的对立，而融贯二者于idealtypus之中。

必须注意的是Weber的idealtypus，并不是在方法论严谨论证下产生的，而是孕育于其实际的研究工作。亦即idealtypus只是“偶然的”，“适合”Gestalt的特性。他并没能正面地把“Gestalt”与“社会科学方法论”对立起来，予以详细的全盘探讨。所以，idealtypus不可避免的，也就暴露了Weber社会学的难题所在。

本文所谓Weber社会科学方法论的两大内在精神基柱：知识的人

性论与历史性取向。就 Weber 而言，也不是从其社会科学的方法论证所导引出来，而是经由 Weber 的“价值关联”（value relevance）所导引出来的。价值关联导生了“认识兴趣”、“认识之对象”以及“学术关心的焦点”（注八）。Weber 立足于拥有社会文化之价值背景的人的意向性，关怀“西方近代理性化之渊源与发展”，而以之为其学术生涯所追求的一贯目标。Weber基于此一贯的价值关怀，倡言“价值中立”（wertfreiheit），建构了各种 idealtypus，以“elective-affinity”（选择性的亲近）来完成“适当意义的‘Verstehen’（了解），以至于其精神价值的“实践”。因此，左倾历史主义的背景下，努力与人文价值与意义的掌握，而孕育其社会科学方法论的两大内在精神基柱。更值得注意的是，其方法论竟然与社会科学方法论的范畴，展现了高度的“适合性”，令 Weber 得以登社会科学之堂，入方法论之室，而掌社会学之时代性的大纛。也因此缘由契机，内证其中的“知识的人性论与历史性取向”，隐晦而难以捉摸。以致继起者于 Weber 所启示的路途上，频于摔跤、踅回或误入歧途。

三、Idealtypus-Wertfreiheit-Verstehen

Weber 经由价值关联，选择性的来塑造 idealtypus，而产生了各个不同的“历史个体”（historische individuum）。在唯名论的概念预设下，idealtypus 之于最低层次的个体行为，是真实的、是历史实体。但对于最高层次的社会文化言，却是抽象的、Utopie 的。缘于人的主观价值关联，因为 idealtypus 在内涵上的不确定性，而有其无限之中所透出的部分可能性。但是，其所面对的社会科学知识本体——长时期的历史文化整体，却是具有客观的无限性。因此，idealtypus 的工具效用，必须先行地限制在特定的历史时空中。

Idealtypus 只是手段，历史文化的整体性 verstehen 才是目的。为了确定掌握 idealtypus 之间，以及 idealtypus 与特定历史文化整体之间，事实与意义的 elective affinity，因此在“适当意义”的指导下，经由“因果归属”与“客观可能性判断”，Weber 进入客体的 verstehen，进行主体的 verstehen，也企求获得 verstehen。

在 Weber 社会科学方法论中，verstehen 是与 idealtypus 相辅相成的另一枢纽。不了解 Weber 所谓 verstehen 之精义，即无法了解为什么他要将因果归属与客观可能性判断，置于适当历史化意义之 elective affinity 的限制里。

Idealtypus 提供方法论上个体论与整体论融通的可能，Verstehen 则在此基础上，消解主客对立而进行方法论上的融通。Weber 先建立 idealtypus，然后再于 idealtypus 的范畴中，分析至各个人的行为及其相应的动机之意义。其次，Weber “empathy” 行为者之主观动机内的意义与价值关联。而由此各个个体的内在意义与价值关联，来获得 idealtypus 之间及其与特定历史文化整体之间的 elective affinity。并且经由“经验规则”的辅助，进行客观可能性判断，而“增强”因果归属的可能性。但是，若止于此则 Weber 仍不免心理主义之识。Weber 并不求诸心理学的帮助，而求诸日常生活之经验规则的辅助。Weber 不止于进入个体层次，且以个体层次的内在关联，来建构整体层次的因果次序。更重要的是控取历史实体间之主观内在动机的价值关联后，再进一步求此“内在主观意义”，表现于其所赋予“次序”的外在客观长期历史文化脉络中，以及历史文化层次的“客观意义”（注九）。

简言之，verstehen 所要了解的是 idealtypus 之内，个体层面主观动机的意义与价值关联。所要“诠释”的是此内在主观动机的意义与价值关联，在历史个体间及其与特定历史文化脉络中，所造成的客观结果与次序。尤其是此客观次序之结果，在长期历史文化中所展露的客观意义与价值关联——这种由内而外之客观意义与价值关联的适当诠释——这种由个体的最低层次，意向性地自整体的最高层次中，提升出中介层次的 idealtypus；再由此 idealtypus 深入个体的最低层次，萃取其中人之心理学上可理解的价值关联，而后经中介层次回向于最高层次之历史整体，以展露出文化性的精神意义——才是 Weber 社会科学方法论中 verstehen 的精义所在。

相对于“idealtypus-verstehen”的另一个辅助概念是“wertfreiheit”，即“价值判断的中立”（free of value judgment）。不是“超价值判断”也不是“免于价值判断”，更不是“不做价值判断”，Wertfreiheit 的意思是不偏不倚的价值判断。Wertfreiheit 的重要性，不仅表现在实践的范畴中，宣称学术独立的尊严。更在于方法论中对 idealtypus-verstehen 的辅助，以及由此所导生的实践意义。

对于差异的历史时空所建构之各个 idealtypus 与历史文化整体，其自身皆各具其主体的意义与价值关联。研究者在自具意义与价值关联的基础上，如何来面对与处理这些客体之主体的意义与价值关联呢？他必须先了解在其研究范围内的诸种意义与价值关联；其次在 elective affinity 的适当意义了解中，对诸种价值关联进行“不偏不倚的价值判断”，以获得整体的客观的价值关联。所以当研究者面对不同的历史个体，或处于不同的身份场合时，皆可进行整体的不偏不倚的价值判断，而有差异的实践内容与态度。于是“idealtypus-wertfreiheit-verstehen-praktischen”四者间的内在关联，也就使得理论与实践在方法论中贯穿统一。可是源于方法论之 idealtypus 的讨论，却也逐一在方法、理论与实践上逐一展露其困境。

Weber 的社会学概念中，所谓长时间历史文化“整体”是指谓——totality——一种无限的集合体。即使限定于特定的历史时空整体，他也未能明确地发掘赋予其 Gestalt 的性格。只是保有若干朦胧的“整体不等于部分之和”的 Gestalt 般的表象。实际上表现出来的还是 totality 的性格。再加上 idealtypus 只具“无限之中的部分可能性”，且 Weber 并未能面对其 Gestalt 的性格。以致 Weber 式的研究以 idealtypus 来对立 totality 的历史文化时，就如 Popper 在其“历史定论主义”一书中，对历史解释所提出的批判，以“选择性的观点”产生了可能有无限数量之相对的历史解释，而构成了验证的困难，导致理论层次的低落。

不具普通解释力的理论层次，且无法以具体经验予以周延的证实——这是 Weber 学说源于 idealtypus 方法论的根本限制。对此限制 Weber 亦有清楚的自觉，而于其著述中一再的强调。但是，Weber 也努力地企图予以弥补。自从“基督新教伦理与资本主义精神”完成之后，制欲的合理精神于欧洲历史脉络上所逼出的理性化的文化精神，一直是 Weber 之价值关联的中心。其晚期社会学，广泛地在不同的历史时间与历史空间上，对政治、经济、宗教、法律……诸层次，秉其一贯的价值关联进行世界史的 Weber 式衡量程序，企图以其他历史时空的比较研究，来增强其特定历史空间（欧洲）和历史时间的研究成果。这种努力，使得世界史关联下，重复实施了 Weber 式衡量程序的结果，使得欧洲理性主义的精神传承，更加的凸显而出。

适当意义之判准何在？经验规则之正确性的判准何在？在“idealtypus–wertfreiheit–verstehen”这组概念里，缘于前述 idealtypus 之特殊性格的影响，一直缺乏明确的保障。再加上 Weber 对心理学的舍弃，即使把他晚期的学术努力，视为“经验规则的强化”，这仍是 Weber 社会学说的第二个困境。要如何补救呢？Weber 期望以不偏不倚的价值判断来结合“适当的意义”，而为其判准。Weber 的判准又在哪里呢？Weber 的可能性，必须在“责任伦理”的“实践”里，才能导生 Weber 的必然性。因此，这第二个困境也就于实践的范畴导生了 Weber 的第三个困境。

Weber 谈 wertfreiheit，不是空泛的、概念的或形式的谈论。他把它安置于方法理论实践之中，而展露出学术的 wertfreiheit，个人的 wertfreiheit，以及 elite（精英）的 wertfreiheit。Weber 社会学实践的意义，在于——责任伦理。为什么呢？因为 wertfreiheit 的精义为进行价值判断时，应秉个人之责任伦理，不拘限于某一历史个体，而于适当意义之 elective affinity 之中，做整体的不偏不倚的判断。但是，人若没有权力（power）就没有 wertfreiheit 可言。没有充分的权力，wertfreiheit 只具理论意义，不具实践意义。没有充分的权力，个体之责任伦理就无法与工具性理性结合，而不偏不倚的价值判断也就失去了保障。当然价值理性，也没有实践于日常生活的可能。

必须注意的是，Weber 之“目的合理关联”并不足以填补，其所揭示之责任伦理的形式主义伦理的空虚，故进而求诸自由与人格的保障。但是，个体若不具相当的权力，自由与人格所晓喻之责任伦理的“要求意义内容的内在无矛盾性”、“此岸性”与“一贯性”（konsequent）

的合拍，却也必然失调而破坏wertfreiheit的必然性。所以Weber社会学的实践，一波三折地转而落实于power——个体之政治生活的实践。而此时所谓的“个体”，指谓的已不是其方法论中所谓的各个个体——mass，而是以企业家和政治家为代表的elite阶层。于是，权威类型的分析，政治人格的分析与呼吁；也就在英雄伦理的背负下，展现了elite之wertfreiheit。责任伦理也就得以在elite身上，与理性化的历史文化传承合流，而实践为“历史与文化”。

Weber由idealtypus开始，经过一连串的努力，最后不得不落实在elite阶层政治生活的道德实践。而mass——每一个个人，也就在Weber的学说中除籍。这种“elective affinity”的实践，不能不视之为Weber学说的第三个困境。Weber穷其学术努力，企图扬露、彰显欧洲社会史之中，一股薪传的文化精神的exit；并且暗喻elite们“当仁不让”、“不得不”的实践内涵。但是我们同时也包括Weber似乎必须祈祷……希望elite都是具有“适当”道德勇气的“好人”。

四、困境与出路

由于Weber idealtypus的独特性，使得Weber得以完成，截至目前为止社会学研究的最大可能性。同时，却也造成了Weber社会学之困境。此困境的解决，笔者认为必须对Gestalt之社会科学方法论予以深入的研究。而此等努力，与其说是为Weber社会学说寻找出路，毋宁说是为扩大社会学研究之可能性而努力。Weber逝矣！但他所研究与实践的理性化精神，似乎正进行超越历史时空的努力。诚信上述两种努力的结果，同时也将是对Weber最“适当”的“诠释”之一。

注释

注一、Weber是概念的唯名论者。若于诠释性或批判性的考察中，把不同层次的概念混淆为一，而于差异的范畴中割裂谈片，则易流为误解。了解Weber方法论，对其博大精深的广泛研究才易得贯解。但是，在选择性的范畴中，选择性的讨论其方法论的内容，却不能得其精要。

注二、引自Wenner Heisenberg，以“科学真理与原教真理”为题的讲演。并参见，海氏所著《物理与哲学》。

注三、这个范畴赋予了个体论与整体论在社会科学的知识中，相互融通的要求。

注四、Noam Chomsky在Syntactic Structures书中，于“语言理论的目标”一章，图释说:

图A表示语言理论如同一架机器，它能把语群收进去，而产生出语法来，所以我们称这个理论为“制律程序”。

图B收入语群和语法而发出“行”或“不行”来表示这个语法是否正确，这个理论供给了我们一个“抉择程序”。

图C代表一种语言理论，收入语群和G_1与G_2这两种语法，而把两种中间较好的一种发出来，因此这个理论，提供了我们一种语法的“衡量程序”。

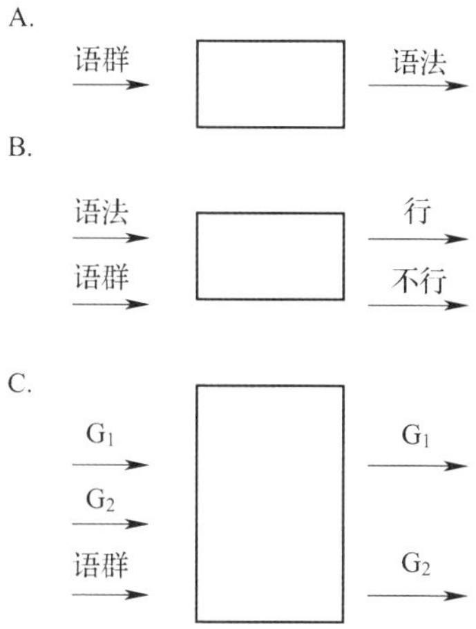

注五、Karl Popper在《历史定论主义的穷困》书中，对整体主义的批判，亦明确的区别了这两种概念的混淆与误用。但是，Popper 未能深入其中，只进行表层的描述，实有过宝山之门而未入的遗憾。

注六、关于 Gestalt 的基本概念，请参阅:

1.Willis D. Ellis 1938， A Source Book of Gestalt Psychology, Regan Paul， Trench， Trubner & Coy Ltd.

2.Meyer Fortes， The Task of Gestalt Psychology， Stephen Austin and Sons， Ltd， Hertford.

3.Robert S. Woodworth(1964)， Contemporary Schools of Psychology， by The Ronald Press Company， Chapt8， Gestalt Psychology.

4. 萧孝嵘，《格式塔心理学原理》，1934 年上海，“国立编译馆”。

注七、“中介”是指“非二极”在“二极之间的层次”，而非“二极之正中间的层次”。因为社会科学方法论之范畴的基本限制，吾人不可能正确地取得“正中间的层次”。只能在各个“二极之间的层次”的分析比较下，求得适当意义之“正中间层次”的关联。

注八、所以玛丽安娜夫人云《基督新教之伦理与资本主义精神》一书，“和 Weber 人格最深之根基有关，并用难以形容的方法拥有了它的特征。”而这个说法亦可由其理论之实践来予以支持。

注九、“客观意义”一词，才 Robert Merton 的定义。

参考书目

1. 金子荣一，《韦伯的比较社会学》，水牛出版社，1980 年初版。

2. 高承恕，《从对 Max Weber 的重新诠释谈社会史研究中的若干问题》，1981 年。

3. 高承恕，《布劳岱与韦伯：历史对社会学理论与方法的意义》。Reinhard Bendix，《韦伯对于人类行为与历史的解释》。Gventher Roth，《社会学的类型研究与历史解释》。收入：黄俊杰编释，《史学方法论丛》，台湾地区学生书局，1981 年增订再版。

4. 张汉裕，《韦伯的社会科学方法论》，收入：《西洋经济思想史概要（上册）补论》，台大法学院经济系出版，1962 年。

5. Wenner Heisenberg 著，陈永禹译，《科学真理与宗教真理》，收入：《益世杂志》，第 1 卷第 11 期。

6. Wenner Heisenberg 著，周东川、石资民、黄铭钦合译，《物理与哲学》，协志工业丛书出版股份有限公司，1980 年三版。

7. Karl Popper 著，李丰斌译，《历史定论主义的穷困》，联经出版事业公司，1981 年初版。

8. Noam Chomsky 著，王士元、陆孝栋编译，《变换律语法理论》（Syntactic Structures），虹桥书店，1966 年初版。

9. Gerth & Mills，From Max Weber: Essays in Sociology，虹桥书店，1972 年初版。

10. Max Weber 著，Edward A Shills & Henry A Shills 编译，The Methodology of the Social Sciences，1949 by The Free Press，虹桥书店，1971 年台湾地区一版。

11. John Q' neill，Modes of Individualism and Collectivism，Heinemann Educational Books Ltd; 1993。

12. 威廉·瑞著，黄进兴译，《史学及社会科学的整体论与个体论》，《食货月刊》。

附录二

从动物行为演化史的观点来看几个社会问题

一、前言

本文将采取动物行为演化史的观点，对于体罚行为、娼妓行为与堕胎行为进行描述性的讨论，以彰显上述行为与动物行为演化史观点之意义。动物行为演化史的观点，是由动物行为学的观点衍生而来的，且由下列三个基本概念所结构：

1. 人类行为，是集演化向度上各种动物行为之大成者。动物界的各种社会行为与结构，几乎都可以在人类的生活里寻获。人类以二百万年的历史，接收了其他动物几千万年来行为演化的诸种成果。“好”的接受了，“不好”的也接受了。有的直接呈现或明或暗，有的转换形式和配对或隐或显。总之，若非其他动物千万年的以身相试和探索，人类可能不会有今天。

2. 当我们评鉴某些社会行为与结构的改革兴废时，如果只以现世的道义伦理和利益为标准的话，是相当不可靠的。我们更应该去评鉴，这些社会行为与结构，在整个动物行为演化史上所扮演的角色、源流、地位、指向和意义。

3. 动物行为演化史的观点，只是一个“观点”而已。

二、体罚行为（与人际关系）

在对方无能力（或不能）反抗下，对其肉体施予攻击的行为，于人际关系里称之为“暴力行为”，在亲子或师生关系里称之为“体罚行为”。当然，这二者之间是有差别的，程度不同、出发点不同，尤其是关系不同。可是二者的本质与来源却是相同的，都是从鸡群里称之为“啄击次序”（pecking order）的同类行为演化而来的。

鸡群里的权力体系，完全决定于生理的优势状态。它们经过竞技场的决斗之后，身体强壮战斗力特强者成为领袖，然后再依体能的强弱，老二、老三、老四……一直排下去。老大可任意啄击其他的鸡，老四也可以随意啄击老五、老六；但是，老四遇到老大、老二或老三时，却也只能乖乖地被啄击而不敢回“嘴”。这种生理优势决定论的原始权力体系，也见之于马群、猴群……等许多的动物，对动物界而言是最为普遍而基础的。

这种原始的生理权力体系，是否也存在人类身上呢？是的。人类的文明只涵盖了原始的本能，人性高度发展也只涵盖了人的动物性——而非取代。人类原始的生理权力体系，已经转化得缤纷错杂，如金钱的权力体系、道德的权力体系、年龄的权力体系、知识的权力体系、血缘的权力体系，以及军事的、政治的、经济的等诸种“文明的权力体系”或“价值体系”。可是，最为原始的、生理优势的权力体系，却仍然存在。人类生物设计下，生物之生理基础的存有，使得人类无法摆脱此原始的生理权力体系，它隐秘地、贴切地藏在每一个人的身上。

每当自己身处原始权力体系之上位时；文明的权力体系尚未发展稳固，或未能发展成功时；自己在文明的权力体系中无法与人争胜时；文明的权力体系未能解决争端，或被割离阻断时；则此原始的权力体系，即出世而大行其道。小孩子“本能地”会以打架来解决争端，不良青少年的暴力行为，黑社会帮派的械斗与暴行，以至国际间的战争……不可避免的，它们将被指称为“野蛮”、“不成熟”，而遭受其他“文明的权力体系”所围剿。可是再细想之下，从小孩子打架、反社会行为与暴行，一直到内战或世界大战，人类又何尝离开过宛若鸡群般的“啄击”呢？

监狱里囚犯间的次文化，就是人类啄击行为的最佳样本。监狱里囚犯之间各种文明的权力体系都已被切断，所以自然地会以原始的权力体系为其次文化。狱政的当务之急，首在发展某种特定的文明权力体系，主动地塑造出监狱里的次文化；一方面和狱外社会生活之诸种文明权力体系相联系，另一方面则可主动地抑制原始权力体系的出现。否则，任何有关暴力行为的规定与辅导条例，都将成为虚文而无济于事。

一个成熟的成年人，在正常的社会生活下，就没有啄击行为吗？有的。小孩子的体能，远输于任一成年人。在日常生活里，成年人与儿童说话，不是摸他头就是拉他肢体，捏捏这儿、扯扯那儿、拍拍小屁股、打打小脸蛋，好像很亲热的样子，却不知小孩子们是如何的感受。尤其当小孩子不听话或做错事的时候，成年人理所当然地“有权力”（这种权力的自觉与赋予，是经由什么过程？什么评判标准呢？）对其施予肉体上“适度的惩罚”，以表达成年人的关爱与指导。

几乎每一个小孩子，从小就从周围的成年人身上，学习原始权力体系运作的规则。

- 当对方不听我的话时。
- 当对方做了我认为错误的事时。
- 当对方使我不舒服或生气时。
- 当对方打我时。
- 当对方不乖（不服从规范）时。

遇到这些事情则可施予若干程度的肉体惩罚。小孩子一方面本身就处于原始的生理权力体系状态中，另一方面经由社会学习的模仿而强化，使得他们彼此间很自然地运作“啄击行为”。小孩子的社会学习经验中，最重要的一条规则是，当对方的身体比我强壮时，不可以也千万不要动手。更绝的是成年人（大人）们都告诫说：“乖孩子不可动手打人”。所以，在小孩子逐渐成长的过程中，诸种文明权力体系间的辩证关系，也就成为亲子教育、学校教育和社会教育所必然面临的重要课题。此亦为导致或可解决，当今青少年暴力行为的关键之所在。

在成年人的人际关系里，当其文明权力体系处于平行地位时，例如同学、同事或朋友之间，彼此之间的人际沟通行为的形式，也仍潜在的取决于肌肉能的身体强弱。相对的较强壮有力的人对于较弱的人，总是于言谈举止之际有意无意、自自然然地，以各种声音、动作或态度“拍、拉、扯、摸、碰、打、捏、按、压、挤、靠、推”侵犯对方的身体。身高体壮拳头较大的人，讲起话来总是比较“洪亮”，侵犯对方身体的次数和程度较多、较跋扈，尤其是易于向对方施予口头上、态度上与肉体上之暴力性质的恐吓，也更易于动怒、自觉有权力打人……这些行为甚至会成为不自知与无心的一种“习惯”动作。这种行为模式，随着人际间体能身材的强弱与拳头的大小而相对呈现。可是，小孩子和拳头小的人们，能够去责怪那些拳头的巨硕无比吗？可以将之归因为人类生理条件下，必然地限制与行为方式吗？这也是每一个拳头大的人当自反省的——人，难道就无法自觉或改进或自制或超越，和鸡一样吗？

当人际间这种原始的“啄击”行为，配对于年龄的、血缘的、知识的权力体系；而在亲子和师生关系间运作的时候，也就构成了纷扰已久的“体罚行为”。施予体罚者，都是父母、老师或长辈。体罚行为是建立于——被体罚者受制于某种权力体系，而不能、不可或不敢反抗或反击的原则之上。面对一个比自己粗壮有力的学生时，任一个教官或老师都不会贸然“下手”的。不管是为了关爱或劝诫，当对方是自己的长辈或体格比自己强壮有力的平辈、晚辈或陌生人之时，也没有人敢以“体罚”来表达他对对方的关爱或劝诫的。

体罚行为的由来已久，不分种族、年代，泛文化的发生在各时代的人类身上。父母师长对学生儿女会有“棒下出孝子”、“不想打的，可是太生气了，不打实在不行”、“打骂是最好的管教方法”、“不得已的时候只好体罚”、“适当的体罚在‘训导实务’上是必要的”等观念，以及体罚行为历久不衰的事实。我们可以发现，这些巨人、强者、老大们，之所以会自然地出之以武力、诉之于体罚行为，受到原始的啄击次序的生理权力体系所控制。而这种生理优势的原始权力体系，也就是导致体罚行为的根源。

每一个施予体罚者都应该自识，爱与关怀的展露有许许多多的样式，他之所以选择而配对于体罚行为，已经不是爱护对方，而是受到一个外加变项——自己原始生理权力体系的控制。体罚的概念或行为一经浮现或展露，二者间的情爱关系即已消失变质。打之前或许是“爱”，打之后或许也是“爱”，但是在体罚的插入之后，受体罚者应该如何来将之关联，而产生体谅、悔悟或感激呢？总言之，体罚行为只展露出，施予体罚者对自身状态的无知、无力，以及对爱之行为展现的无能。

尤其必须注意的是，在婚姻或一般的人际关系中（亲子关系除外），只要对方有类似“小心我揍你”这种言语出口，则对方不管表现得多么有感情或仁人君子之风，其骨子里、打从他心里就已有一个根本的预设——我有权力惩罚你——也就是说，他根本就不尊重你是一个独立的个体“你算老几”——他认为你根本就没有尊严可言，只有他才具有生之尊严而必须尊重。任何“暴行”的“思想犯”、“意识犯”、“语言犯”与“行为犯”，对其施予暴行之对象，均有上述之基本预设存在；只是有的知道，有的不知道，有的表现得很清楚，有的隐藏了起来而已。这种基本预设的存在，就是“邪恶”与“罪行”的发源地，严重地破坏人之尊严与生之延续，尤其是在诸种人际关系中隐伏了暴裂的暗流。事实上，几乎每一个人都曾经是大大小小诸种暴行的思想犯、意识犯、语言犯或行为犯，而于有意或无形中贬抑了自己所钟爱的人、他人和自己。所以，在原始之生理权力体系的既存下，每个个体都应该深自警醒，战战兢兢地防患与抗拒“我有权力惩罚你”的呈现。

在整个动物行为演化史里，这种原始的“啄击”行为，由显而隐，由全部而部分。演化到人类身上时，我们这一代或可经由对人类自身行为的本质和根源的再认识，以精神意识给予回馈和控制，而超越了原始权力体系的啄击行为。可是，我们的下一代呢？只要这副臭皮囊存在，则这种生理优势为主体的原始权力体系就仍存在。这种啄击行为仍在进化之中，就算我们这一代超越了，下一代也超越了，还是必须再经过漫长的演化过程，人类才有可能“生而超越”。

但是，啄击行为于人类所诱发的对人之基本预设，此邪恶的源头以及所导引的暴力罪行，却已深深地危害人与社会的生存，而妨碍了人之现象的演化。若是人类未能于文明权力体系，进行若干之文化性的调适与努力，而坐待人之本质的自然演化的话，则终将自陷人类于绝境。虽然在可预期的将来，小孩子永远会打架。

三、娼妓行为（与婚姻关系）

娼妓行为所导致的社会现象，到底是属社会问题，还是社会学的问题，至今仍无定论。可是，娼妓制度泛文化的存在史，似乎让我们产生了一个“错觉”——娼妓制度将与人类共存亡。

在动物行为演化史上，两性之间的性交关系，有它演化的主流——一夫一妻制的配偶形态。由于一夫一妻制与育婴行为的方式效果——即物种之延续的保障，有相当直接的关联。所以动物界也由杂交、乱交的演化中，凸显出一夫一妻制的重要性与取向。人类也就由“生理的原始权力体系——性”的连结形态，演化到“婚姻制度——性”的连结模式。

随着人类的继续演化，“婚姻制度（夫妻关系）——性”的连结模式，更转化为“爱情——性”的连结形态。于是乎，只要两性之间有某种程度的情爱关系，二者之间就可以进行性交行为而有性交关系。所以，婚姻性行为、婚前性行为、婚外性行为、同居、堕胎、孕母等社会现象，也就层出不穷了。

娼妓行为的出现，使得动物界两性之间的关系，由“原始生理权力体系——性”、“婚姻权力体系——性”与“爱情权力体系——性”等连结模式，转化出“金钱权力体系——性”的连结模式。第一个模式的条件，必须于生理权力体系中争得上位。第二个模式的条件，必须以终身的时间、精力与财物为赌注。第三个模式的条件，必须花费相当多的时间精力与财物，且又须等待机缘。倘若个体无法满足这些条件，那么当个体有性交的需求，或者必须借着性交的仪式来满足某些意义上的补偿时，个体又该如何呢？

如果上述两种需求，都无法以其他的方式（如手淫、运动等），予以减缓、消除抑制或转化的时候，那就只有强暴和嫖妓两种途径了。强暴，是人神共愤、万恶不赦的行为。即使在动物界中，也只有少数的动物，例如：蝴蝶和近视的猎食性雄蜘蛛，会因为传宗的必要，或者是避免被雄蜘蛛吃掉的命运，才会去强暴异性。所以，嫖妓也就成为唯一可能的出路。

娼妓行为里，娼妓与嫖客“银货两讫”式，只认钱不认人的性交关系，建立了上述的第四个模式。娼妓与嫖客之间，除了金钱的买卖关系之外，其他所有与人有关的权力体系都被切除。所以不管嫖客的目的为何，能不能满足第一、第二、第三个模式的条件都无所谓，只要他有钱，就可以名正言顺“合法”地与娼妓们（任一娼妓）行事如仪。

也就是说，当爱情与婚姻的模式，尤其是制度化的、身为动物行为演化之主要取向的一夫一妻制，无法满足人类之需求时，娼妓行为即成为演化向线上的一个分支，用以调适和补救一夫一妻制的缺漏。事实上，娼妓行为与一夫一妻制，呈现共生的互赖关系。娼妓行为质量的变异，更将成为一夫一妻制优劣良窳兴败存亡的指标。

以上的论述，单纯的偏向男性主义的单一立场。女性的嫖妓行为受到文化因素的影响而隐晦，可能要在文化人类学领域中，对母性社会之族群进行比较分析，才能获得进一步的了解。

四、堕胎行为（与人口控制）

当生存的资源丰富时，草履虫会快速地生长、繁殖。当生存的资源缺乏时，草履虫就会以极缓的速度来生长。也就是说草履虫“虫口”质量的发展，永远自发地配合着环境的资源。各种动物几乎都有它们的“人”口政策，各有独到的人口控制法。回溯整个动物行为演化史，动物界提供给人类四种人口控制的方法：（1）节用资源；（2）节育；（3）迁徙（或在迁徙中大量死亡）；（4）集体死亡或自杀。

节育和节用资源两法，人类已努力地在进行。由于人类对地球生态环境的严重破坏，除了迁到别的星球之外，我们已无地迁徙。不过，人类并未放弃这个方法，星际的探索也在努力之中。至于其他动物最擅长的集体死亡或自杀，根本就与人类的精神文明、物质文明相违背。只有在战争中，才敢“冠冕堂皇”地玩玩集体死亡和自杀（或许，人类绵延不绝的战争史，也就是“冥冥中，对人口的自然调节吧！”）。如果想靠那些活得不耐烦的自杀者，是无法达成人口控制的目的的。

从动物行为演化史，我们发现母体一旦怀孕之后，任何动物的人口控制都已束手无策，只好先生下来再说。至于生下来以后，一家或一族老小要集体自杀或他杀，也只有再说了。集体的自杀或死亡，整个社群人口的快速崩溃，是动物界最为残酷的现象。是什么原因使得动物大量地采用这种行为方式呢？它们喜欢，喜欢这种“残酷”吗？不，原因在于母体一旦怀孕后，人口控制的伎俩已无能为力，它们只能生下来，然后一起迈向——死亡。

千百万年以后，这个难题几乎困扰了所有的动物，而最后终于在人类身上得到了解决。堕胎行为——可说是人类与动物行为史上，有关人口控制的最大贡献。堕胎行为是合乎演化指向的，如果以现世的若干道德水准来评鉴堕胎行为，而藐视或昧于堕胎行为在动物行为演化史上，突破性的伟大意义和价值则将导致极为愚蠢的错误。

堕胎合法化的问题，在人类的社群里，却遭受到极大的阻扰。讨论的重点则在于：

- 人道上对“生命”剥夺的权力。
- 社会道德上二性关系可能造成的混乱。

前者是“医学—哲学”的问题，寻求“有意义之生命体”的判准。后者是“爱情权力体系——性”所导生的问题之一，它在假象上与“道德的判准”相结合。事实上，这两个忧虑与堕胎行为之间，并无直接的因果关联，而应该经由其他途径的努力来予以克服。后一忧虑根本就是一个假象，前一忧虑则更应该面对下一难题：不为父母所期待而为其所扬弃的婴儿，在其出生之后的生命历程里，我们这些评论者——这整个社会，能够为他们提供怎样的关爱与生活环境呢？又有谁能够提供这些弃儿，有如正常儿童般地生活资源呢？如果这组难题无法予以肯定的答复，则第一个忧虑就将无任何意义可言。

事实上，堕胎行为对于人口控制的功效，触目可见也不容否认。除非人类对于怀孕前的预控，能达百分百的控制。否则，严禁堕胎——在整个动物行为演化史开倒车——的结果，就如其他动物一般，集体死亡的命运是无法避免的。也因此，不管堕胎是否合法，堕胎行为仍然会出现，单纯的法令禁止，是无法抗拒动物行为演化之必然性的。性行为前后之避孕技术的完全提升，才是人类在动物行为演化史上，所要创造的真正桂冠。

附录三

二十一世纪的儿女观

一、三个危机

家庭结构有两个阶段的递变，由于人格的固化和人之历史性的谬误，却使得家庭的权力体系未能伴随而变。

第一阶段：成人——小孩。从子女出生后，以至子女成人，脱离经济依赖或结婚为止，都属于第一阶段的家庭结构。在这个阶段里，由于成人—小孩的结构关系，自然地导生了人类动物原始的生理权力体系（如鸡群中 pecking-order，即是以生理强弱的优势，来决定权力地位的高低）。再加上子女被父母视为其自体的延伸，对之有绝对的控制权。而且父母一直是个施予者，子女也一直是个接受者，必须依赖父母各方面的援助才能生存。父母和子女双方，在此种家庭结构的限制下对这些家庭内涵的运作和自识，更使得家庭中的权力体系，无论是生理的、心理的或文化层次的，父母都高踞主宰者的上位，成为家庭中结构和功能的运作主体。相对的，子女也就领受了权力体系中的下位，而以家庭中结构尤其是功能的客体而存在。

在此阶段中，父母抚养子女、教育子女。父母是子女的知识、道德和生活上的传播者、裁判者，父母的一切都是对的、正确的，子女与之抵触之理念与行为，都必须修正。

第二阶段：成人——成人。子女成年之后，脱离了经济依赖或成为家庭中经济的主体之后，即进入第二阶段。在这个阶段里，父母之成人逐渐衰弱，子女之成人越渐强壮。以自发的生理权力体系而言，应该与第一阶段相反，转化为子女上位父母下位，或是二者平行互相均衡才对。可是，事实并非如此。人类虽保有并不自觉地运作生理的权力体系，但人类心理和精神层面，所涵蕴之道德性和超越性，却可超脱于生理权力体系的自然限制之外。家庭中的权力体系仍停留在第一阶段，并未改变。在此阶段中，子女对经济依赖的脱离和反哺，使得“养的关系”成为双向的。但是，人之道德性，使得子女不敢言“不”“一九ˇ”。只敢言“是”“一九ˋ”——一种感恩、回报和本然的天职。在养的关系上似乎平衡了，可是在教的关系上却仍保持父母指向子女的单向关系。一方面固然是子女对父母不敢言教，所谓“事亲无犯有隐”；另一方面更具体的，却是父母积习已久，积威已渐的原因。

过去是不可改变的历史观，和滚雪球式的Freud型人格，使得人们的理念和行为，呈现一种固化或习惯化的现象。子女们从小就经验了父母的绝对权威，以致成年后第二阶段的理念行为，仍制约于第一阶段的成长经验。父母则一直高踞家庭中权力体系的尖峰，在“朕即国家”的长期经验里，“享受”着权力欲的快感。父母永远是对的，“天下无不是的父母”，使得父母的理念和行为模式固化而难以转寰（是以有“‘老’顽固”之俗语存在）。

一般而言，年龄越大，其人格固化的程度越高，越难接受新的理念、事物或行为。而20世纪以来，时代的转化和新知识产生的速度，可以说是越来越快。所以，子女所代表的年轻一辈，对于新知识的接受——本身原有之理念、行为之改变，都较父母所代表的年长一辈，来得容易而且快。因此，由于接受新知识的速度不同，使得父母子女对知识内容的判断与评价，有了差异的反应。当子女的价值观和自我观以及诸种参考架构，部分或全都脱离父母本执的标准时，倘若双方不能接受差异性理念的个别价值，以及双方具体存有的血亲与爱的关联，复加以不良的沟通方式，则有所谓的“代沟”产生。

子女承受的新理念可能是错的，但是父母那一套却也不见得永远正确可行。当父母子女存此代沟，而于应、否、对、错和价值上起了争执时，家庭中的权力体系即自然地罩下，权力地位高的父母永远是对的。在此情况下，子女必然导致理念和感情上的冲突与挫折。身为子女的，他该力执他的“真理”呢？还是秉持他的孝道？于是，人子在家里和家外，就可能有两套不同系统的行为出现。因此，也就导出了传统家庭结构下的第一个危机——子女于家庭中的挫折以及父母人格的硬化。

父母一直领受着家庭之主体的地位，年复一年之后，“地位”也就变成了一种“责任”和“担子”。养儿育女并不简单，如今在代沟的压力下，还得替子女的行为负责。“谁家的孩子”、“没家教”、“公布父母的名单”，家里大大小小事儿，都得父母来操心或张罗。许多的父母终生都被这个担子压得喘不过气来。父母们不自觉地、自然地背起这个担子，而当这担子变成拖累和苦役的时候，却又没多少人敢于“狠心”地抛弃不管。“整日里替儿女做牛做马”……，当烦心怨词出现之后，或表露于行为，弄得家里鸡犬不宁；或私藏心底，变得好像天天都在折磨自己，这是传统家庭结构下的第二个危机。

子女一直领受着家庭之客体的地位，时机日久习惯化了以后，也就变得只享有接受的权利，而没有施予、负责的义务。客体式的存在位格，使得子女不能负责，也不愿负责。要吃、要穿、钱来伸手、饭来张口，“他们生了我，当然要养我”。子女在家中失去了主体性，他们不会主动地去关心、寻找或满足一个家庭的各种需求。“住家里就像住旅馆一样”，这句话从父母们嘴里出来的时候，双方的处境也就很明显了。

客体式的存在位格，对子女的主体性也是一种挫折或矛盾。家庭中的主体位格由父母据有。子女的主体性在家里无法发挥，他对这个家无法做主。当子女由不能付出，到算了——不愿付出，把他的主体性，由家内转向家外以后，家只是一个吃饭睡觉不要钱的地方罢了。“反正待在家里也没事干”，家变得与“空虚”连在一块儿。青少年问题的导因，与其说是父母的家教失败，倒不如说是子女客体式位格存在所致，这是传统家庭结构下的第三个危机。

二、家庭角色的发展

社会问题，大部分都可以缩影为家庭的问题。而家庭问题，几乎都可以归结于这三种危机。追溯其因，则在于对“家”的认识不足或误解所致。家是什么呢？

家就是爱，是一切的开始，也是一切的结束。家是由直接的血缘关系所结构而成的，是形上本体里人与世界的中介和结晶；是人之存有最安全而具体的地方。家庭结构、关系和角色，即是社会结构、关系与角色“原型”。个体在家中学习如何与人沟通，如何在既定的权力体系中自处，更在家中学习、培养爱与被爱的能力。

在本质上，家是一个“完美自足，不假外求”的体系。目前有关的研究，都把重点摆在沟通的技巧上，而忽略了对其本质的确认。技巧是末节之事，舍本逐末自属事倍功半。家——亲子关系与结构的本质，是互生互补的，父母（夫妻）本身自成一个系统，兄、弟、姐、妹（子女）又自成一个系统，两方相互涵摄即成就一个家的系统。

爱欲之美，具象化为夫妻的结合。夫与妻因为爱，一而二、二而成三，超越人之基本限制化身为绝对自由之体（详见：第六章“爱与家的形上学和爱的原理”）。夫的本质即为：父、子、师、徒、友、兄、弟各角色内涵之总合。妻的本质即为：母、女、师、徒、友、姐、妹各角色内涵之总合。

个体从小就生活在父母、兄弟姐妹的关系结构里。这些角色的内涵，结构了个体生活的本质，亦（类别的）提出并满足个体各个方面的需求。每个人都企盼着重温儿时——绝对被爱、被包容、照顾的——快乐的美好经验。也企盼如父母般成为权力的拥有者，以绝对的位格主宰其生活环境——家。鸟类谈情求爱的音调、动作，即为其幼雏时的动作、声调。人类也一样，幼儿时的撒娇、依恋等行为，在成长后的日常生活里，是不被赞许的（尤其是男性）。而一个主宰者般的形象，也不为人们所接纳。个体只能在爱欲之美的结构里，才容许相互地以子女的角色来满足其被爱的需求，以父母的角色来满足绝对自我的需求，所以，夫妻间的角色是与时俱化的。在每一个“当下”，都必须以下图的形式相配对。

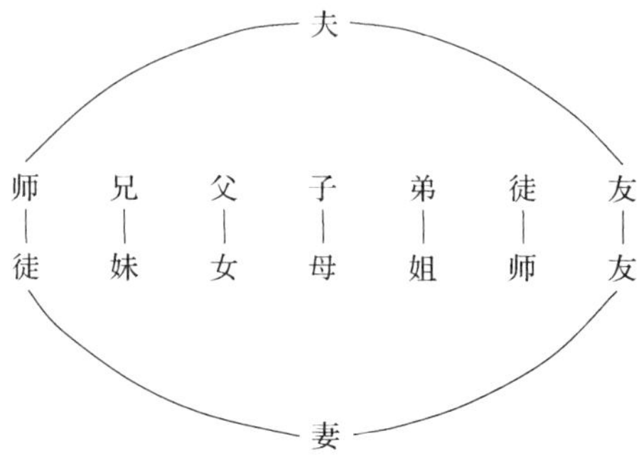

了解夫与妻的本质之后，灵活的运作其角色内涵——时时刻刻地伴随对方的需求，做互补式的角色对待，即可由本而末地完成夫与妻的结构体系。若只把握一些归纳或演绎方法所得到的沟通技巧，再以之为原则概化到个体的生活场中，而对其本质懵然未解，是不足以言理成事的。

子女间，兄弟姐妹相互对应的手足之情，即为社会人际关系的本质与原型。我们以“情同手足”，来形容美好的人际关系，以“结义金兰”，将人际关系的巅峰回归于其发源的本体，而“四海之内皆兄弟也”，更把人际关系的本质发挥得淋漓尽致，人际关系的本质，早已为人们所发现，可是却一直不被人们普遍认知与运作。

因此，在人口问题存而不论的状况下，两儿两女似乎是最理想的子女人数。完整而美好的手足之情，是子女成长人际关系的基础。父母们应该重视子女间关怀、互谅与接受的相处，视之为人际关系的训练，兄弟姐妹的角色结构不完整，则以邻居亲友的子女替代，让子女们从小开始，就走在人际关系的正轨之上，独生子、女的人际关系，之所以会有普遍不良的现象，原因即在于此。

子女出生之后，在夫与妻结构系统中，父母的角色立即凸显而出。夫与妻变成更具体的父与母，与兄弟姐妹之子女系统融合为一，而结构成亲子关系的系统。亲子关系的经验，将直接影响个体在社会中权力体系的顺应与自处。因此，亲子关系结构之本质的认识，是完成亲子关系的首要任务。

父子、父女和母女、母子等关系，构成亲子关系的内容。父子（女）的结构本质，包含了父子（女）和兄弟（妹）的角色内涵。母女（子）的结构本质，包含了母女（子）和姐妹（弟）的角色内涵。父母——

子女的角色结构，在位格上有高低之分。兄姐——弟妹的角色结构，就处于互等的位格，在家的权力体系中是平行的。

所以，对子女而言，父亲不但要运作“父”的角色内涵，也得运作“兄”的角色内涵。是父亲也是哥哥，是哥哥也是朋友。母亲不但要运作“母”的角色内涵，也得运作“姐”的角色内涵。是母亲也是姐姐，是姐姐也是朋友。亲子间的关系能够通透于这三个位格，彼此的需索与互动才能从各种不同的途径来完成。若是固化于父母——子女的角色位格之内，则彼此的感受与沟通即为显著的难题。

因此，人们会以“就像姐妹一样……”、“就像兄弟一样……”，来赞许父母子女之间亲子关系的美好与密切。这是亲子关系在结构本质上的正向运作。而当父母逝世之后，兄姐立即以“兄代父职”、“姐代母职”的双重角色出现，即为亲子关系上结构本质的反向运作。所以，平常我们会把“父兄”、“母姐”并称，其来有自啊！而当父兄、母姐与父母、兄弟、姐妹交融一起时，也就完成了亲子关系的系统。

三、行动

在了解传统的家庭结构与其弊端之后，我们对家庭的本质重新作了一番体认，于是问题就转向现代的子女了。现在——此时此地的我——身为人子（女）的我，该怎么办呢？身处奔跃如飞的时代，一切的知识、事物……都爆炸性地出现、改变、递换。我们正讨论着与父母间的代沟，弟妹却也一旁说起与我们之间的代沟。这一代的儿女们到底该如何自处，如何把自己的成长与能力，回馈、贡献给我们的家呢？

如何关爱我们的上一代与下一代？这是每个成熟的人子，所必须面对的思考与实践。父母不了解我，不体谅我，不够爱我，不能与我解忧，也不能与我们同乐等，这些怨言，人子们都曾说过。可是，我们了解、体谅我们的父母吗？父母也会有烦恼、有伤心、有无奈、有挫折之时，我们是否那么贴切地去体会，主动为父母解忧呢？愿意或能够与父母同乐的，就更少了。我们对父母的关爱，是否早已足够？为什么？为何人子们不曾听过，父母如是的怨言呢？至于我们弟妹，甚至别人的弟妹，人子们又有什么具体的关爱呢？

有任意一个成熟的人子，还能甘心于家庭中客体位格的存在吗？家庭中的行动主体，就在这一代的人子身上凸显而出。面对着传统家庭结构下既成的缺点，人子们主动而具体的以言语、行动来关爱他的家。

1. 主动地体谅父母的感受与心境，分担家中的每一件事，努力地成为父母同乐解忧的“朋友”。

2. 多花些时间，少用点脾气，再多加些爱心，帮爸爸、妈妈的忙——教养弟妹，以我们切身的经验，做最具体切实的关爱。

3. 创造机会，主动地带给家中幸福欢乐的气氛。

4. 父母的再教育。通过各种途径，主动而积极地把新知识传递给父母，协助父母把硬化的人格，提升至更完满的人性层次。

5. 在“接受”家中每一分子之现有人格与能力，并承认家中一切现况的基础上，来关爱并调适我们的家。

而后，继于上述的思考之后，实践的具体方法则依家庭情况的差异而有种种的不同。每一种技巧，都对应有内涵的本质。内涵本质的具备，实践的方法论自然与时俱现。技巧模式的刻板套用，只是越增困扰，而无所裨补。因此，本文的目的，不在于方法、技巧的供给，而在于内涵本质的揭橥，在于提供21世纪儿女观的新指向——如何关怀我们的上一代与下一代。

子女行动之主体性的实践之后，亲子结构就转化成互为主体性的关系。在调适了传统家庭结构的同时，也建立了21世纪的家道——新时代的儿女观。

附录四

角色

一、角色的定义

当人作用于某特定的时空中，所表达的特定功能形态或行为性格，称为角色。每一角色都有其功能的要求、言行的要求、思想的要求、情绪的要求等称为角色内容。角色内容的制定受到社会的需求、文化的预期、传统的习俗、政治、经济和人际关系等影响。其中任何一个因素的变迁，都会导致角色内容的改变。并且，随着时间的运行，角色内容将不断地、自然地修改，而以某些公认的形态被重新定义。

二、角色——存在的象征

人从还没有出生，一直到死了以后，都“活”在角色里。而角色也把人捆绑得死死牢牢，几乎到达没有角色就没有人的地步。角色剥夺运用于精神医学的领域里，发挥了戏剧性的良好效果。在报纸的分类广告栏里“警告逃妻……”、“脱离 XX 关系……”等启事，使我们更发现人们于日常生活中，对角色剥夺运用得有多自然。

角色，原只是用来界定某种“实”的某个“名”。在“名”的承传中，千百年来，虽然“实”也随之变易，但是很令人为难的是，处于千百年后的每一个当代，人只要一出生就落入繁若天星的角色世界里。如果我们细数一个婴儿所拥有的角色，和这些角色底下所隐含种种的“必须”——惊吓之余，我们该会对这初生的生命肃然起敬吧！

拒绝角色，行吗？不行，这是不可能的。似乎，这些角色并不是任何人，我们、他们或前人所派定的，而是自自然然好比与生俱来一般，他就拥有，他就是。一个人不但是角色，要有角色的自觉，还必须认知别人的角色。角色已成为存在的象征，而且成为存在的证据。

试想，当一个人什么角色都不是的时候——他还算什么？人吗？角色的承传演化至今，而有如此不可抗拒的力量，赞叹之余，实令人惶恐有加。

三、角色—时空—社会

一个现代化的社会，必然走上社会控制的路线。而社会化的整个过程，实质上，也就是“角色的制度化”。

从政治官制、工商职级、礼教伦常到经书典籍；由国家领导人、接生员、坟场管理人到无业游民；在系统、层次分明而缤纷交错的角色世界的另--面——却是庞大无匹、细密严谨的社会控制和社会设计。

个人必须在制度化的角色系统里，寻求自我实现。“权势、财富”四个字很具体地把社会人对精神、生理、心理各层面的欲求，表现在社会生活上，而角色（地位）则是权势、财富高低多寡的代表。

角色是时、空的（因）变项，时、空系统不仅止于表示财势的指标，更成为角色的争逐——财势争夺的战场。从古到今个体拥有的空间大小与时间的贵贱，一直是权财的象征。从地主、贵族到城堡、领土；由世界大战以至办公室、宴会空间的争夺。拥有的空间越大，越具备拥有者的性格（不论角色性格还是个体人格皆可，但通常为前者）。

则权力越大越能以极少的时间，占用别人越多时间者权力越大（柯尔达著的《权力》，对这方面有极具价值的探讨），“贫无立锥之地”不啻是最好的说明。

人的一切活动，都表现在时、空的经纬上，从而构成了整个的社会。角色的制度化，把人和时、空的交涉，规律出一条明显的途径。角色制度化，不但联系和凸显了整个社会的现象。更成为社会结构与功能的具象体系。社会角色本身，也就成为研究社会思想、社会制度、社会变迁、社会心理、社区、社会问题和文化社会学的主要对象。

四、角色—家庭

家庭可说是（社会）角色制度的发源地。易序卦云：“有阴阳然后有男女，有男女然后有夫妇，有夫妇然后有父子，有父子然后有君臣，有君臣然后有上下，有上下然后礼义有所错焉。”这情形在中国人看来特别的明显，“家谱”、“宗祖牌”和“祠堂”里的排名，几乎可算是一生的总结。是以冯友兰有“中国的家族制度就是中国的社会制度”的说法。所以当讨论到角色的分析，尤其是分化万千的社会角色时，不可避免地我们必须回到家庭或家族的基础。

家是一切的开始，家也是一切的结束。假如地域环境是子宫，民族文化是胎盘，则家庭即是个人系于生命的脐带，整个社会也就沿着脐带而蓬勃地成长。家庭里可以看到角色的原型——最原始的生理欲求和情绪本能的融和。角色是绝对的，还是相对的？如果，家庭系统的深入研究，不能有所成效的话，角色分析的工作尤其是结构类型学上，将缺乏底下的一块基石。

五、角色分析的层面与方法

完美和谐的社会，是人类永恒的追求。当今的社会，却又浮现着严重的危机与普遍的不满。如何鉴古知今以求未来，正是角色分析所担负的重任。

角色分析包括两个层面：一是社会的，一是角色本身的。

- 角色本身层面的分析是“本”，以人、时间和空间为元素。
- 社会层面的分析是“用”，以角色为元素。

当角色本身的层面已呈现病态的时候，我们还以角色为研究单位，而孜孜于社会层面的探讨——其间的差谬可想而知。从角色分析所使用的众多方法里，我们将发现目前的研究方向偏于社会的层面，而忽略了角色本身的层面以及所导致的困扰。兹列出角色分析的几种方法：

（一）观察法——现象的“规其所以”

观察法有参与的和非参与的，控制的和非控制的四个变项。在角色分析里，我们可借以了解角色性格与角色互动行为。

（二）实验法——因果的“观其所由”

经由严谨的控制变项，实验法供我们角色性格和角色互动行为的因果关系。会心团体和角色扮演的发展，提供了更为生动活泼的实验效果。

（三）个案研究法——内里的“察其所安”

周详而细致地调查角色塑造的过程。

（四）历史法

可告诉我们社会角色的历史背景，社会角色的普遍性通则。

（五）测量法

以客观的工具来衡量角色，对立角色有不同的角色行为期望。

（六）内容分析法

由传统的文件分析法发展而来。以定质的定量分析，讨论角色内容和角色变迁的过程。

（七）构造类型法

以类型的理论模式，作为研究的方法和方向。在社会文化对角色的互动方面有极大的贡献，也是应用得相当多的一个方法。

（八）区位学法

以生态地理的区位划分，来研究现象的相关。于角色分析中，对社会角色标式化性格对空间的相关，有明确的阐释。在地域观念浓厚的中国背景更具发展潜力。

（九）沟通分析法

把角色行为分成“父母式”、“成人式”和“儿童式”来探讨，给角色分析提挈了相当重要的线索。

上述九种方法，除了“观察法”是一切方法的基础存而不论外，只有沟通分析法偏于角色本身层面的研究，而其余七种方法都广泛地运用在社会层面的研究。

就以沟通分析法而言仍嫌粗略，没能把握到角色本身层面的内里精要。沟通分析法指出，角色源于家庭的三个层面——P（父母式）、A（成人式）、C（儿童式）这是它最大的功劳。但是，它把 A⇆A 的反应当做最佳而成熟的反应模式；亦即将人的行为限于 A 而不容许 P、C 的出现，却造成了严重的差误。因为人的感情层面，表示以 P → C 或 C → P 的角色行为模式。人的理智层面，表示以 A⇆A（实即 P-P，C-C）的角色行为模式。而人的日常生活中，总以感情的层面为主帅，即使是理智的层面也须以某种情绪来表达（就算是处理事务也不一定要 A⇆A 模式，社会心理学的研究成果可为证），扼杀了感情层面的角色人（角色人指扮演某角色的人），其后果令人不堪设想。所以，当 P → C 时则应之以 C → P；如属需要则再应之以 A → A。不可于 P → C 时则斥之以为非，而要求 A⇆A；甚或自觉 P → C 为非，而固守 A⇆A。

人的不同情绪面（不断变化中的情绪面），须以不同的角色模式为外显的凭据。但是人际关系中往往要求于 A 时空→ A 角色，B 时空

→ B 角色。单一角色的限制遂使情绪无法表达，而压抑、转化导致角色间的冲突。

六、角色的危机

个体关心外界的评价而做自我调适，调适的结果确立了本身对自己的看法。这个自我表达实现于社会，及其后的自觉则又受外界评价的影响。整个循环图如下:

整个系统的进行，必须以社会角色为传达方式。问题在于自我意识的过程以外塑为主（《The Lonely Crowd》一书，以传统引导型→内在引导型→他人引导型为人格的转化过程，亦为说明之例），而外界的评断又以社会角色的文化层次和社会位置的高低；功能的发挥与否；内容的相符程度为标的。但是，社会角色并不足以担当整个的人格。

人格，是包含品格的身心整体的总称。我们相信人格有它的独特性和持续性，可是单一面具的扮演（personality →源于→ personna →意为→ mask）并不能代表人格。也就是说人格有其中心，随时、空的不同，而以各式各样的面具表现于外界，并无所谓真面目、假面目、虚伪或真实的区别。这种种不同的面具，我们称其为（社会）角色。值得注意的是所有角色性格的总合并不等于人格，而且角色性格也无法相加减。角色灵活的转换，才是个体于角色系统运行的定律。E. W. Burgess 认为“自我意识即是一个人在社会内的角色概念”，这种倒果为因的说法，恰好极其明确地描绘出社会上普遍的病态。

如此以偏概全、倒果为因的结果，产生了角色的危机。

（一）角色量人的危机

相互地把对方定义在狭小的范围里，否定了所预期之角色性格以外的人格，以致误解丛生无法完全的接受对方。

（二）角色自取的危机

把特定的角色性格，看成整个的人格，限制、抹杀了自己而不自知。

（三）角色习惯化的危机

经年累月或一辈子以一刻板的角色，性格、角色内容来生活。

（四）角色单调性（唯一性）的危机

刻板的角色生活，否定了自己也否定了别人。长久下来产生了对自己的不满（其实，可能只是对角色不满）、无奈，无法接受自我（如:为什么我命这么苦？为什么我必须这样？为什么我只能这样？行尸走肉般地……。这方面用内容分析法和观察法可获大量资料），而自怨、自忧、自恨、自杀、以至杀人的后果。衡量角色定义可以发现，角色最大的危机在于——角色剥夺了人的主体性。人的主体性丧失，则受制于时、空与事物。病态角色相互交涉的结果，整个社会里角色自身、角色之间以及角色对于社会的冲突乃越演越烈。于此，可知角色分析的角色本身层面的研究之重要。

七、角色的再认识——属于角色本身层面的

由于钟表的报时，只能抽象的告诉我们：现在是 × 时 × 分，× 时 × 刻到了等纯粹的时间。时间变成了仅是无意义的“沙漏”的过程。所以时间运作的本质，对人和空间的影响常被人们忽略。实际的生活里个体对时间的认知，是以空间的事件内容的次序连接作为参考坐标（人＋时间＋空间＝事件）。这是个体意识到的可以“度日如年”，也可以“春宵苦短”的“有意义的”时间。

以每日为单位客观的空间变化少，而主观的空间随着纯粹时间的运作不断地改变。主观的空间一变则情绪、动机、心理，以至对时间的认知，对事件的前后定义（attribution theory）也不停地改变。

糟糕的是角色定义时，是以客观的空间和认知的时间——亦即以事件的由始至末——为一个单位，此角色试称之为“外角色”。虽然个体拥有许多外角色，但在每一认知时间的单位空间内，又有随纯粹时间而转换的若干主观空间，此若干的空间又有若干的情绪，必须配对若干角色，此角色试称之为“内角色”。也就是说每一外角色存在的同时，又有若干的内角色存在。

角色定义不够周延，再加上角色制度化和文明变迁的冲击，个体必须压抑内角色，且必须表现外角色。真是危机必于是，冲突必于是啊！情绪不能满足，无法肯定自己、接纳自己，这是时、空之于角色自身的内在冲突。

个体对于空间的知觉包括：视觉空间、触觉空间、听觉空间、嗅觉空间和四个空间经验的连结，不同的个体偏于不同的空间向度。在

地域文化因素影响之下，个体对彼此空间的距离、内容的认知，有极为显著的差别（霍尔著的《无声的语言》和《隐藏的空间》有深入的讨论）。

在角色制度化之下，个体为求自我实现，更不得不做时、空争夺竞赛。于是空（时）间的隐藏、空（时）间连结、空（时）间的割离、空（时）间的侵略、空（时）间的剥夺以及空（时）间的放弃，以至于空（时）间的毁灭，甚至于连客观空（时）间都消失等。种种情况，穿梭交错、新来复返。或以声音、行为为工具，或以酒色、人格为贿赂，或以财势、名利为进阶；有仁义以进，有巧取豪夺，社会当然不得安宁。人际的冲突，角色的纷淆；社会的杂乱，角色的毁灭；国家的兴亡，文明的急劲冲激，角色人的崩溃；这是时、空于角色人的外在冲突。

角色的危机是恐怖的，角色分析于角色本身层面的研究，更应积极的发展。为了调适角色的危机，人为主体的瞬间的空间切割——内角色的灵活运作——这是本文的建议。

八、结论

本书把角色规划在时、空系统里探讨，并经由人的主体性的究显，试图深入角色分析更内里的层面。希望在角色成为存在证据的当代，以时空系统的灵活运用，来面对角色的危机。更愿意通过角色的再认识，对于社会学界有关角色的倒果为因、以用为本的种种论调，能所攻错。